2023년 개정판

대한상공회의소 주관
CAMP sERP를 활용한

JN378486

전산회계운용사
2급 실기
모의고사 + 기출문제

김갑수 · 이유진 지음

- 2021년부터 시행되는 K-IFRS(한국채택국제회계기준) 반영
- 기초데이터는 멘토스쿨 홈페이지(www.mtrschool.co.kr) 자료실에서 다운 받을 수 있습니다.

멘토르스쿨

전산회계운용사 2급 실기(2021년 신개정판)

9판 1쇄 발행 2023년 4월 24일

지 은 이 : 김갑수, 이유진 공저
펴 낸 이 : 김경용
펴 낸 곳 : 멘토르스쿨
편집디자인 : (주)피오디컴퍼니
표지디자인 : 김희정
주　　소 : 서울시 관악구 대학동 546 미림여자정보과학고등학교 내 교내기업실
전　　화 : 02-876-6684
팩　　스 : 02-876-6683
내 용 문 의 : kykim0432@hanmail.net
등　　록 : 2011.03.02 제 321-0211-000042호

ISBN : 979-11-89000-54-7 13000

가　　격 : 25,000원

ⓒ 2011 멘토르스쿨
http://www.mtrschool.co.kr

잘못된 책은 구입처나 본사에서 교환해 드립니다.
이책은 무단복사, 복제, 전제하는 것은 저작권법에 저촉됩니다.

머리말 | PREFACE

2023년부터 변경 시행되는 K-IFRS(한국채택국제회계기준)를 반영한 CAMP sERP(버전:1.0.1.6)로 구성된 최신 전산회계운용사 2급 실기 검정 문제집입니다.

우리나라에서도 이제 ERP(Enterprise Resource Planning)란 용어를 흔하게 접할 수 있습니다. ERP란 전사적자원관리로서 기업의 회계, 인사, 재무 등을 비롯해 생산, 구매, 주문, 재고 등의 업무를 돕는 통합 애플리케이션을 일컫습니다. CAMP sERP(Certified Accounting Management Program)는 ERP개념을 도입한 회계 소프트웨어로 대한상공회의소가 주관하는 전산회계운용사 실무능력을 검정하는 소프트웨어입니다.

전산회계운용사 2급 실기 시험을 준비하는 수험생을 위한 이 책의 구성은 다음과 같습니다.

> 제1장 에서는 CAMP sERP설치 방법을 안내합니다.
> 제2장 에서는 전산회계운용사실기 입문 과정입니다. (1) 기준정보입력 (2) 거래입력 (3) 기말정리사항 (4) 단답형조회를 따라해보기와 혼자해보기로 나누어 익힐 수 있도록 하였습니다. 백데이터(zip파일)를 실어 수업을 듣지 못했을 경우에도 다음에 수업에 지장이 없도록 하였고 학교나 학원에서 수업을 받고 집에서 혼자 복습할 수 있게 하였습니다.
> 제3장 에서는 모의고사 11회를 풀어보는 단원입니다. 메뉴탐색을 익히는데 중점을 두었으며 매회 난이도를 점진적으로 높였습니다.
> 제4장 에는 2018년~2022년 대한상공회의소 기출문제 8회분을 수록하여 출제난이도를 경험하도록 하였습니다.

정답화일이 필요하다는 요청이 있어 www.mtrschool.co.kr[자료실]에 정답화일을 올려 놓았습니다. 필요하신분은 CAMP sERP 프로그램을 실행하여 기초자료 불러오기를 하여 이용하시면 됩니다. 오류가 없도록 최선을 다했습니다만 미처 발견하지 못한 오타나 오류는 정오표를 작성하여 http://www.mtrschool.co.kr [자료실]→[정오표]에 올려 놓겠습니다. 부족한 부분은 수험생 여러분의 격려와 충고를 통해 계속하여 보완해 나갈 것을 약속드립니다.

끝으로 본 서적이 나올 수 있도록 많은 협조를 해주신 멘토르스쿨 출판사 김경용 대표님과 관계자 그리고 베타테스트를 해준 문정현 선생님에게 특별히 감사를 드립니다.

※ CAMP sERP(버전:1.0.1.6)의 주요 변경사항

변경 전	변경 후	
계정과목	계정과목	재무제표 표시
단기매매금융자산	당기손익-공정가치측정금융자산	FVPL금융자산
매도가능금융자산	기타포괄손익-공정가치측정금융자산	FVOCL금융자산
만기보유금융자산	상각후원가측정금융자산	AC금융자산

김갑수 이유진 씀

합격마법사

목차 | CONTENTS

PART 01 CAMP sERP 설치 안내

01 전산회계운용사 실기 프로그램(CAMP sERP)설치 안내 ········· 6
02 CAMP sERP 프로그램의 시작(교육용) ········· 10

PART 02 전산회계운용사 실기 입문

01 기준정보 따라해보기　　(주)대명전자 ········· 16
　　기준정보 혼자해보기　　(주)대한스포츠 ········· 21

02 거래입력 따라해보기　　(주)대명전자 ········· 22
　　전표의 수정과 삭제　　　········· 36
　　거래입력 혼자해보기　　(주)대한스포츠 ········· 40

03 기말정리 사항 따라해보기　(주)대명전자 ········· 43
　　기말정리 사항 혼자해보기　(주)대한스포츠 ········· 50

04 단답형 조회 따라해보기　(주)대명전자 ········· 51
　　단답형 조회 혼자해보기　(주)대한스포츠 ········· 61

05 기말정리사항 요점정리 ········· 62

06 원가회계 따라해보기　　(주)대명공업 ········· 63
　　원가회계 혼자해보기　　(주)대한공업 ········· 73

PART 03 모의고사

제 1 회 모의고사　일등자재㈜, ㈜동인화학 / 78　　제 7 회 모의고사　스타가방㈜, ㈜대한전자/ 120
제 2 회 모의고사　태양스포츠㈜, ㈜서울가구 / 85　제 8 회 모의고사　공주거울㈜, ㈜중앙정밀 / 127
제 3 회 모의고사　화랑가구㈜, ㈜미소화학 / 92　　제 9 회 모의고사　코참스포츠㈜, ㈜구일공업 / 135
제 4 회 모의고사　대명화장품㈜, ㈜천안기계 / 99　제10회 모의고사　쌍용가구㈜, ㈜비장공업 / 142
제 5 회 모의고사　반짝거울㈜, ㈜태양정밀 / 106　제11회 모의고사　튼튼가방㈜, ㈜광현전자 / 149
제 6 회 모의고사　사랑가구㈜, ㈜여주의류/ 113

PART 04 최신기출문제

제 1 회 최신기출문제　화홍판넬(주)　(주)펜톤 ········· 158
제 2 회 최신기출문제　송무산업(주)　(주)영동케미컬 ········· 165
제 3 회 최신기출문제　라인가구(주)　(주)피스영 ········· 172
제 4 회 최신기출문제　체어몰(주)　　(주)윈터 ········· 179
제 5 회 최신기출문제　홈센터(주)　　(주)원영산업 ········· 186
제 6 회 최신기출문제　리딩퍼니처(주)　(주)산은가구 ········· 193
제 7 회 최신기출문제　데코디자인(주)　(주)명인칠기 ········· 200
제 8 회 최신기출문제　천일공방(주)　(주)블랙우드 ········· 207

부록 - 해답 ········· 215

PART

01

CAMP sERP 설치 안내

01 전산회계운용사 실기 프로그램(CAMP sERP)설치 안내

  1. 설치전 주의 사항
  2. CAMP sERP 프로그램 설치
  3. CAMP sERP 프로그램 삭제

02 CAMP sERP 프로그램의 시작(교육용)

  1. CAMP sERP 프로그램실행
  2. 사용자등록
  3. 기초자료 불러오기
  4. 기초자료 저장하기

01 전산회계운용사 실기 프로그램(CAMP sERP)설치 안내

01 설치전 주의사항

1 반드시 2023년도에 배포한 "CAMP sERP_1.0.1.6버전"을 확인하시고 설치하시기 바랍니다.

2 권장 PC 사양

구 분	내 용
운영체제	• Windows XP, Windows 7, Windows 10
컴퓨터	• Pentium Ⅳ 이상 • RAM : 512MB 이상 • HDD : 1GB 이상 여유 공간 • VGA : 1024 × 768 해상도
기타	• Internet Explorer 6.0이상 설치되어 있어야함

02 CAMP sERP 프로그램 설치

1 다운 받은 프로그램의 설치아이콘(설치 CD가 있는 경우 CD-ROM에 넣고)을 아래와 같은 아이콘을 더블클릭 한다.

CAMP sERP
1.0.1.6
(2022.07.20)

2 설치마법사 창이 나타나면 [다음] 단추를 클릭한다.

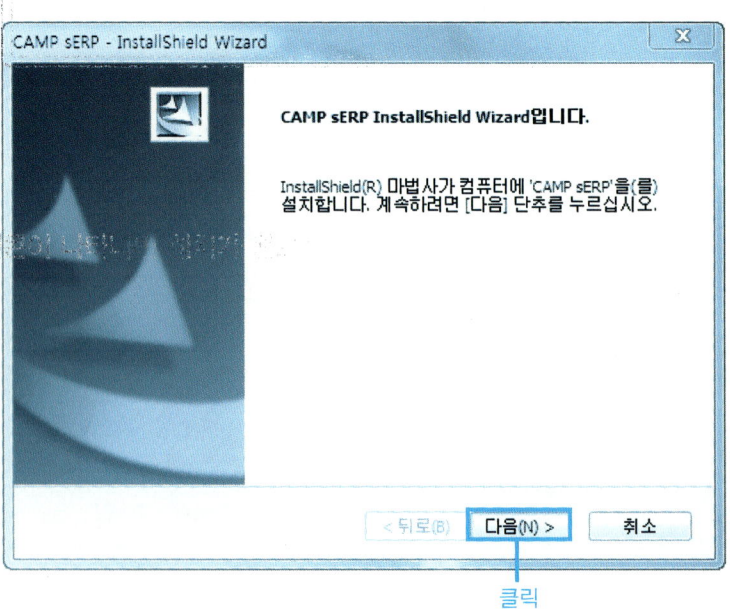

클릭

3 사용권 계약 화면이 나타나면 사용권 계약의 조항에 동의합니다(A)를 선택하고, [다음(N)]을 클릭 한다.

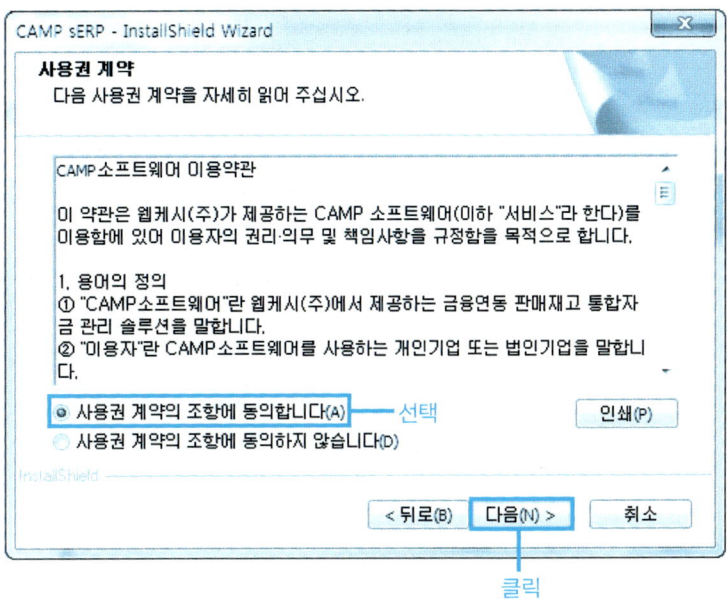

4 파일 복사 시작이 나타나면 [다음(N)]을 클릭한다.

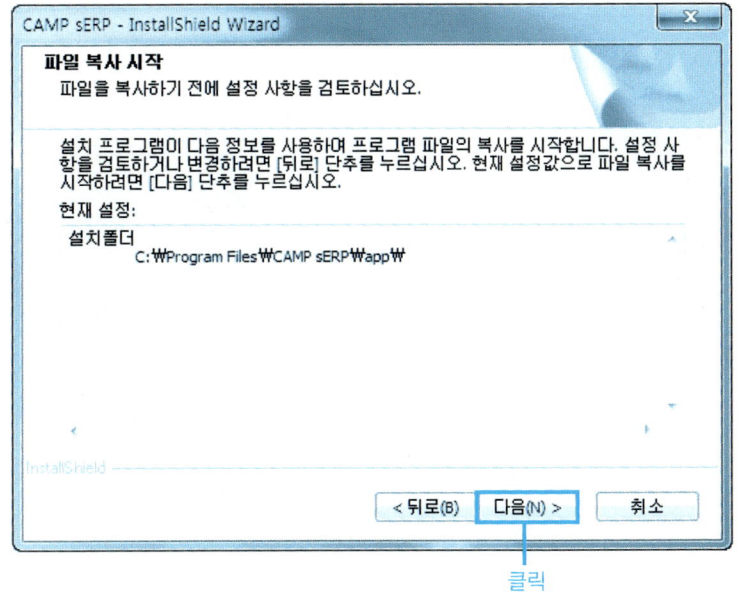

01 전산회계운용사 실기 프로그램(CAMP sERP)설치 안내

5 [다음] 단추를 클릭하면 설치가 진행된다.

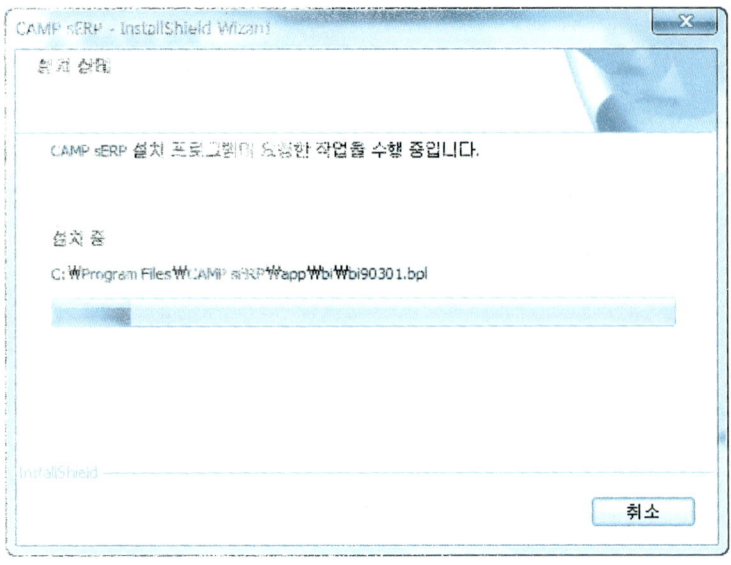

6 InstallShield Wizard가 'CAMP sERP'를 설치했습니다. 마법사를 종료하려면 [완료] 단추를 누르십시오.에서 [완료]버튼을 클릭한다.

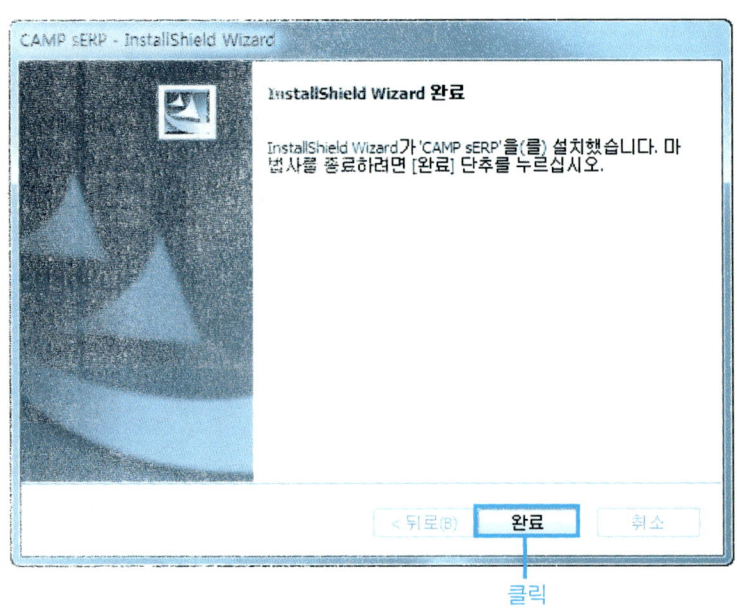

7 바탕화면에 [CAMP sERP]바로가기 아이콘이 나타나면 설치가 완료된 것이다.

03 CAMP sERP 프로그램 삭제

1 [시작] → [모든프로그램] → [제어판] → [프로그램 및 기능]을 실행하여 [CAMP sERP]를 제거한다.

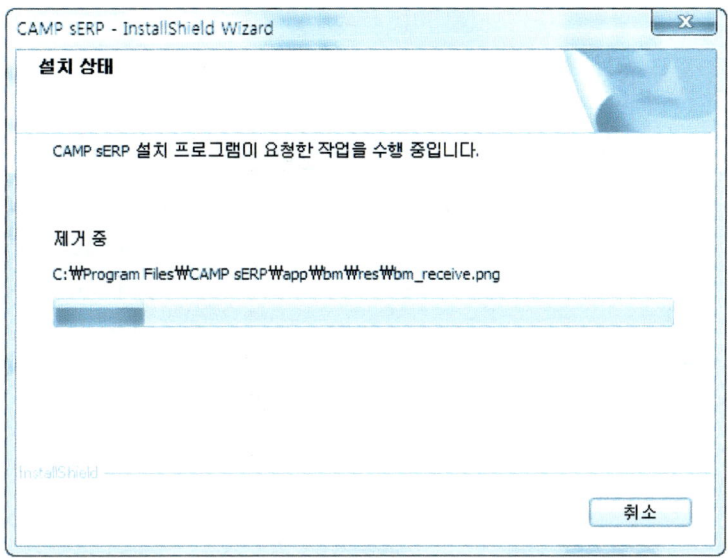

2 Installshield 마법사는 CAMP sERP을(를) 제거했습니다. [완료]를 클릭한다.

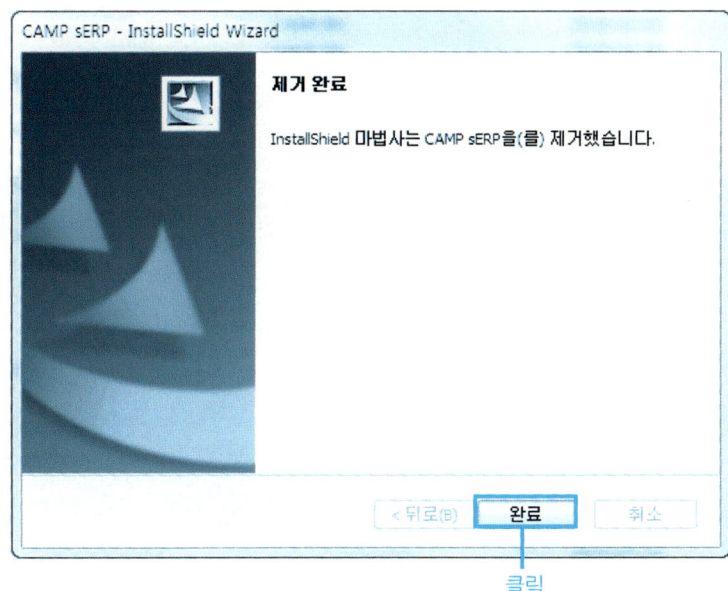

02 CAMP sERP프로그램의 시작(교육용)

01 CAMP sERP 프로그램 실행

1 멘토르스쿨 출판사 홈페이지(http://www.mtrschool.co.kr)에 접속하여 자료실에서 2021 전산회계운용사 2급 실기-기초자료를 다운로드 받아 압축풀기를 한다.

2 다운받은 [멘토르스쿨(2023)]을 바탕화면 또는 임의의 장소에 폴더에 끌어다 놓는다.

3 바탕화면에서 아이콘을 더블클릭하여 실행시키거나 또는 [시작]-[CAMP sERP]을 클릭하여 실행시킨다.

02 사용자등록

1 초기화면에서 [교육용 로그인]을 클릭 한다.

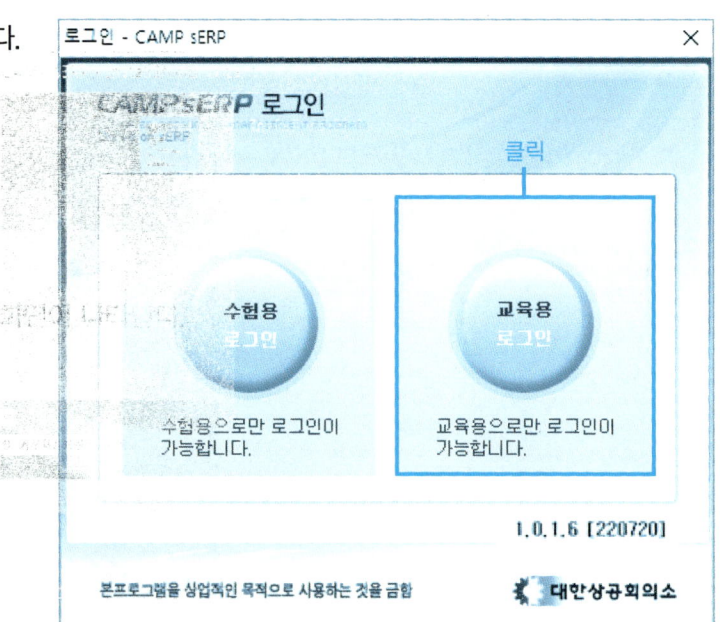

2 사용자번호 (12345678)와 성명(김갑수)을 입력 한다.

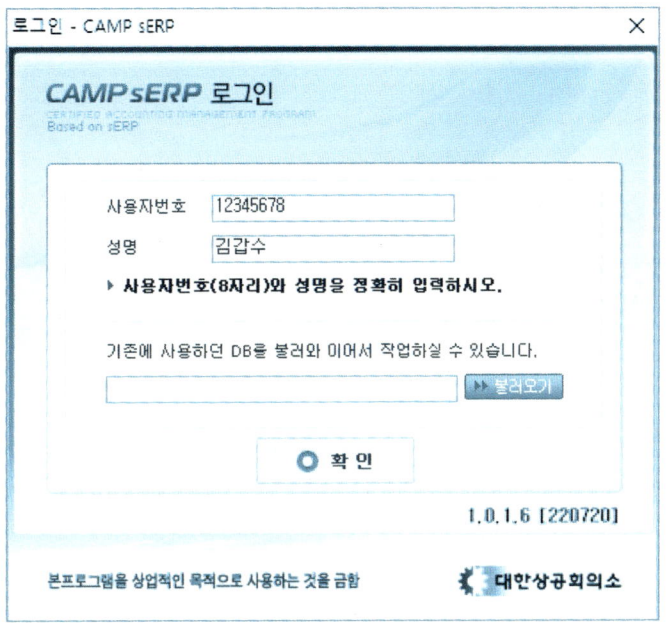

TIP
▶ [수험용 로그인]은 검정시험에 응시할 경우에 선택한다.

03 기초 자료 불러오기

1 불러오기를 클릭하면 [열기]대화상자가 나타난다.

2 [지시사항]에 있는 기초자료를 [선택]하고 [열기]를 클릭한다.

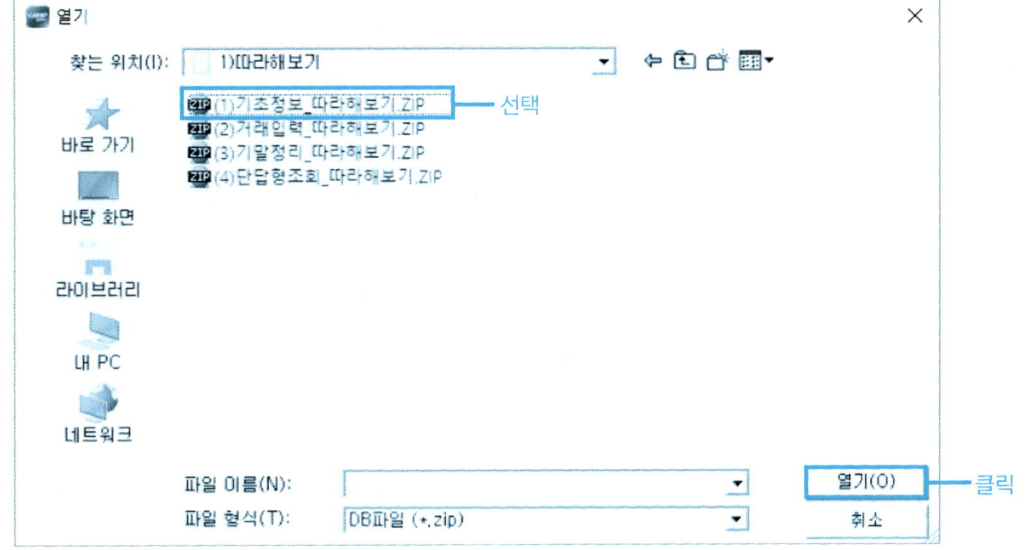

02 CAMP sERP프로그램의 시작(교육용)

3 사용자 번호와 성명을 입력하고, 원하는 기초데이터를 선택하고, [확인]버튼을 클릭한다.

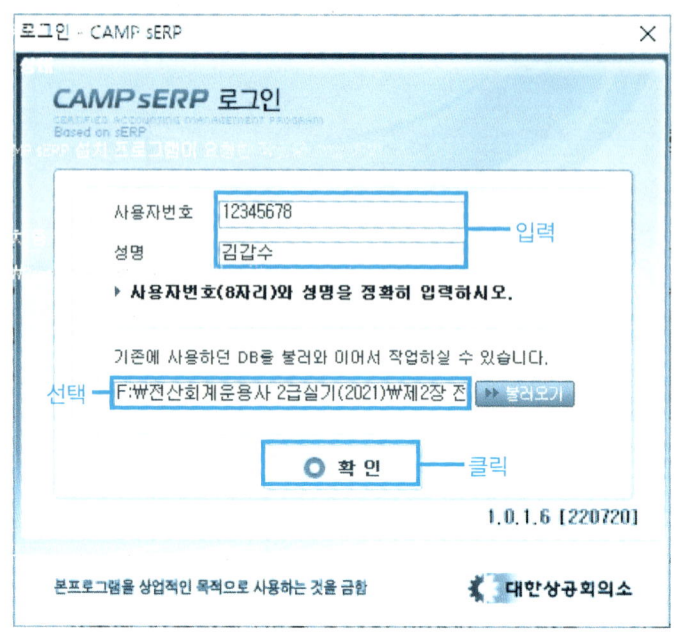

TIP
▶ 기초데이터 사용자 번호와 성명
1 사용자번호 : 12345678
2 성   명 : 김갑수

4 기초데이터를 불러오면 다음과 같은 메인화면이 나타난다.

2 사용자번호 (12345678)와 성명(김갑수)을 입력 한다.

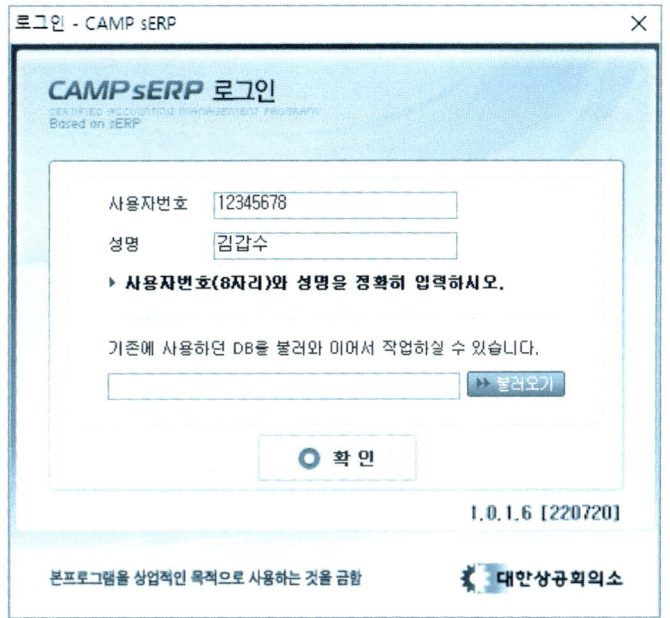

TIP
▶ [수험용 로그인]은 검정시험에 응시할 경우에 선택한다.

03 기초 자료 불러오기

1 불러오기를 클릭하면 [열기]대화상자가 나타난다.

2 [지시사항]에 있는 기초자료를 [선택]하고 [열기]를 클릭한다.

전산회계운용사 | 2급 실기

02 CAMP sERP프로그램의 시작(교육용)

3 사용자 번호와 성명을 입력하고 원하는 기초 데이터를 선택하고, [확인]버튼을 클릭한다.

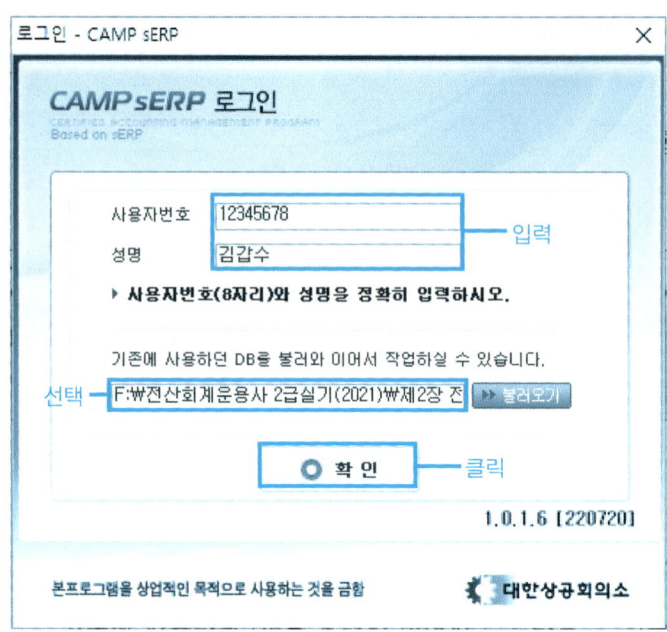

TIP
▶ 기초데이터 사용자 번호와 성명
1 사용자번호 : 12345678
2 성   명 : 김갑수

4 기초데이터를 불러오면 다음과 같은 메인화면이 나타난다.

04 기초 자료 저장하기

CAMP sERP 프로그램을 종료하기 전에 지금까지 작업하였던 자료를 저장하여 나중에 이어서 작업할 수 있다.

1 화면 오른쪽 상단 [×]버튼을 클릭한다.

2 자료를 저장하시겠습니까? [예]를 클릭한다.

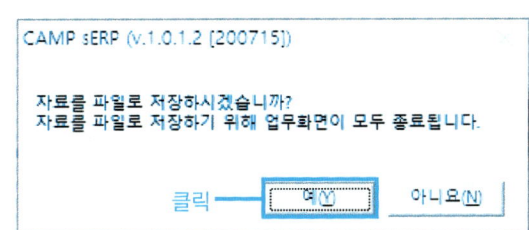

3 다른 이름으로 저장화면에서 파일 이름(N) : [원하는 파일명.zip]를 입력하고, [저장]버튼을 클릭한다.

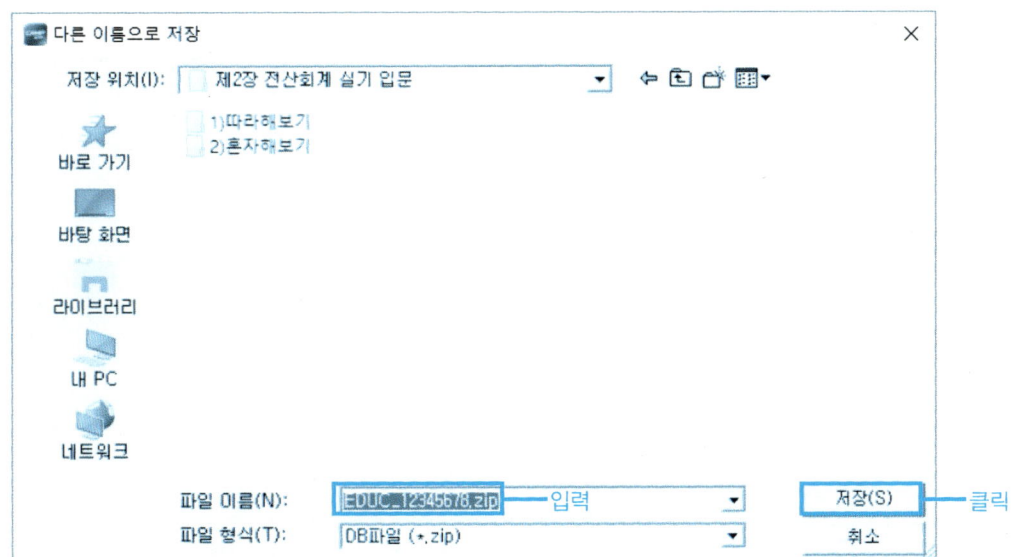

전산회계운용사 | 2급 실기

02 CAMP sERP프로그램의 시작(교육용)

4 정상적으로 저장되었습니다.에서 [확인]버튼을 클릭한다.

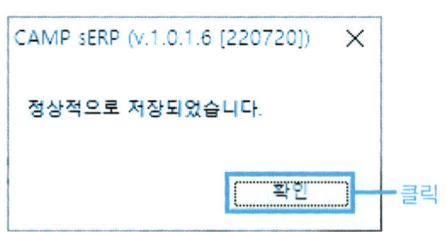

5 로그아웃 화면에서 [확인]버튼을 클릭하면 된다.

> **TIP**
> ▶ 자료를 저장하면 [C:] → [Program Files] → [Camp Admin] → [Back up]로 자동 저장되며 저장위치를 변경하여 저장할 수도 있다.

합격마법사

PART

02

전산회계운용사 실기 입문

01 기준정보 따라해보기   (주)대명전자
    기준정보 혼자해보기   (주)대한스포츠

02 거래입력 따라해보기   (주)대명전자
    전표의 수정과 삭제
    거래입력 혼자해보기   (주)대한스포츠

03 기말정리 사항 따라해보기   (주)대명전자
    기말정리 사항 혼자해보기   (주)대한스포츠

04 단답형 조회 따라해보기   (주)대명전자
    단답형 조회 혼자해보기   (주)대한스포츠

05 기말정리사항 요점정리

06 원가회계 따라해보기   (주)대명공업
    원가회계 혼자해보기   (주)대한공업

기초데이터를 멘토르스쿨(http://www.atrschool.co.kr) - 자료실에서 다운받고 시작합니다.

합격마법사 | 전산회계운용사 실기 입문

01 기준정보 따라해보기

▶ **지시사항**

CAMP sERP 프로그램을 '교육용로그인' 할 때 불러오기를 클릭하고 [멘토르스쿨(2023)] → [제2장 전산회계 실기 입문] → [1)따라해보기]폴더에서 [(1)기준정보_따라해보기.zip]를 불러온 후 진행합니다. [사용자번호 : (12345678), 성명 : (김갑수)]

[기초정보]→[회사(사업장)정보관리]에서 "(주)대명전자"를 확인 후 진행하세요.

문제 01 다음의 신규부서를 등록하시오.

조직(부서)명	조직(부서)코드	제조/판관	비고
총 무 부	5	판관	
서비스부	6	판관	

1 [기초정보] → [부서정보관리] 클릭한다.

2 화면 오른쪽 하단 추가 (F2) 아이콘을 클릭하면 [부서 추가/수정] 팝업창이 나타난다.

3 부서코드 번호(5)를 입력한다. (부서코드를 자동으로 부여하는 경우에는 [자동]에 체크하고 입력한다.)

4 부서명(총무부)를 입력하고, 제조/판관에서 드롭단추(▼)를 클릭하여(판관비)를 선택입력하고, 상태에서 드롭단추(▼)를 클릭하여 (활동)를 선택 입력한다.

5 저장 (F5) 아이콘을 클릭하면 저장된다.

6 서비스부도 같은 방법으로 입력한다.

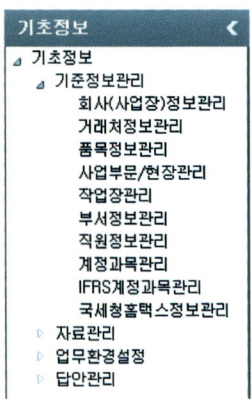
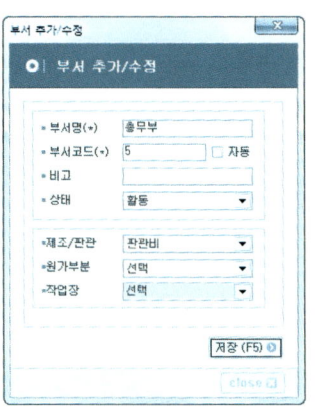

문제 02 다음의 신규 거래처를 등록하시오.

거래처(상호)명	거래처분류(구분)	거래처코드	대표자	사업자번호	업태/종목
태극전자	매입처(일반)	1002	김태극	123-45-67891	제조/가전
한국유통	매출처(일반)	2003	왕한국	441-81-11954	유통/가전

1 [기초정보] → [거래처정보관리]나 My메뉴 옆 거래처정보관리(5) (Ctrl+5)를 클릭하고, [일반]탭을 선택한다.

2 [거래처정보관리]에서 오른쪽 하단 추가(F2) 버튼을 클릭한다.

3 거래처명(태극전자)을 입력하고 중복확인 버튼을 누른다. 중복되지 않는 거래처입니다. [확인]을 클릭한다.

4 거래처분류에서 드롭단추(▼)를 클릭하여 매입거래처를 선택한다.

5 거래처코드(1002)를 입력한다.(거래처코드를 자동으로 부여할 경우에는 [자동]에 체크하고 사용한다.)

6 대표자(김태극)를 입력한다.

7 거래처유형에서 사업자등록번호(123-45-67891)를 입력한다.

8 업태(제조), 종목(가전)을 입력한다.

9 오른쪽 하단 저장(F5) 아이콘을 클릭하여 저장한다.

10 한국유통도 같은 방법으로 입력한다.

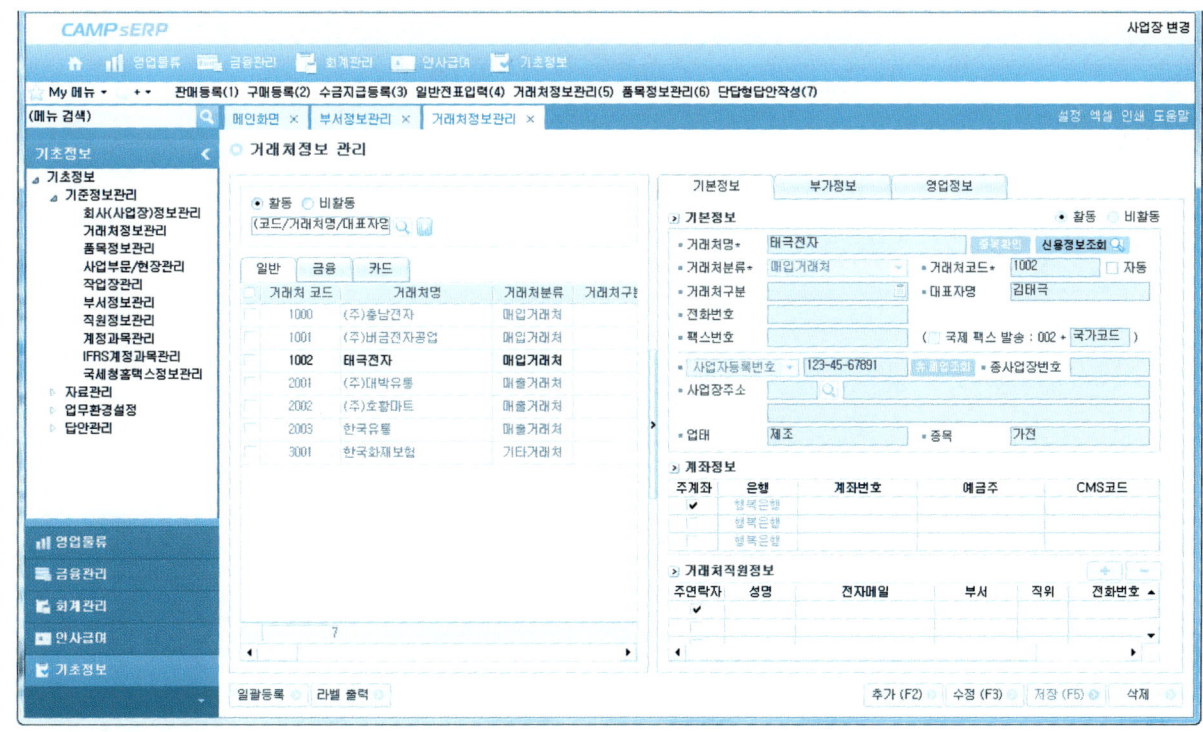

> **TIP**
> ▶ 사업자 번호 123-45-67891 입력시는 하이픈("-")없이 1234567891으로 입력한다.
> ▶ 날짜 입력시는 하이픈("-")없이 입력해도 되고 하이픈하고 입력해도 된다.
> ▶ 전화번호, 은행계좌번호는 하이픈("-")을 입력한다.

문제 03 다음의 정기예금을 등록하시오.

거래처 (상호)명	거래처 코드	은행 (금융기관)명	예금종류명	계좌번호	계약기간 (계약 시작일~계약 만료일)
농협(정기예금)	3004	농협	정기예금	779-910001-21889	2023.12.11~2024.12.11

1 [기초정보] → [거래처정보관리]나 My메뉴 옆 거래처정보관리(5) (Ctrl+5)를 클릭하고, [금융]탭을 선택한다.

2 [거래처정보관리]에서 오른쪽 하단 추가(F2) 버튼을 클릭한다.

3 거래처명(농협(정기예금)), 거래처코드(3004)을 입력한다.

4 금융기관에서 드롭단추(▼)를 클릭하여 [농협]을 선택하고, 계좌번호(779-910001-21889)를 입력한다.

5 계약 시작일(2023-12-11)과 계약 만료일(2024-12-11)을 입력한다.

6 계정코드에서 📋을 클릭하여 계정코드(정기예금)을 [선택]하고, 확인 을 클릭한다.

7 계좌부가정보에서 예금종류 예금을 선택하고 정기예금을 입력한다.

8 저장(F5) 아이콘을 클릭하여 저장한다.

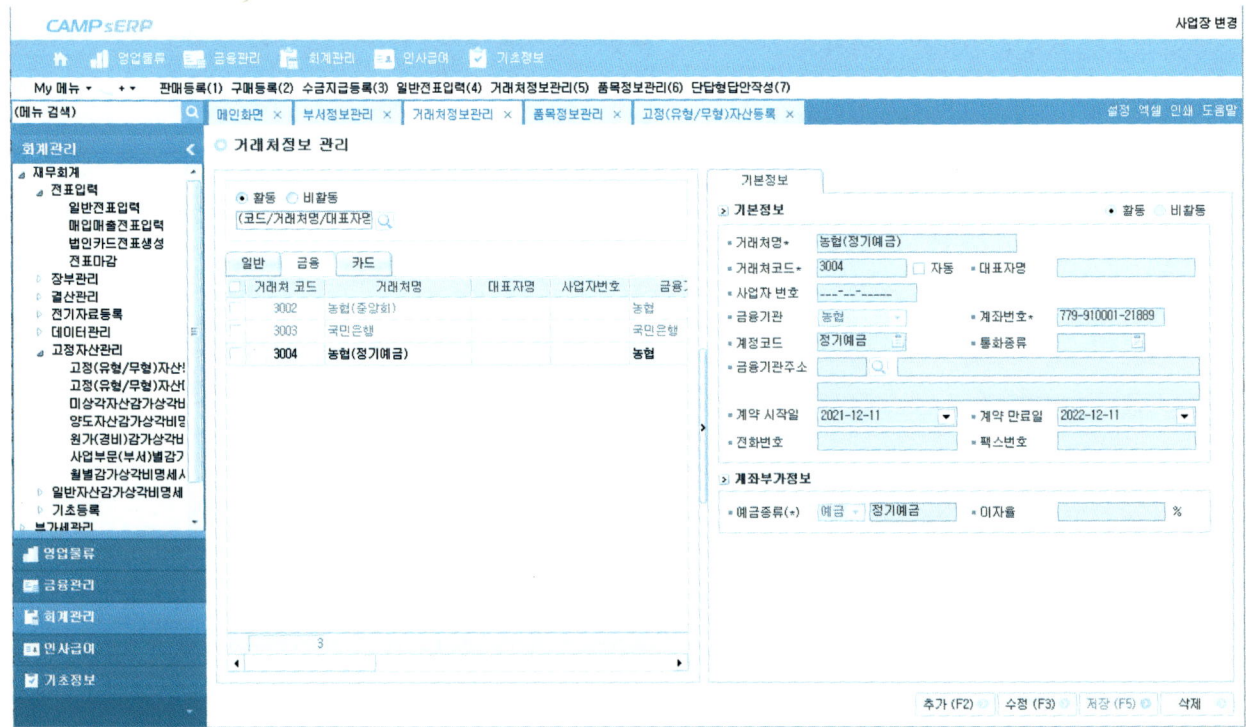

> **TIP**
> ▶ 은행계좌번호와 전화번호는 하이픈("-")포함하여 입력한다.
> ▶ 입력하고 입력내용이 잘 보이지 않으면 셀을 드래그하여 셀크기를 조절하면 된다.
> ▶ 계좌부가정보 : 당좌예금과 보통예금(수시), 정기예금(예금), 정기적금(적금)을 선택한다.

문제 04 다음의 신규 상품(품목)을 등록하시오.

품목코드	품목(품명)	(상세)규격	품목구분(종류)	기준단위
7003	다목적PC	QQ	상품	EA

1 [기초정보] → [품목정보관리]나 My메뉴 옆 품목정보관리(6) (Ctrl+6)를 클릭한다.
2 화면 오른쪽 하단 추가(F2) 버튼을 클릭한다.
3 품목코드(7003), 품목/규격(다목적PC), 상세규격(QQ)을 입력한다.
4 품목종류는 드롭단추(▼)를 클릭하여 [상품]을 선택한다.
5 기본단위(EA)를 입력하고, 사용유무에서 드롭단추(▼)를 클릭하여 [활동]을 선택한다.
6 저장(F5) 아이콘을 클릭하여 저장한다.

TIP
▶ 입력시 (*) 표시가 있는 곳의 내용을 입력하지 않으면 저장이 되지 않는다.
▶ 작업이 끝난 창을 닫을 때는 화면 위쪽 ⊠ 품목정보관리 의 (×)를 클릭하면 된다.

문제 05 다음 유형자산을 등록하시오.

자산코드	계정과목 (자산계정)	자산명	수량	취득일	취득가액	내용연수	상각방법
4003	비품	노트북	1개	2023.12.07	₩4,000,000	5년	정액법

1 [회계관리] → [고정자산관리] → [고정(유형/무형)자산등록]메뉴를 클릭한다.

2 왼쪽 상단 아이콘박스 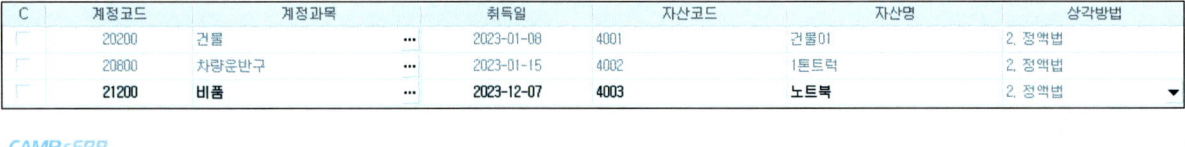 메뉴에서 (F2(추가))를 클릭 한다.

3 계정과목(비품), 취득일(2023.12.07), 자산코드(4003), 자산명(노트북), 상각방법(정액법)을 [Enter↵]로 이동하면서 입력한다.

4 상각비탭에서 취득수량(1), 경비구분에서 드롭단추(▼)를 클릭하여(0.80000번대)를 선택한다.

5 4.신규취득증가액(4,000,000), 12.내용연수(5)를 입력한다.

6 왼쪽 상단 아이콘박스 메뉴에서 (F5(저장))을 클릭 한다.

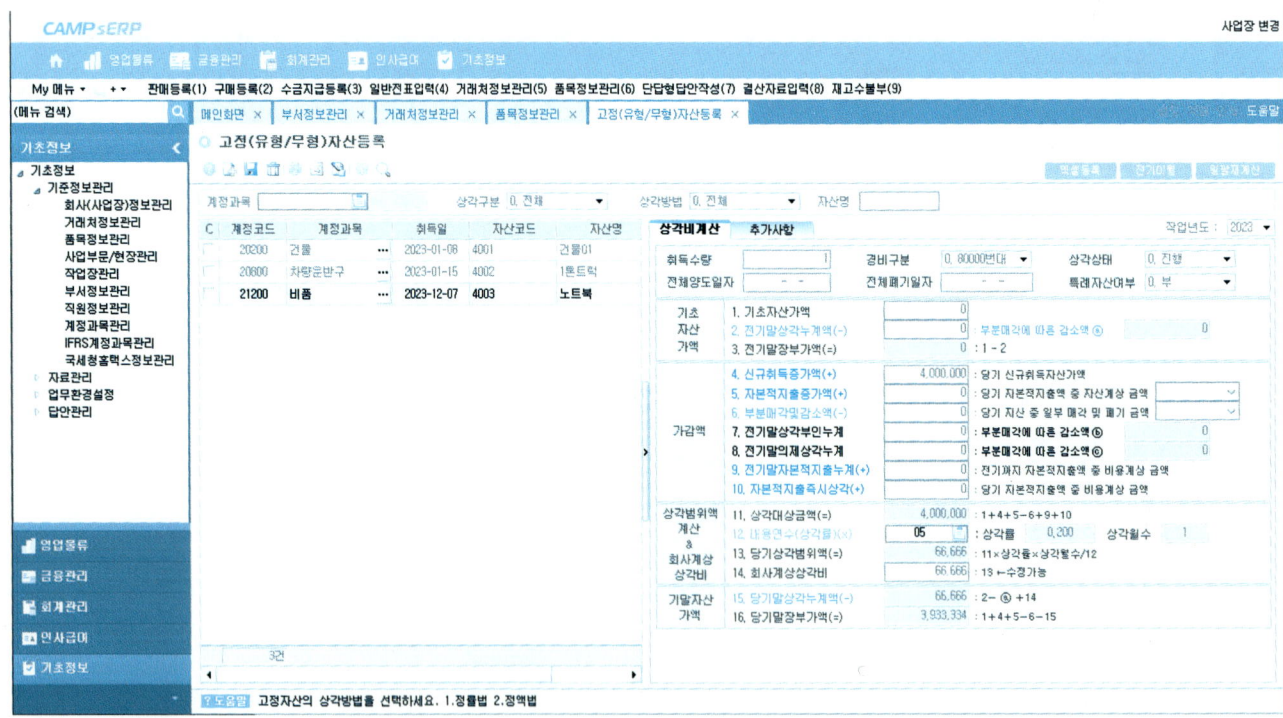

TIP
▶ 감가상각을 하는 건물, 비품, 차량운반구, 기계장치 등은 반드시 수량을 입력해야 감가상각이 계상된다.
▶ 유형(무형)자산 처분시 [전체양도일자]에 양도 [연월일(2023-12-××)]을 입력하고 저장해야 한다.

기준정보 혼자해보기

▶ **지시사항**

CAMP sERP 프로그램을 '교육용로그인' 할 때 불러오기를 클릭하고 [멘토르스쿨(2023)] → [제2장 전산회계 실기 입문] → [1)혼자해보기]폴더에서 [(1)기준정보_혼자해보기.zip]를 불러온 후 진행합니다.

[기초정보] → [회사(사업장)정보관리]에서 "(주)대한스포츠"를 확인 후 진행하세요.

문제 01 다음 제시되는 기준정보를 입력하시오.

1 다음의 신규부서를 등록하시오.

조직(부서)명	조직(부서)코드	제조/판관	비고
기획조정부	105	판관	
인력개발부	106	판관	

2 다음의 신규 거래처를 등록하시오.

거래처(상호)명	거래처분류(구분)	거래처코드	대표자	사업자번호	업태/종목
안산의류	매입처(일반)	203	오안산	277-81-22224	제조/의류
강릉유통	매출처(일반)	303	남강릉	357-77-33336	유통/의류

3 다음의 정기예금을 등록하시오.

거래처(상호)명	거래처코드	은행(금융기관)명	예금종류명	계좌번호	계약기간 (계약 시작일~계약 만료일)
국민(정기예금)	405	국민은행	정기예금	123456-123-111	2023.12.05~2024.12.05

4 다음의 신규 상품을 등록하시오.

품목코드	품목(품명)/규격	(상세)규격	품목구분(종류)	기준단위
1103	등산복	C-108	상품	EA

5 다음의 유형자산을 등록하시오.

자산코드	계정과목(자산계정)	자산명	수량	취득일	취득가액	내용연수	상각방법
6004	비품	복합기	1대	2023.12.13	₩2,500,000	5년	정액법

TIP

▶ 화면의 창이 너무 많이 열리면 (×)를 클릭 하면 된다.

| 메인화면 × | 부서정보관리 × | 거래처정보관리 × | 품목정보관리 × | 고정(유형/무형)자산등록 × |

합격마법사 | 전산회계운용사 실기 입문

02 거래입력 따라해보기

▶ **지시사항**

CAMP sERP 프로그램을 '교육용로그인' 할 때 불러오기를 클릭하고 [멘토르스쿨(2023)] → [제2장 전산회계 실기 입문] → [1)따라해보기]폴더에서 [(2)거래입력_따라해보기.zip]를 불러온 후 진행합니다.

| [기초정보] → [회사(사업장)정보관리]에서 "(주)대명전자"를 확인 후 진행하세요.

문제 01 11월 23일 다음의 비용이 발생하여 현금으로 지급하다.

| | 수도광열비 | ₩18,000 | 통신비 | ₩34,000 | 여비교통비 | ₩220,000 |

분개	출금전표	(차)	수 도 광 열 비	18,000	(대)	현　　　금	272,000
			통　신　비	34,000			
			여 비 교 통 비	220,000			

1 My메뉴 옆 `일반전표입력(4)` (Ctrl+4)나, 화면왼쪽 [회계관리] → [재무회계] → [전표입력] → [일반전표입력]을 클릭한다.

2 전표일자(2023-11-23)를 입력하고 Enter↵한다.

3 구분[1.출금], 계정과목[수도] Enter↵하면 [계정과목조회] 팝업창이 활성화되면 "8~"로시작하는 [수도광열비]를 선택하고 Enter↵한다. 금액(18,000)을 입력하고 Enter↵하면 저장된다.

4 통신비, 여비교통비도 같은 방법으로 입력한다.

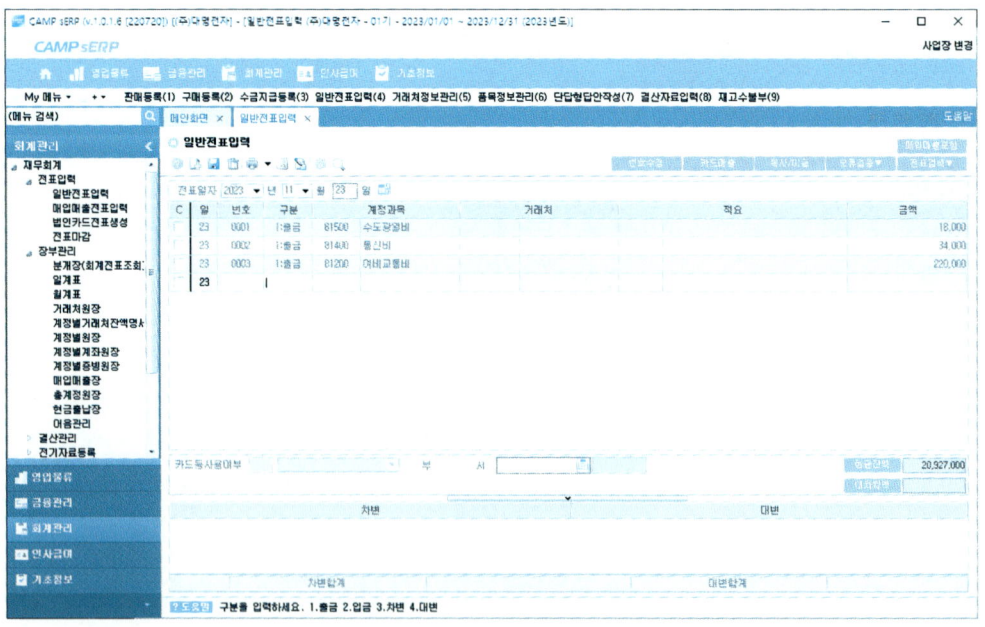

TIP

▶ 계정코드가 "8~"으로 시작하는 것은 판매비와관리비계정이고,
▶ 계정코드가 "5~"으로 시작하는 것은 제조원가계정이다.
▶ 화면 우측 하단 대차차액 없어야 저장된 것이다.

문제 02 11월 24일   당좌수표 ₩2,000,000(은행명 : 농협)을 발행하여 현금을 인출하다.

| 분개 | 입금전표 | (차) 현　　　금 | 2,000,000 | (대) 당좌예금(농협) | 2,000,000 |

1 My메뉴 옆 일반전표입력(4) (Ctrl+4)나 화면왼쪽 [회계관리] → [재무회계] → [전표입력] → [일반전표입력]을 클릭한다.
2 전표일자(2023-11-24)를 입력하고 Enter↵한다.
3 구분[2.입금], 계정과목[당좌] Enter↵하면 [계정과목조회] 팝업창이 활성화되면 [당좌예금]을 선택하고 Enter↵, 거래처(농협) 선택하고 Enter↵, 금액(2,000,000)입력하고 Enter↵하면 저장된다.

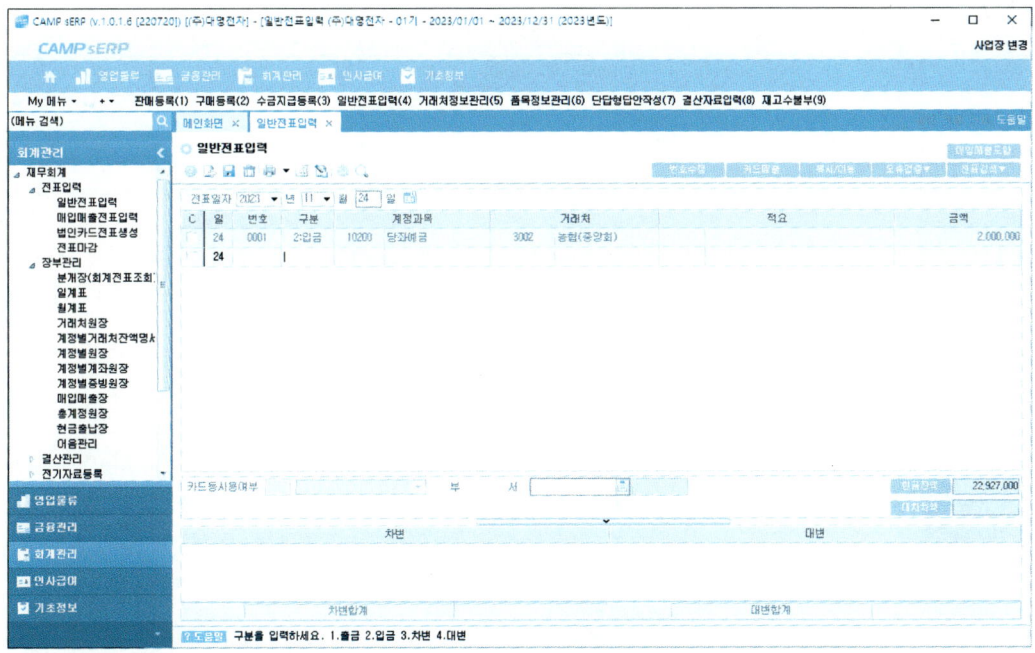

TIP
▶ 금액 입력시 +를 누르면 '000'(천단위)씩 입력된다.
▶ (예) 2,000,000원 입력시 2++로 입력하면 된다.

문제 03 11월 25일   이달분 종업원급여 ₩1,200,000중 소득세 ₩5,000과 건강보험료 ₩26,000을 차감한
잔액은 현금으로 지급하다.

분개	대체전표	(차) 종 업 원 급 여	1,200,000	(대) 예 수 금	31,000
				현 금	1,169,000

1. My메뉴 옆 [일반전표입력(4)]([Ctrl]+4)나 화면왼쪽 [회계관리] → [재무회계] → [전표입력] → [일반전표입력]을 클릭한다.
2. 전표일자(2023-11-25)를 입력하고 [Enter↵]한다.
3. 구분[3.차변], 계정과목[종업][Enter↵]하면 [계정과목조회] 팝업창이 활성화되면 [종업원급여]를 선택하고 [Enter↵], 금액(1,200,000)입력하고 [Enter↵]한다.
4. 구분[4.대변], 계정과목[예수][Enter↵]하면 [계정과목조회] 팝업창이 활성화되면 [예수금]을 선택하고 [Enter↵], 금액(31,000)입력하고 [Enter↵]한다.
5. 구분[4.대변], 계정과목[현금][Enter↵]하면 [계정과목조회] 팝업창이 활성화되면 [현금]을 선택하고 [Enter↵], 금액(1,169,000)입력하고 [Enter↵]하면 저장된다.

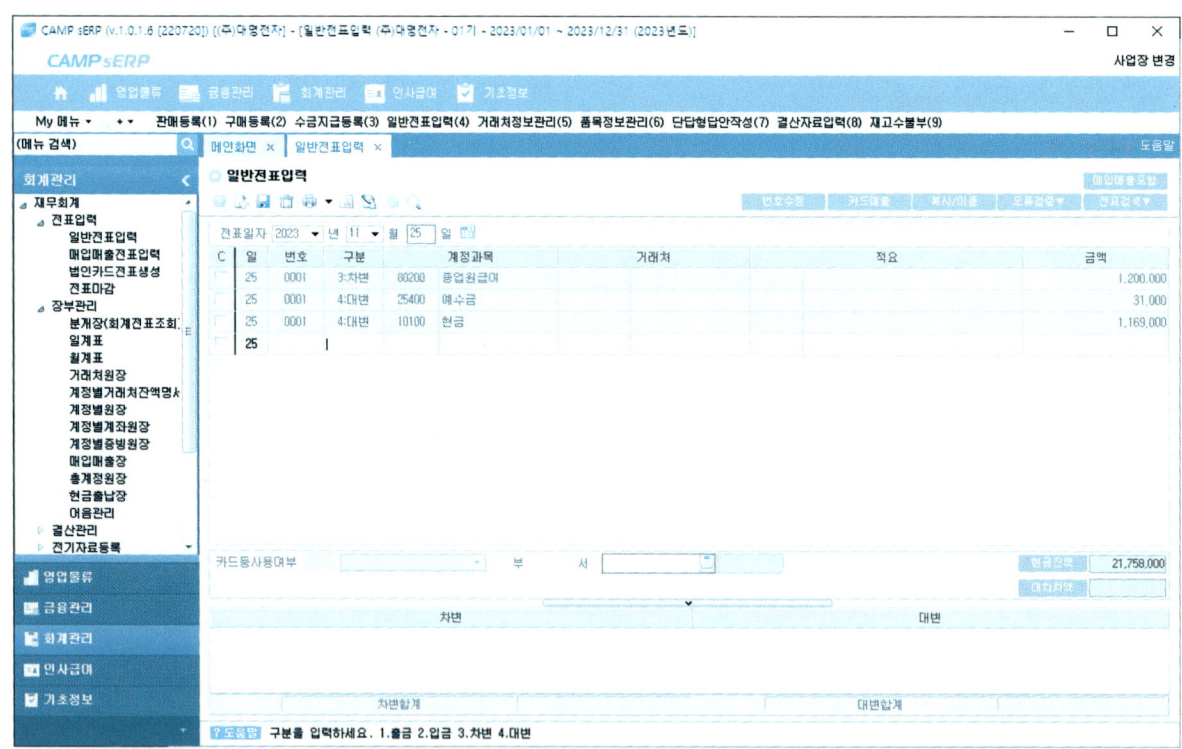

TIP
▶ 입금전표 : 차변에 현금만 있을 때
▶ 출금전표 : 대변에 현금만 있을 때
▶ 대체전표 : 차변과 대변에 현금이 없거나, 다른 계정과 현금이 같이 있을 때
▶ 입금전표와 출금전표는 구분하지 않고 3.차변, 4.대변으로 입력해도 무방하다.

문제 04　12월 6일
(주)버금전자공업에 발행한 약속어음 ₩20,000,000이 금일 만기가 되어 당점 당좌예금에서 지급되었다는 통지를 당사 거래은행인 농협으로부터 받다.(어음번호:자자11110006)

| 분개 | 대체전표 | (차) 지급어음(버금) | 20,000,000 | (대) 당좌예금(농협) | 20,000,000 |

1 My메뉴 옆 일반전표입력(4) (Ctrl+4)나 화면왼쪽 [회계관리] → [재무회계] → [전표입력] → [일반전표입력]을 클릭한다.

2 전표일자(2023-12-06)를 입력하고 Enter↵한다.

3 구분[3.차변], 계정과목란에 [지급] Enter↵하면 [계정과목조회] 팝업창이 활성화되면 [지급어음]을 선택하면 [지급어음상태변경] 팝업창이 뜬다. 만기일자(2023.12.06~2023.12.06)를 입력하고, 해당 어음을 선택(√)하여 확인 을 클릭한다.

4 구분[4.대변], 계정과목란에 [당좌] Enter↵하면 [계정과목조회] 팝업창이 활성화되면 [당좌예금]을 선택하고 Enter↵하고, 거래처(농협)를 입력하고 Enter↵한다.

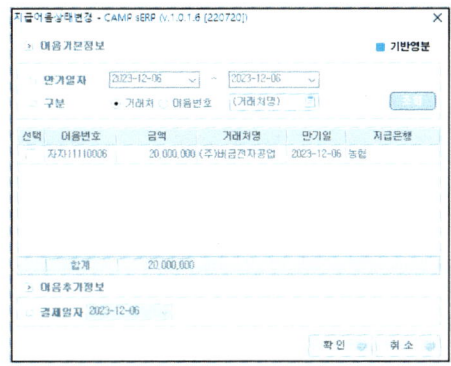

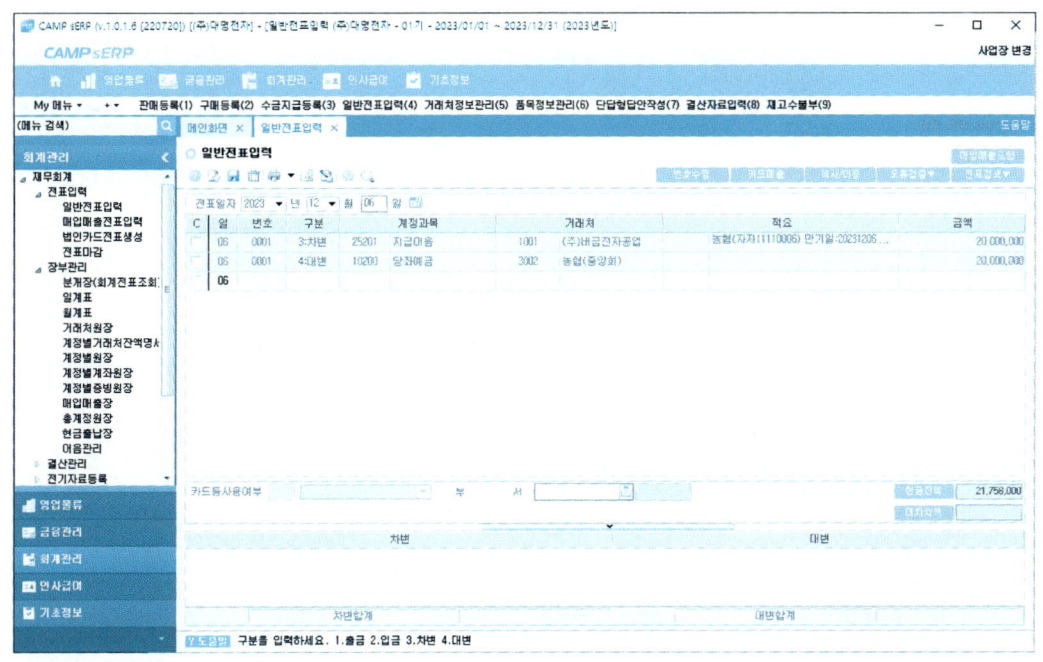

문제 05 12월 7일   기준정보에서 등록한 업무용 노트북(1대) ₩4,000,000을 현금으로 구입하다.

| 분개 | 출금전표 | (차) 비 품 | 4,000,000 | (대) 현 금 | 4,000,000 |

1. My메뉴 옆 `일반전표입력(4)` (Ctrl+4)나 화면왼쪽 [회계관리] → [재무회계] → [전표입력] → [일반전표입력]을 클릭한다.
2. 전표일자(2023-12-07)를 입력하고 Enter↵한다.
3. 구분[1.출금], 계정과목[비품] Enter↵ 하고 금액(4,000,000)을 입력하고 Enter↵ 하면 저장된다.

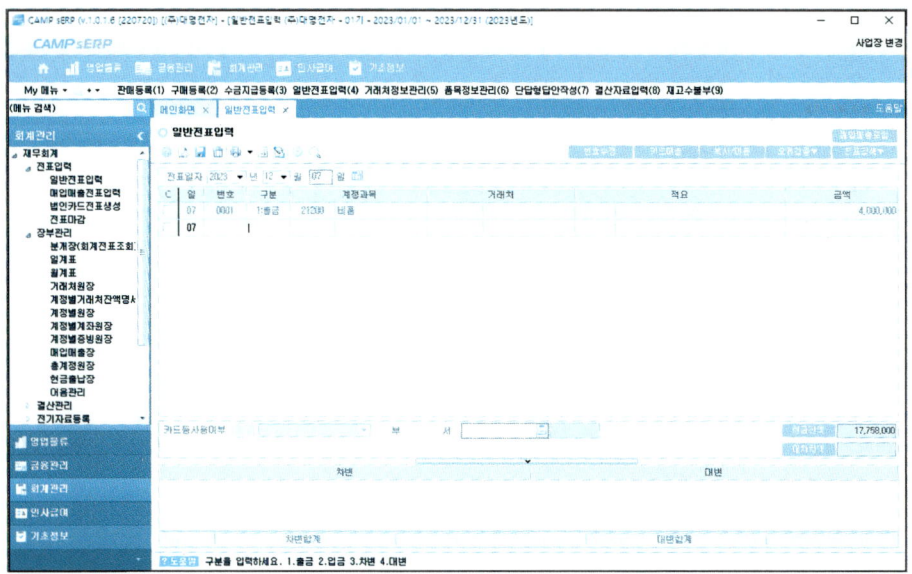

TIP
▶ [회계관리] → [재무회계] → [장부관리] → [분개장]에서 전표입력 상태를 확인[조회 (F12)]하면서 입력해 가는 것이 좋은 방법이다.

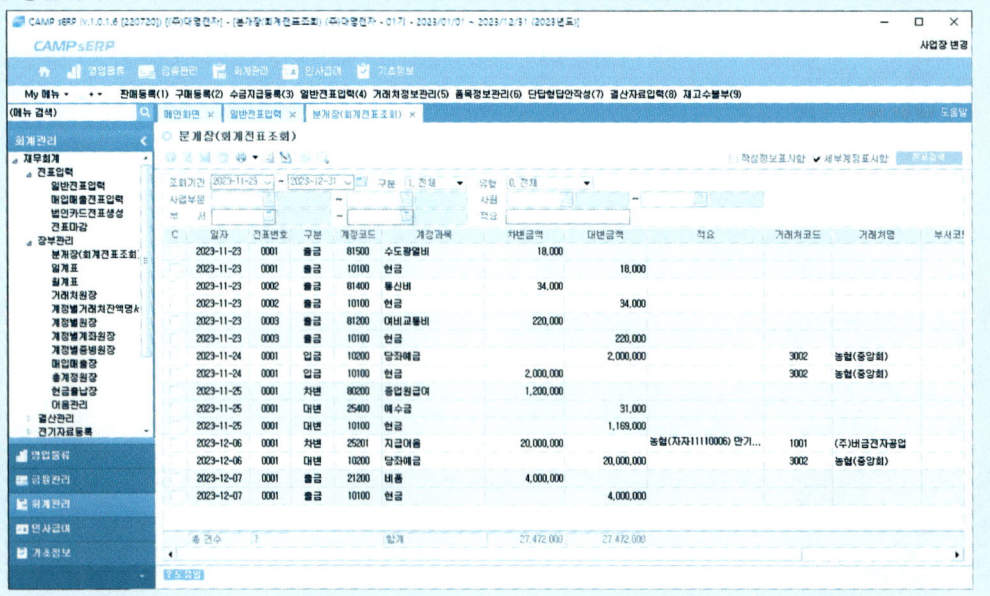

문제 06 12월 09일 (주)대박유통의 외상매출금 중 ₩5,000,000을 동점발행 당점수취의 약속어음(어음번호 타타12345678, 지급장소 : 국민은행, 만기일 2024년 3월 9일)으로 받다.

| 분개 | 대체전표 | (차) | 받을어음(대박) | 5,000,000 | (대) | 외상매출금(대박) | 5,000,000 |

1 My메뉴 옆 수금지급등록(3) (Ctrl+3)나 화면왼쪽 [영업물류] → [영업관리] → [거래등록] → [수금지급등록]을 클릭한다.

2 거래처((주)대박유통), 발행일자(2023-12-09), ⊙수납등록과 계정과목(외상매출금)을 선택 한다.

3 [수납내역]의 어음/당좌 를 클릭하여 어음등록 팝업창에 금액(5,000,000), 어음종류(약속어음), 어음번호(타타12345678), 만기일(2024-03-09), 발행인((주)대박유통), 발행은행(국민은행)을 입력과 선택하고 저장(F5) 을 클릭한다.

4 저장(F5) 을 클릭하면 수납/지급을 저장하였습니다. 에서 [확인]버튼을 클릭하고 창을 닫는( )다.

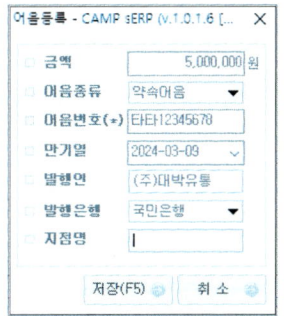

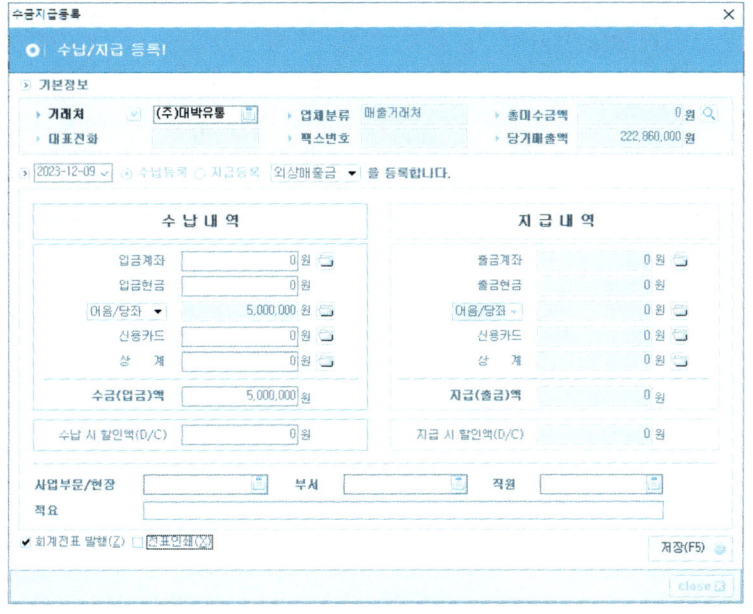

TIP
▶ 외상매출금회수, 선수금발생은 수금/지급등록(수납등록)에 등록하고, 수금내역에 입력한다.
▶ 외상매입금지급, 선급금지급은 수금/지급등록(지급등록)에 등록하고, 지급내역에 입력한다.
▶ 선급금과 선수금은 반드시 수금/지급등록에서 처리해야 구매등록과 판매등록을 할 수 있다.

문제 07 12월 10일   (주)충남전자에   대한   외상매입금   중   ₩15,000,000을   약속어음(어음번호 : 자자 11110008, 만기일 : 2024년 3월 10일, 발행은행 : 농협)을 발행하여 지급하다.

| 분개 | 대체전표 | (차) | 외상매입금(충남) | 15,000,000 | (대) | 지급어음(충남) | 15,000,000 |

1 My메뉴 옆 수금지급등록(3) ([Ctrl]＋3)나 화면왼쪽 [영업물류] → [영업관리] → [거래등록] → [수금지급등록]을 클릭한다.

2 거래처((주)충남전자), 발행일자(2024-12-10), ⊙지급등록과 계정과목(외상매입금)을 선택 한다.

3 [지급내역]의 어음/당좌 🗂 을 클릭하여 어음등록 팝업창에 금액(15,000,000), 어음종류(약속어음), 어음번호(자자11110008), 만기일(2024-03-10), 발행은행(농협)을 입력과 선택하고 저장(F5) ⊙ 을 클릭한다.

4 저장(F5) ⊙ 을 클릭하면 수납/지급을 저장하였습니다. 에서 [확인]버튼을 클릭하고 창을 닫는(✕)다.

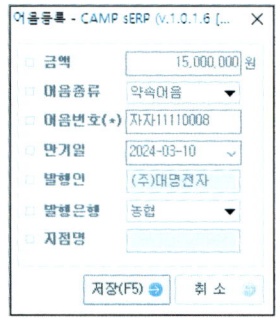

TIP
▶ [수금/지급등록]에서 입력한 외상매출금회수, 선수금발생, 외상매입금지급, 선급금지급에 대한 전표수정 및 삭제는 [영업물류] → [영업관리] → [영업현황관리] → [일별영업현황]에서 한다.

문제 08 12월 11일 (주)대박유통에서 다음과 같이 상품을 주문 받고 계약금 ₩600,000을 동점발행 수표로 받아 즉시 당좌예입(농협)하다.

다목적PC   10대   @₩230,000   ₩2,300,000

| 분개 | 대체전표 | (차) 당좌예금(농협) | 600,000 | (대) | 선수금(대박) | 600,000 |

1. My메뉴 옆 수금지급등록(3) (Ctrl+3)나 화면왼쪽 [영업물류] → [영업관리] → [거래등록] → [수금지급등록]을 클릭한다.
2. 거래처((주)대박유통), 발행일자(2024-12-11), ⊙수납등록과 계정과목(선수금)을 선택 한다.
3. [수납내역]의 입금계좌를 클릭하여 금융자료입력 팝업창에 금융거래처(농협), 금액(600,000)을 입력과 선택하고 확인을 클릭한다.
4. 저장(F5)을 클릭하면 수납/지급을 저장하였습니다. 에서 [확인]버튼을 클릭하고 창을 닫는다.

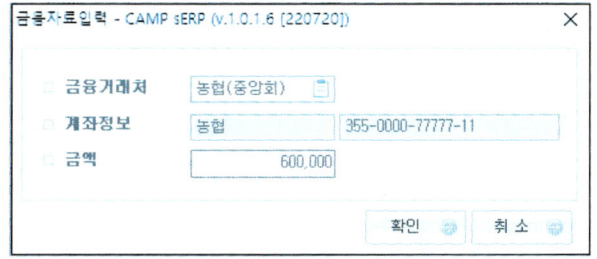

문제 09 12월 12일 (주)충남전자에 상품을 주문하고, 계약금 ₩500,000을 수표발행(농협)하여 지급하다.

| 분개 | 대체전표 | (차) 선 급 금 (충 남) | 500,000 | (대) 당좌예금(농협) | 500,000 |

1. My메뉴 옆 수금지급등록(3) (Ctrl+3)나 화면왼쪽 [영업물류] → [영업관리] → [거래등록] → [수금지급등록]을 클릭한다.
2. 거래처((주)충남전자), 발행일자(2023-12-12), ⊙지급등록과 계정과목(선급금)을 선택 한다.
3. [지급내역]의 출금계좌를 클릭하여 금융자료입력 팝업창에 금융거래처(농협), 금액(500,000)을 입력하고 확인 을 클릭한다.
4. 저장(F5) 을 클릭하면 수납/지급을 저장하였습니다. 에서 [확인]버튼을 클릭하고 창을 닫는(X)다.

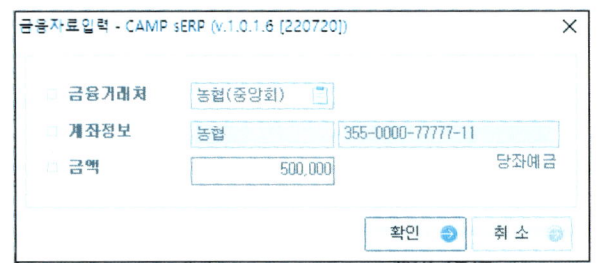

TIP
▶ 판 매 등 록(Ctrl+1) : 상품을 매출(환입)한 경우 전표를 작성하는 메뉴이다.
▶ 구 매 등 록(Ctrl+2) : 상품을 매입(환출)한 경우 전표를 작성하는 메뉴이다.
▶ 수금지급등록(Ctrl+3) : 외상매출금, 선수금을 수취한 경우와, 외상매입금, 선급금을 지급한 경우 전표를 작성하는 메뉴이다.
▶ 일반전표입력(Ctrl+4) : 판매등록, 구매등록, 수금지급등록 이외에 모든 거래에 대한 전표를 작성하는 메뉴이다.

문제 10   12월 20일   (주)대명전자는 국민은행 현금 ₩5,000,000을 보통예입하다.

| 분개 | 출금전표 | (차) 보통예금(국민) | 5,000,000 | (대) 현 금 | 5,000,000 |

1 My메뉴 옆 일반전표입력(4) (Ctrl+4)나, 화면왼쪽 [회계관리] → [재무회계] → [전표입력] → [일반전표입력]을 클릭한다.

2 전표일자(2023-12-20)를 입력하고 Enter↵한다.

3 구분[1.출금], 계정과목[보통] Enter↵하면 [계정과목조회] 팝업창이 활성화되면 [보통예금]를 선택하고 Enter↵, 거래처[국민은행], 금액[5,000,000]을 입력하고 Enter↵하면 저장된다.

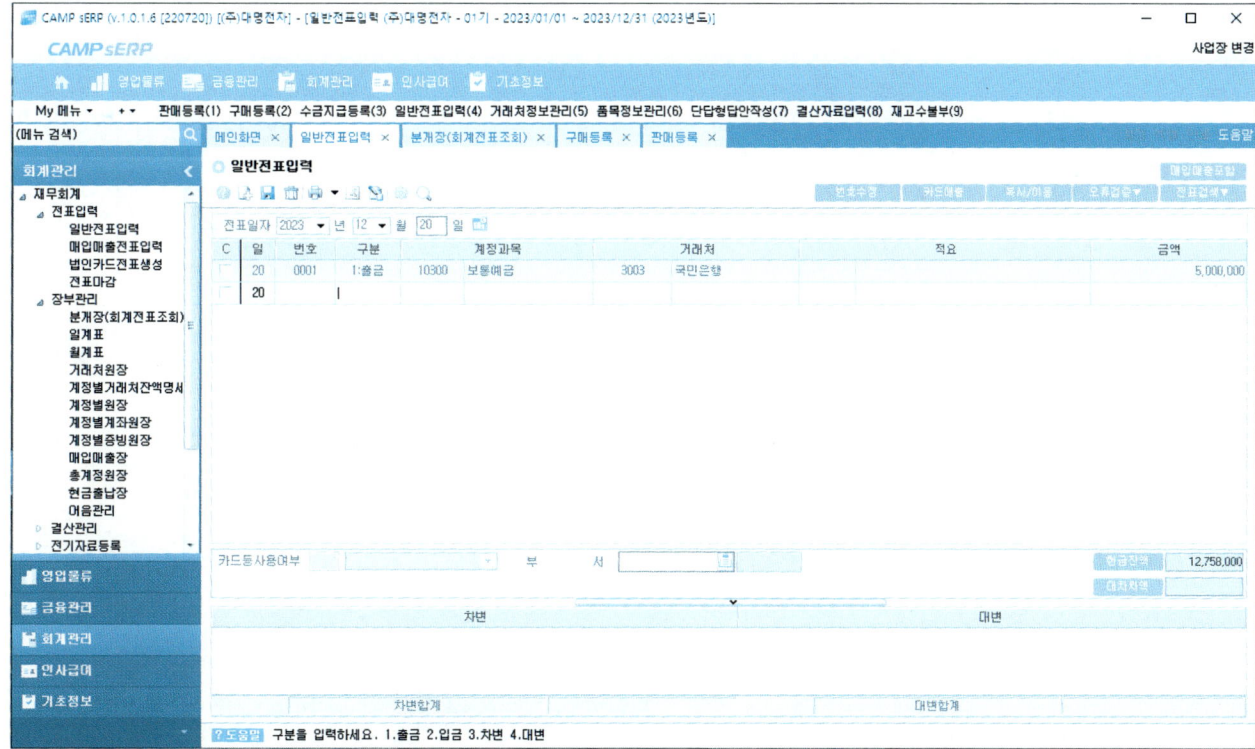

> **TIP**
> ▶ 채권, 채무와 금융거래는 거래처를 입력한다.
>   1 채권 : 외상매출금, 받을어음, 선급금, 대여금, 미수금 등
>   2 채무 : 외상매입금, 지급어음, 선수금, 차입금, 미지급금 등
>   3 금융거래처: 당좌예금, 보통예금, 정기예금, 정기적금, 장기예금 등

문제 11   12월 13일   상품을 매입하고 전자세금계산서를 발급받다. 대금은 선급금 ₩500,000을 차감한 잔액은 외상으로 한다.

전자세금계산서 (공급받는자 보관용)   승인번호   20211213-XXXX0151

공급자	등록번호	312-81-45646			공급받는자	등록번호	101-81-12340		
	상호	(주)충남전자	성명(대표자)	나충남		상호	(주)대명전자	성명(대표자)	김대명
	사업장주소	충청남도 아산시 공세길 21				사업장주소	충청남도 천안시 서북구 쌍용대로 67		
	업태	제조	종사업장번호			업태	도매 및 상품중개업	종사업장번호	
	종목	가전				종목	가전		
	E-Mail	chungnam468@kcci.com				E-Mail	dmha23@kcci.com		

작성일자	2021.12.13	공급가액	6,300,000	세 액	630,000
비고					

월	일	품목명	규격	수량	단가	공급가액	세액	비고
12	13	디지털카메라	XX	20	200,000	4,000,000	400,000	
12	13	다목적PC	QQ	10	230,000	2,300,000	230,000	

합계금액	현금	수표	어음	외상미수금	이 금액을 ○ 영수 ● 청구 함
6,930,000	500,000			6,430,000	

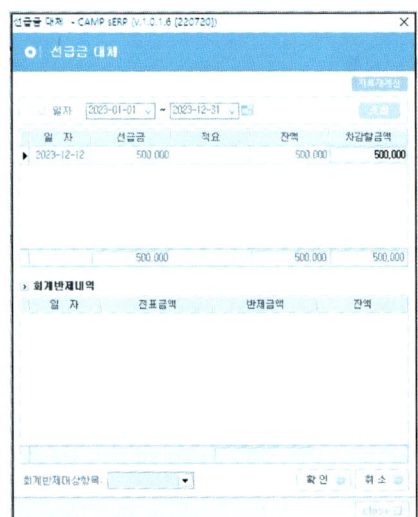

1. My메뉴 옆 [구매등록(2)]([Ctrl]+2)나, 화면왼쪽 [영업물류] → [영업관리] → [거래등록] → [구매등록]을 클릭한다.
2. 거래처((주)충남전자), 거래일자(2023-12-13), 상품을 입력한다.
3. 품목명/규격(디지털카메라), 수량(20), 단가(200,000)를 입력하고 [행추가 +] 또는 [Enter↵]한다.
4. 품목명/규격(다목적PC), 수량(10), 단가(230,000)를 입력하고 [행추가 +] 또는 [Enter↵]한다.
5. 화면 아래쪽 지급정보를 [즉시결제]로 변경 후 [선급금대체]를 클릭하여 선급금대체 팝업창에 일자(2023.01.01~2023.12.31)을 입력하고 [조회]버튼을 클릭하고, 차감할 금액란에 500,000을 입력하고, [확인]을 클릭한다.
6. 화면 아래쪽 ☑세금계산서수취 와 ☑전자(V)에 선택(√)하고, [저장(F5)]을 클릭한다.

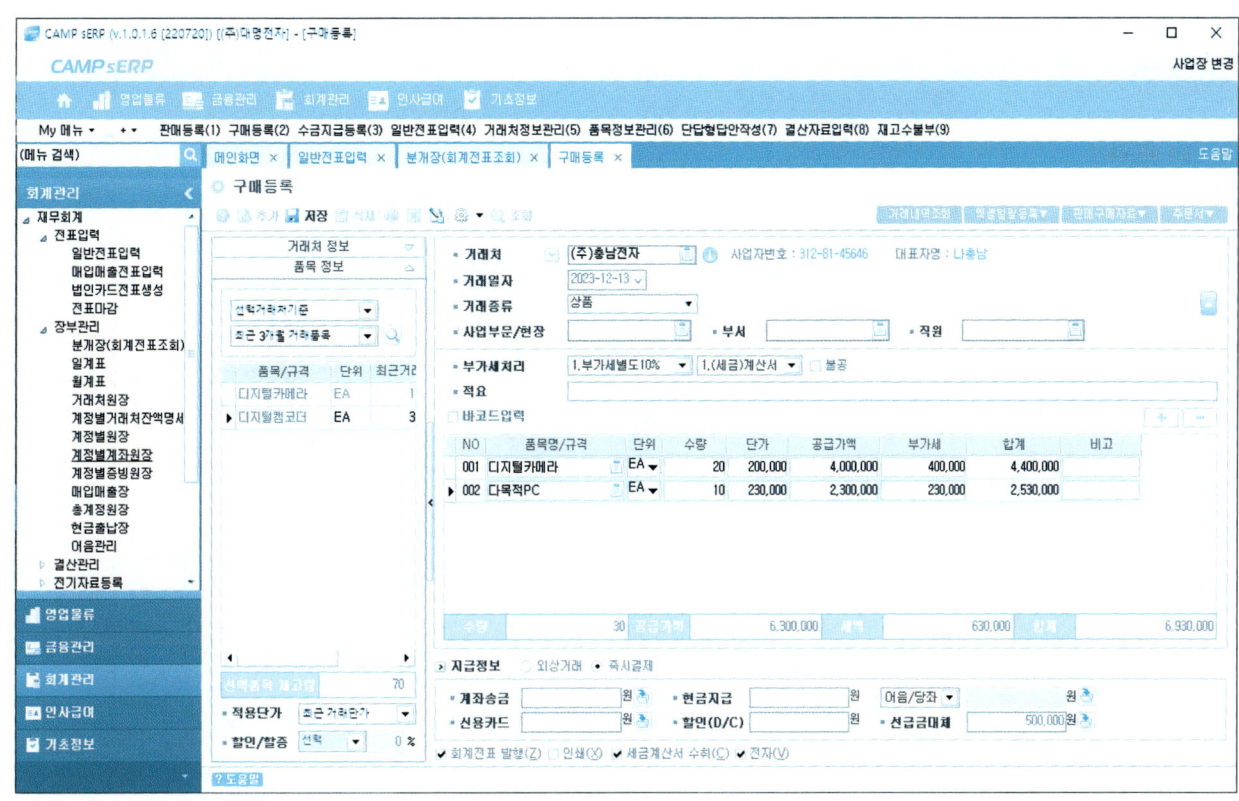

▶ 결제방법을 입력하지 않으면 자동으로 외상매입금으로 회계처리 된다.
▶ 계좌송금 : 당좌예금, 보통예금 등으로 결제할 때 입력한다.
▶ 어음 : 받을어음, 지급어음으로 결제할 때 입력한다.

문제 12 12월 15일   상품을 판매하고 전자세금계산서를 발급하다. 대금은 선수금 ₩600,000을 차감한 잔액은 외상으로 하다.

전자세금계산서				(공급자 보관용)		승인번호	20211215-XXXX0253	
공급자	등록번호	101-81-12340			공급받는자	등록번호	203-81-39215	
	상호	(주)대명전자	성명(대표자)	김대명		상호	(주)대박유통	성명(대표자)	왕대박
	사업장주소	충청남도 천안시 서북구 쌍용대로 67				사업장주소	경기도 남양주시 경춘로 1000	
	업태	도매 및 상품중개업	종사업장번호			업태	소매	종사업장번호
	종목	가전				종목	가전	
	E-Mail	dmha23@kcci.com				E-Mail	daebag00@kcci.com	
작성일자	2021.12.15.		공급가액	4,000,000		세 액	400,000	
비고								

월	일	품목명	규격	수량	단가	공급가액	세액	비고
12	15	디지털카메라	XX	10	250,000	2,500,000	250,000	
12	15	다목적PC	QQ	5	300,000	1,500,000	150,000	

합계금액	현금	수표	어음	외상미수금	이 금액을	○ 영수 ⦿ 청구	함
4,400,000	600,000			3,800,000			

1. My메뉴 옆 [판매등록(1)]([Ctrl]+1)나 화면왼쪽 [영업물류] → [영업관리] → [거래등록] → [판매등록]을 클릭한다.
2. 거래처((주)대박유통), 거래일자(2023-12-15), 상품매출을 입력한다.
3. 품목명/규격(디지털카메라), 수량(10), 단가(250,000)를 입력하고 [행추가] 또는 [Enter↵]한다.
4. 품목명/규격(다목적PC), 수량(5), 단가(300,000)를 입력하고 [행추가] 또는 [Enter↵]한다.
5. 화면 아래쪽 지급정보를 [즉시결제]로 변경 후 [선수금대체]를 클릭하여 선수금대체 팝업창에 일자(2023.01.01~2023.12.31)를 입력하고 [조회]버튼을 클릭하고, 차감할 금액란에 600,000을 입력하고, [확인]을 클릭한다.
6. 화면 아래쪽 ☑세금계산서발행 와 ☑전자(M)에 선택(√)하고, [저장(F5)]을 클릭한다.

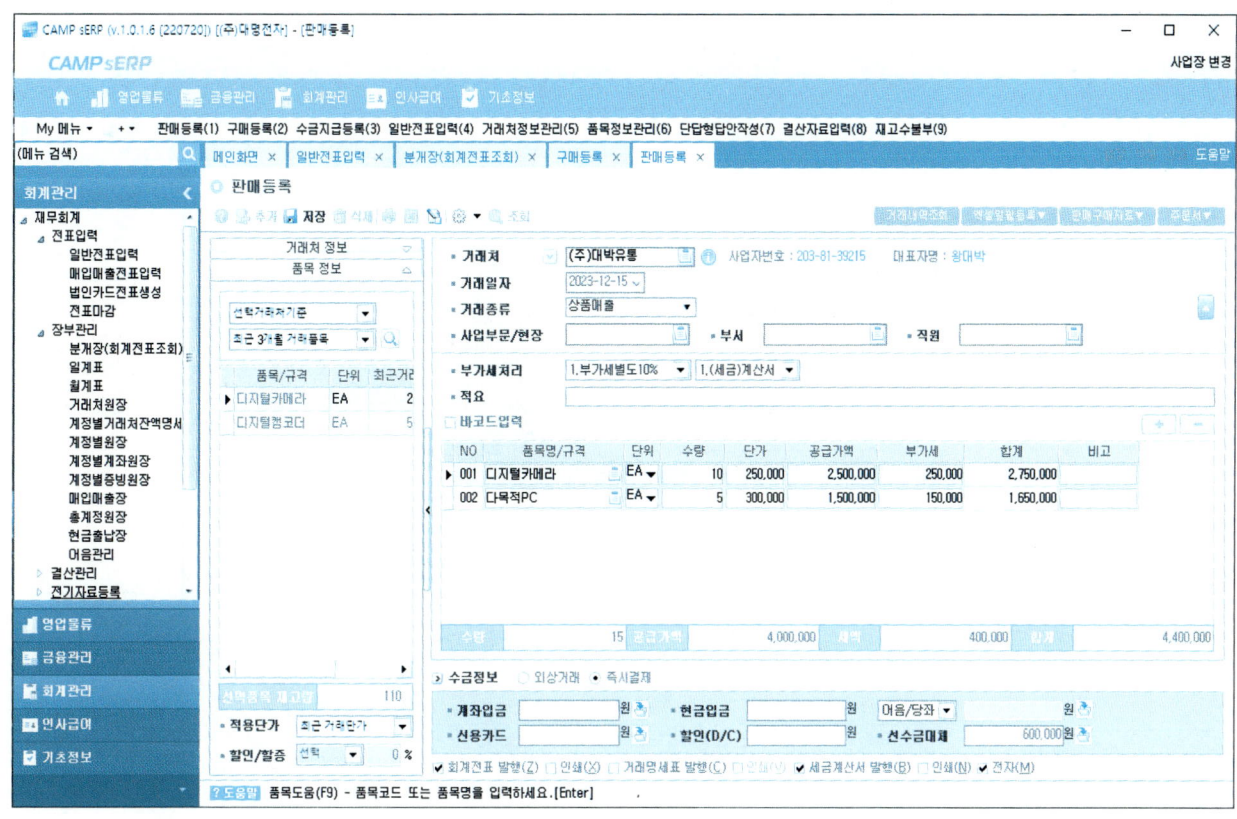

> **TIP**
> ▶ 상품 환입/환출 일때에는 수량 입력시 "－" 수량으로 입력하며, 다음 부분은 매입/매출 입력시와 동일하게 진행하면 된다.

문제 13 12월 17일 (주)대박유통에 상품(디지털카메라, 10EA)을 판매하고 신용카드매출전표를 발행해 주다.

단말기번호	4523188308	전표번호	
카드종류	현대카드		
회원번호	1234-1234-1234-1234		
유효기간	거 래 일 시 2023.12.17	취소시당초거래일	
거래유형	승인	품명	디지털카메라
결제방법	일시불	금 액 AMOUNT	2,500,000
매장명		부가세 VAT	250,000
판매자		봉사료 S/C	
대표자	김대명	합 계 TOTAL	2,750,000
알림/NOTICE		승인번호	34452311
가맹점주소	충청남도 천안시 서북구 쌍용대로 67		
가맹점번호	123456789		
사업자등록번호	101-81-12340		
가맹점명	(주)대명전자		
문의전화/HELP DESK TEL:1544-4700 (회원용)		서명/SIGNATURE **(주)대박유통**	

① My메뉴 옆 판매등록(1) (Ctrl+1)나 화면왼쪽 [영업물류] → [영업관리] → [거래등록] → [판매등록]을 클릭한다.

② 거래처((주)대박유통), 거래일자(2023-12-17), 부가세처리(2.신용카드), 매출카드(현대카드) 입력한다.

③ 품목명/규격(디지털카메라), 수량(10), 단가(250,000)를 입력하고 저장 을 클릭한다.

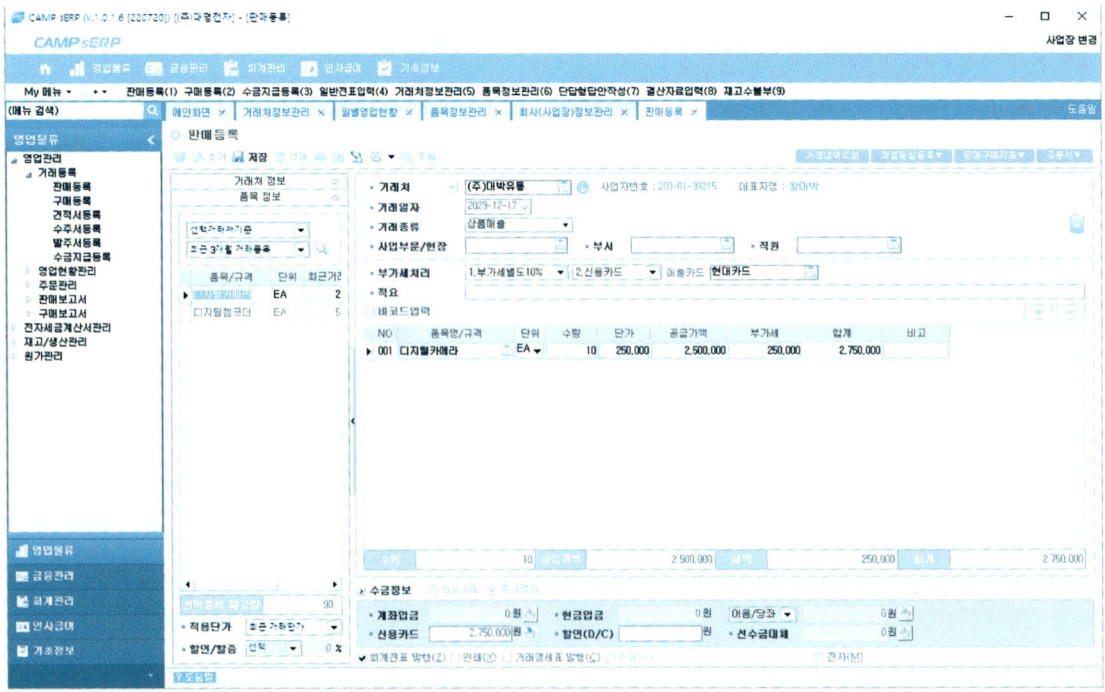

4 [회계관리] → [재무회계] → [전표입력] → [매입매출전표입력]에서 매입매출일자(2023-12-17) 조회 후 화면 하단 전표내역 중 차변(카드미수금)을 (외상매출금)으로 변경 후 Enter↵ 또는 💾 을 클릭하여 저장한다.

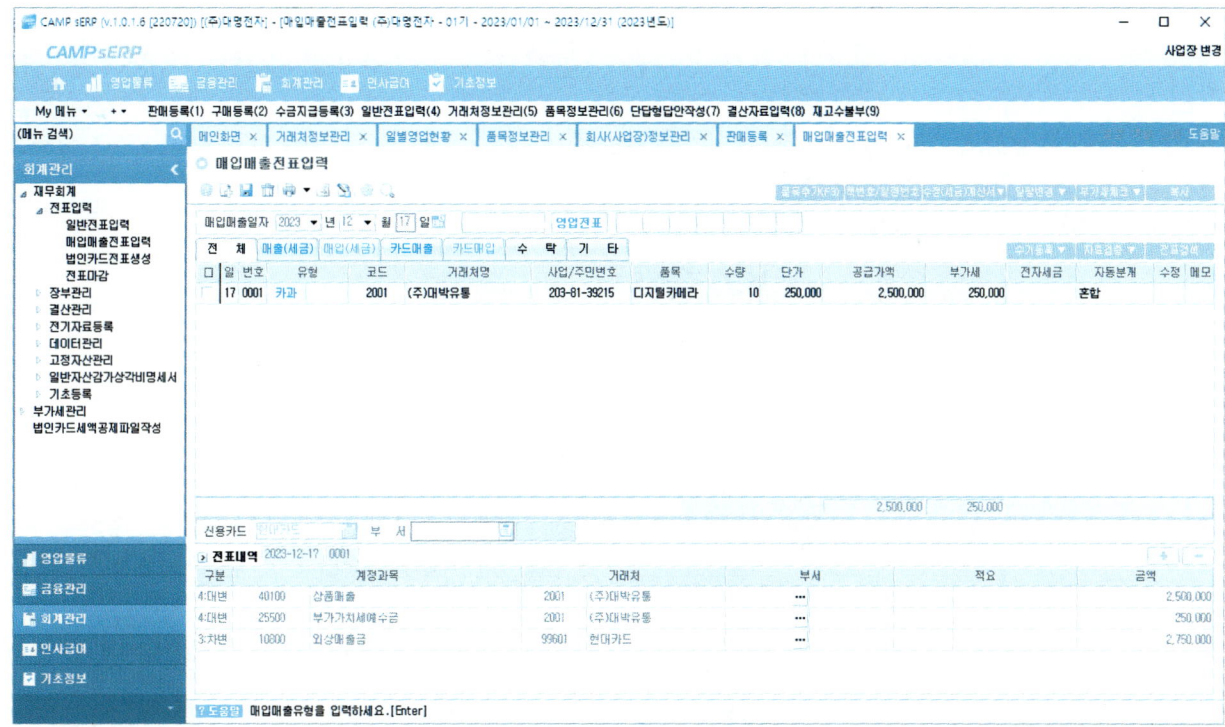

문제 14 12월 20일 (주)호황마트에 상품을 판매하고 현금영수증을 발행해 주다.

현금영수증

• **거래정보**

거래일시	2022-12-20
승인번호	12341235
거래구분	승인거래
거래용도	소득공제
발급수단번호	010-1234-5678

• **거래금액**

품목	수량	공급가액	부가세	총거래금액
디지털카메라	5	1,250,000	125,000	1,375,000
디지털캠코더	5	2,500,000	250,000	2,750,000
합계				4,125,000

• **가맹점 정보**

상호	(주)대명전자
사업자번호	101-81-12340
대표자명	김대명
주소	충청남도 천안시 서북구 쌍용대로 67

1 My메뉴 옆 `판매등록(1)`(Ctrl+1)나 화면왼쪽 [영업물류] → [영업관리] → [거래등록] → [판매등록]을 클릭한다.

2 거래처((주)호황마트), 거래일자(2023-12-20), 부가세처리(3.현금영수증) 입력한다.

3 품목명/규격(디지털카메라), 수량(10), 단가(250,000)를 입력하고 `행추가` 또는 `Enter↵`한다.

4 품목명/규격(디지털캠코더), 수량(10), 단가(500,000)를 입력하고 `저장`을 클릭한다.

5 [회계관리] → [재무회계] → [전표입력] → [매입매출전표입력]에서 매입매출일자(2023-12-20) 조회하여 분개를 확인한다.

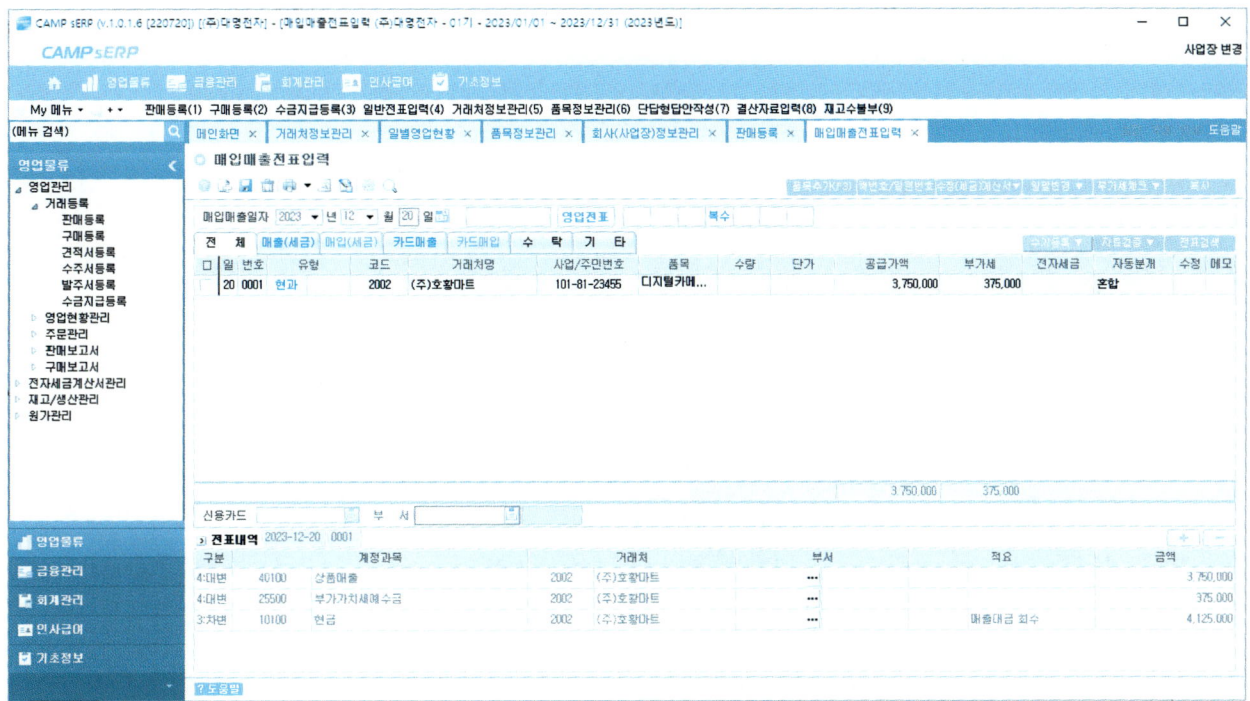

- 매입매출전표 입력 시 자동분개 선택에 따라 분개가 생성된다.
  0. 분개없음 : 분개없이 또는 분개는 일반전표에서 입력한 후 부가세 신고 내용만 입력하고자 하는 경우
  1. 현금 : 전액 현금거래인 경우(일반전표입력에서 입금, 출금 전표와 같은 개념)
  2. 외상 : 전액 외상거래(외상매출금, 외상매입금)인 경우
  3. 미지급 : 전액 미수금 또는 미지급금인 경우
  4. 카드 : 거래 전액이 카드 결제인 경우
  5. 예금 : 거래 전액이 예금(보통예금)인 경우

문제 15 12월 24일 영업부 직원들과 회식을 하고 회식비는 법인신용카드로 결제하다.

단말기번호	4523188309	전표번호	
카드종류	우리카드		
회원번호	1234-5678-9876-5432		
유효기간	거 래 일 시 2023.12.24	취소시당초거래일	
거래유형	승인	품명	한식
결제방법	일시불	금 액 AMOUNT	500000
매장명		부가세 VAT	50000
판매자		봉사료 S/C	
대표자	최고야	합 계 TOTAL	550000
알림/NOTICE		승인번호	34452311
가맹점주소	서울시 강서구 양천로 42		
가맹점번호	1234569012		
사업자등록번호	119-90-46123		
가맹점명	최고식당		
문의전화/HELP DESK TEL:1544-4700 (회원용)		서명/SIGNATURE 대명전자	

1 [회계관리] → [재무회계] → [전표입력] → [매입매출전표입력]에서 매입매출일자(2023-12-20), 유형(57.카과), 거래처(최고식당), 공급가액(500,000), 부가세(50,000), 신용카드(우리카드), 분개(3.미지급)을 입력한다.

2 하단 분개에서 차변(상품)을 (복리후생비)계정으로 변경하고 Enter↵ 또는 💾 을 클릭하여 저장한다.

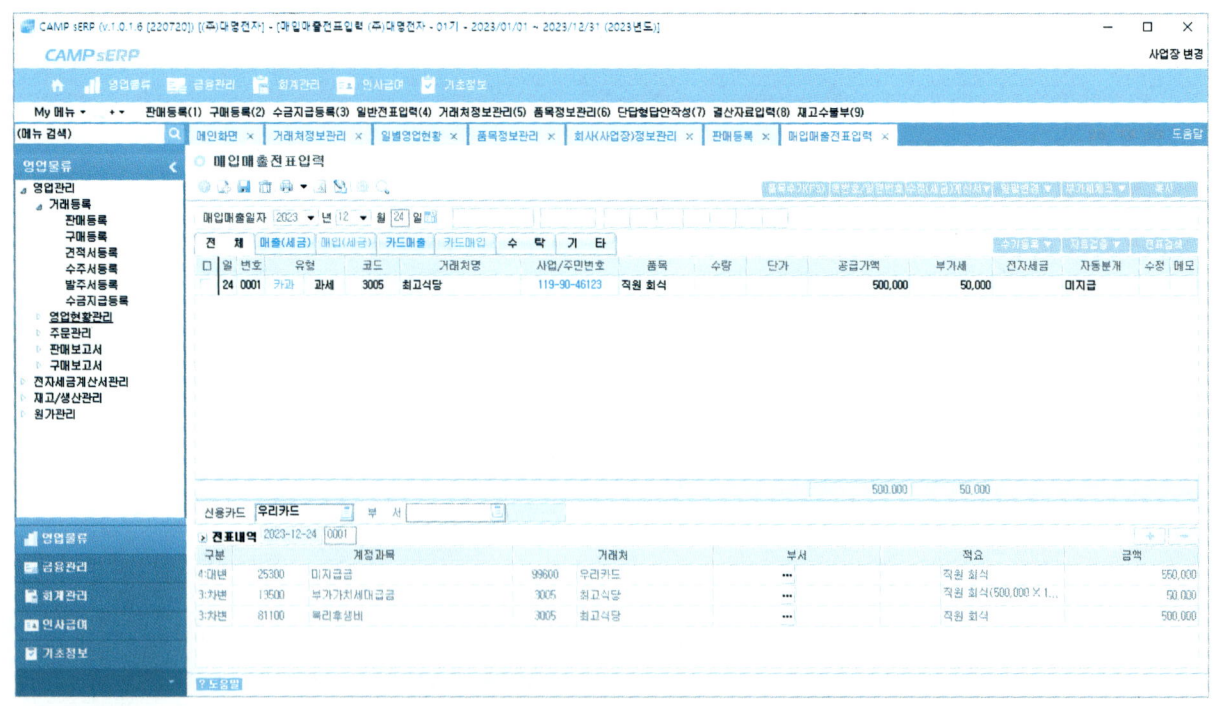

TIP
▶ 공급가액은 부가가치세를 제외한 금액을 입력한다.
  단, 유형이 14.건별, 17.카과, 22.현과, 57.카과, 61.현과의 경우 공급가액란에 공급대가(=공급가액+부가가치세)를 입력하면 자동적으로 공급가액과 부가가치세로 나누어 입력된다.

문제 16 12월 28일   회계부 업무용 참고도서를 외상으로 구입하고 발급받은 전자계산서이다.

전자계산서			(공급받는자 보관용)		승인번호	20231228-XXXX0115	
공급자	등록번호	121-23-55121		공급받는자	등록번호	101-81-12340	
	상호	팬더문구	성명(대표자) 심우주		상호	(주)대명전자	성명(대표자) 김대명
	사업장주소	서울시 강남구 남부순환로 584			사업장주소	충남 천안시 서북구 쌍용대로 67	
	업태	도소매	종사업장번호		업태	도소매	종사업장번호
	종목	문구, 도서			종목	가전	
	E-Mail	panda111@exam.com			E-Mail	abc123@exam.com	
작성일자	2023.12.28.	공급가액			50,000		
비고							

월	일	품목명	규격	수량	단가	공급가액	비고
12	28	도서		2	25,000	50,000	

합계금액	현금	수표	어음	외상미수금	이 금액을	○ 영수 / ● 청구	함
50,000				50,000			

1 [회계관리] → [재무회계] → [전표입력] → [매입매출전표입력]에서 매입매출일자(2023-12-28), 유형(53.면세), 거래처(팬더문구), 공급가액(50,000), 전자세금(4.전자(수기)), 분개(3.미지급)을 입력한다.

2 하단 분개에서 차변(상품)을 (도서인쇄비)계정으로 변경하고 Enter↵ 키 또는 💾 을 클릭하여 저장한다.

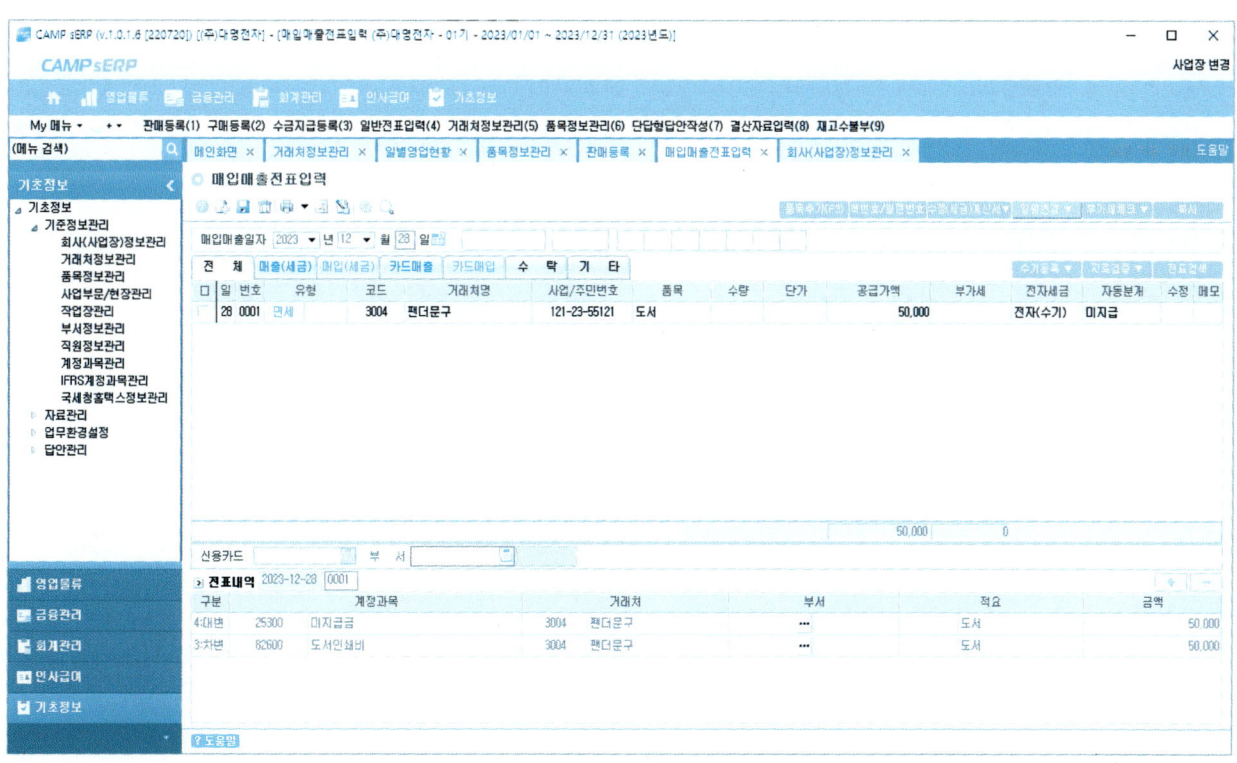

전표의 수정과 삭제

합격마법사 | 전산회계운용사 실기 입문

다음의 거래를 입력하고, 다시 수정과 삭제 하시오.

문제 01 12월 25일 단기투자목적으로 상장기업인 (주)대한상사 발행 주식 100주(액면 @₩10,000)를 @₩12,000에 매입하고, 매입수수료 ₩30,000과 함께 현금으로 지급하다.

분개	출금전표	(차) 당기손익-공정 가치측정금융자산 1,200,000 (대) 현 금 1,230,000
		수 수 료 비 용 30,000

※ 일반적인 수수료비용(83100)은 판매관리비이고, 당기손익-공정가치측정금융자산에 대한 수수료비용(94600)은 기타비용이다.

1 My메뉴 옆 일반전표입력(4) (Ctrl+4)나, 화면왼쪽 [회계관리] → [재무회계] → [전표입력] → [일반전표입력]을 클릭한다.

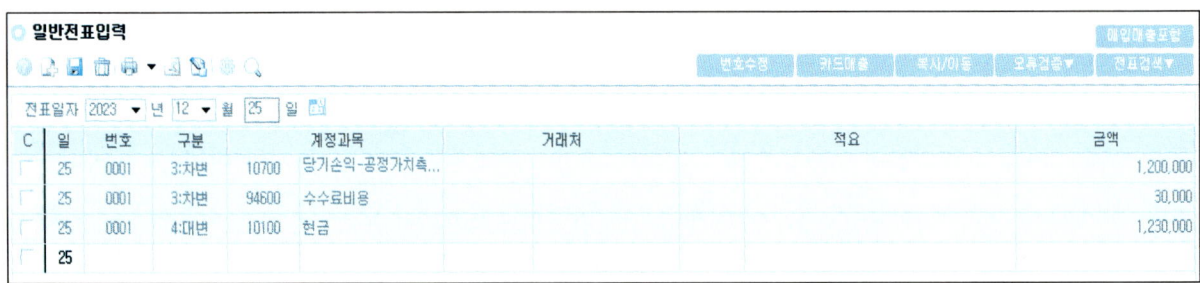

2 My메뉴 옆 일반전표입력(4) (Ctrl+4)나, 화면왼쪽 [회계관리] → [재무회계] → [전표입력] → [일반전표입력]을 클릭한다.

3 전표를 수정할 때는 수정할 전표를 선택하여 수정하고 Enter↵ 한다.

4 전표를 삭제할 때는 삭제할 전표를 선택하고 [아이콘 박스] 중에서 삭제(F6) 아이콘을 클릭한다.

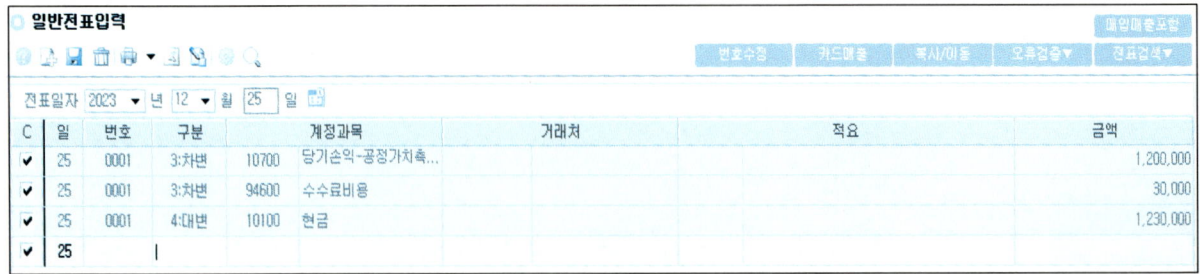

TIP
▶ 판매등록, 구매등록, 수금지급등록에서 등록하지 않은 일반전표관리에서 입력한 전표만 [회계관리]→[재무관리]→[전표입력]→[일반전표입력]에서 수정 및 삭제를 한다.

문제 02   12월 26일   (주)충남전자에서 디지털카메라 ₩1,000,000(5EA, @₩200,000)을 매입하고, 대금은 부가가치세 10%와 함께 외상으로 하다

1 My메뉴 옆 구매등록(2)(Ctrl+2)나, 화면왼쪽 [영업물류] → [영업관리] → [거래등록] → [구매등록]을 클릭하여 내용을 입력 저장한다.

2 아래쪽 상품매입대금의 결제방법을 입력하지 않으면 자동으로 [외상매입금]으로 처리된다.

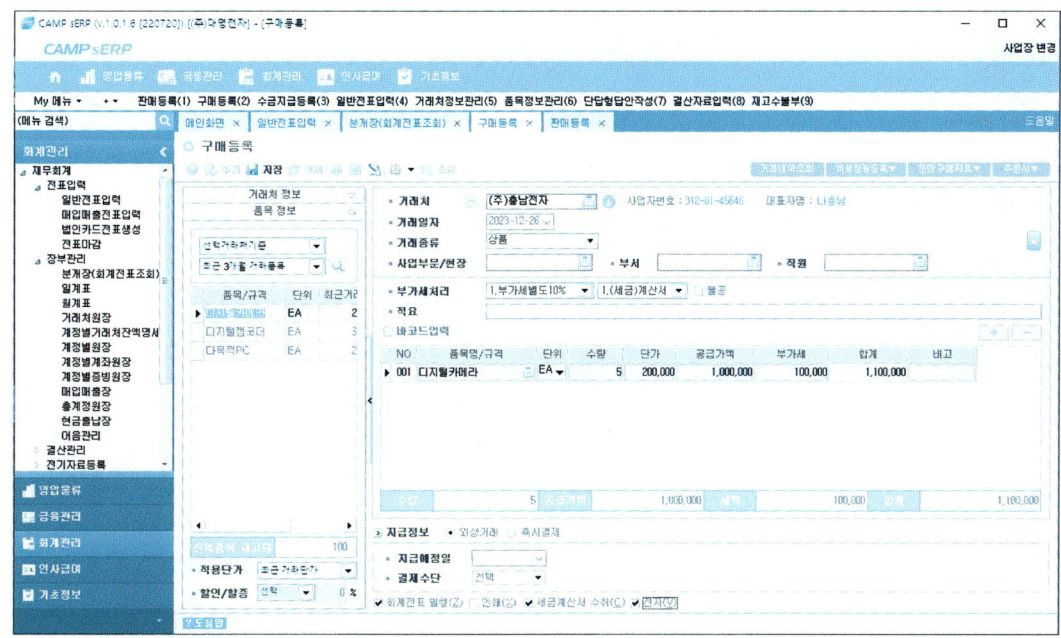

3 [회계관리] → [재무회계] → [전표입력] → [매입매출전표입력]에서 해당전표에서 발행된 세금계산서를 선택하고, [아이콘 박스] 중에서 삭제(F6) 아이콘을 이용하여 삭제한다.

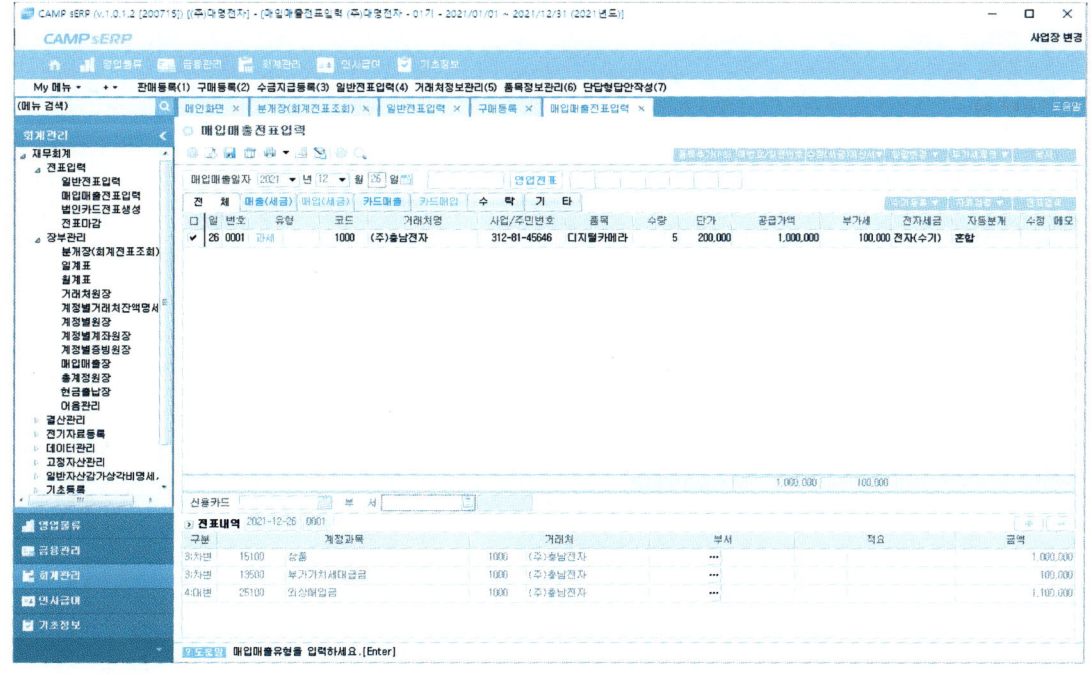

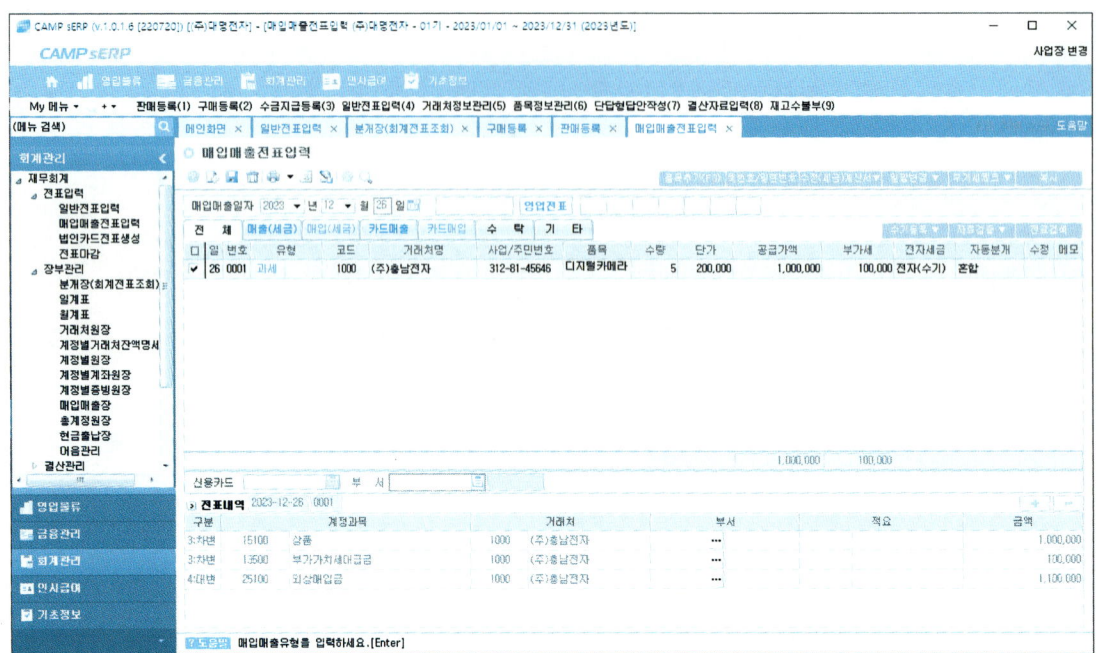

4 선택한 매입매출전표가 모두 삭제됩니다. 삭제하시겠습니까? [예(Y)]를 클릭한다.

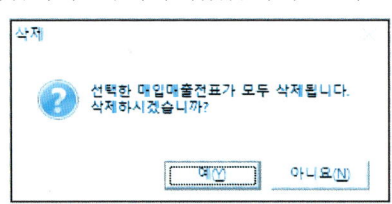

5 [영업물류] → [영업현황관리] → [일별영업현황]을 클릭한다.

6 수정할 전표를 선택하고 조회/변경(F3) 을 클릭, [구매등록 조회/변경]팝업창에서 다시 수정 을 클릭하고, [수량 5개를 10개로 수정해본다.] 수량5개를 10로 수정하고, 화면 아래쪽 ☑세금계산서수취 와 ☑전자(V) 에 선택(√)하고, 저장(F5) 을 클릭한다.

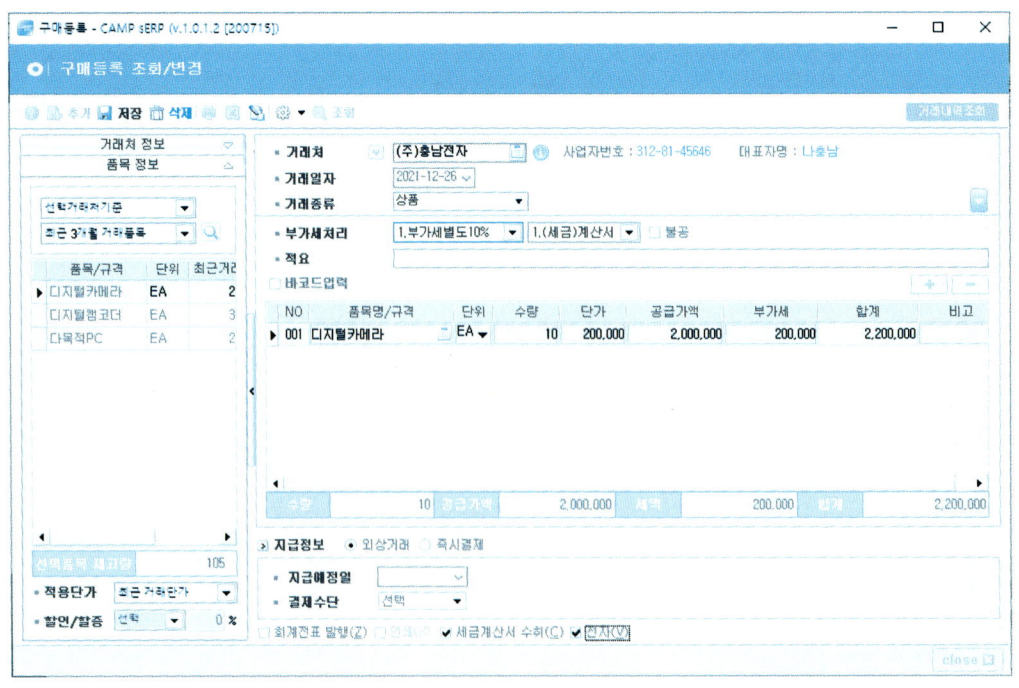

7 회계전표 발행 팝업창에서 [예]를 클릭 하고, 구매등록을 저장하였습니다. 라는 팝업창에서 [확인]을 클릭한다.

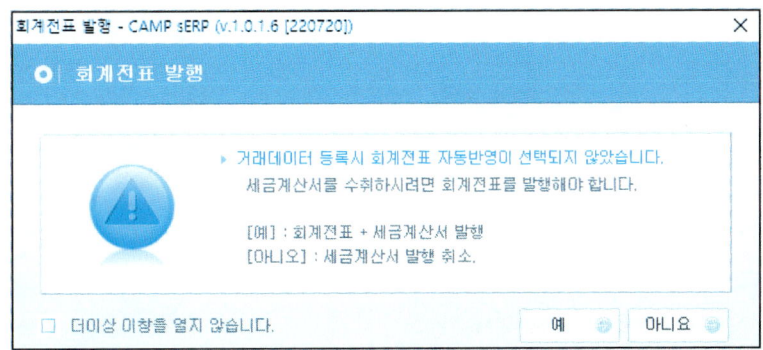

8 변경된 내용은 다음과 같다.

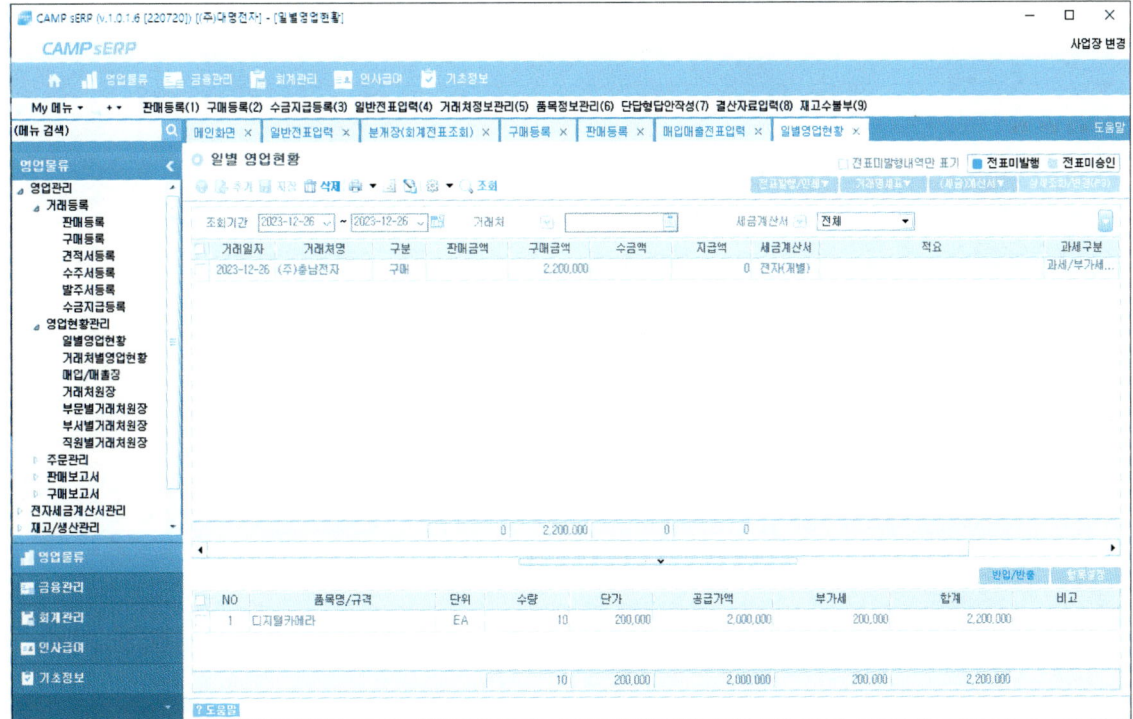

9 삭제할 때는 **3 4 5**번 과정은 동일하고, [일별영업현황]에서 해당 전표를 선택하고 |삭 제 ➡| 버튼을 클릭하면 된다.

> **TIP**
> ▶ 판매등록(1) 구매등록(2) 수금지급등록(3) 에서 등록한 전표는 [영업관리] → [영업현황관리] → [일별영업현황]에서 수정 및 삭제를 한다.

합격마법사 | 전산회계운용사 실기 입문

거래입력 혼자해보기

▶ **지시사항**

CAMP sERP 프로그램을 '교육용로그인' 할 때 불러오기를 클릭하고 [멘토르스쿨(20213) → [제2장 전산회계 실기 입문] → [2)혼자해보기]폴더에서 [(2)거래입력_혼자해보기.zip]를 불러온 후 진행합니다. [사용자번호 : (12345678), 성명 : (김갑수)]

[기초정보] → [회사(사업장)정보관리]에서 "(주)대한스포츠"를 확인 후 진행하세요.

문제 01 다음 거래를 입력하시오. 단, 채권, 채무 및 금융 거래는 거래처를 입력한다. 36점

1 12월 2일   다음의 비용이 발생하여 현금으로 지급하다.

                수도광열비 : ₩50,000   통신비 : ₩40,000   수선비 : ₩45,000

⇒ 입력절차 : [My메뉴 옆 `일반전표입력(4)`(`Ctrl`+4)]

분개	출금전표	(차) 수 도 광 열 비 50,000 통 신 비 40,000 수 선 비 45,000	(대) 현 금 135,000

2 12월 5일   국민은행에 현금₩2,000,000을 계좌번호(123456-123-111)번으로 정기예금 하다.

⇒ 입력절차 : [My메뉴 옆 `일반전표입력(4)`(`Ctrl`+4)]

분개	출금전표	(차) 정기예금(국민) 2,000,000	(대) 현 금 2,000,000

3 12월 8일   11월 21일에 출장 갔던 김능환 부장이 돌아와 다음과 같이 영수증을 제출하고, 남은 금액은 현금으로 반환하였다.

                교통비 ₩350,000   숙박비 ₩250,000   식대 300,000

⇒ 입력절차 : [회계관리] → [재무회계] → [장부관리] → [분개장 회계전표조회]에서 가지급금을 확인한다. [My메뉴 옆 `일반전표입력(4)`(`Ctrl`+4)]

분개	대체전표	(차) 여 비 교 통 비 900,000 현 금 100,000	(대) 가 지 급 금 1,000,000

4 12월 10일   상암유통에서 받은 약속어음 ₩6,000,000이 금일 만기가 되어 당점 당좌예금에 입금되었다는 통지를 당사 거래은행인 국민은행으로부터 받다.(어음번호 : 아자33334242)

⇒ 입력절차 : [My메뉴 옆 `일반전표입력(4)`(`Ctrl`+4)] ※ 받을어음의 처리구분(결제), 결제금액(당좌예금)

분개	대체전표	(차) 당좌예금(국민) 6,000,000	(대) 받을어음(상암) 6,000,000

5 12월 13일   다음의 복합기(1대)를 ₩2,500,000에 구입하고 당좌수표(국민은행)를 발행하여 지급하다.

⇒ 입력절차 : [My메뉴 옆 `일반전표입력(4)`(`Ctrl`+4)]

분개	대체전표	(차) 비 품 2,500,000	(대) 당좌예금(국민) 2,500,000

6 12월 15일　　상암유통의 외상매출금 중 ₩500,000을 동점발행 당점수취의 약속어음(어음번호:가나
　　　　　　　　　12345678, 지급장소 : 우리은행, 만기일 : 2024년 3월 15일)으로 받다.
⇒ 입력절차 : My메뉴 옆 수금지급등록(3) (Ctrl+3)

분개	대체전표	(차) 받을어음(상암)	500,000	(대) 외상매출금(상암)	500,000

7 12월 18일　　(주)가나스포츠에 대한 외상매입금 중 ₩3,000,000을 약속어음을 발행하여 지급하다.
　　　　　　　　　(어음번호 : 아자20001218, 만기일 : 2024년 3월 18일, 지급은행 : 국민은행)
⇒ 입력절차 : My메뉴 옆 수금지급등록(3) (Ctrl+3)

분개	대체전표	(차) 외상매입금(가나)	3,000,000	(대) 지급어음(가나)	3,000,000

8 12월 20일　　상품을 매입하고 전자세금계산서를 발급받다.

전자세금계산서 (공급받는자 보관용)				승인번호	20211220-XXXX0151		
공급자	등록번호	277-81-22224		공급받는자	등록번호	123-45-67890	
	상호	안산의류	성명(대표자) 오안산		상호	(주)대한스포츠	성명(대표자) 이대영
	사업장 주소	경기도 안산시 단원구 고잔로 86			사업장 주소	서울특별시 중구 명동2길 45	
	업태	제조	종사업장번호		업태	도,소매	종사업장번호
	종목	의류			종목	스포츠용품	
	E-Mail	ansan98@kcci.com			E-Mail	daehan65@kcci.com	
작성일자	2021.12.20.	공급가액	10,000,000	세 액	1,000,000		
비고							

월	일	품목명	규격	수량	단가	공급가액	세액	비고
12	20	등산복	C-108	50	200,000	10,000,000	1,000,000	

합계금액	현금	수표	어음	외상미수금	이 금액을	○ 영수 ● 청구	함
11,000,000				11,000,000			

⇒ 입력절차 : My메뉴 옆 구매등록(2) (Ctrl+2)

분개	(차) 상　　　　품　　10,000,000 　　　 부가가치세대급금　 1,000,000	(대) 외상매입금(안산)　11,000,000

9 12월 26일 상품을 매출하고 전자세금계산서를 발급하다.

전자세금계산서				(공급자 보관용)		승인번호	20211226-XXXX0253	
공급자	등록번호	123-45-67890			공급받는자	등록번호	412-81-34567	
	상호	(주)대한스포츠	성명(대표자)	이대영		상호	상암유통	성명(대표자)	박지성
	사업장주소	서울특별시 중구 명동2길 45				사업장주소	서울특별시 마포구 하늘공원로 22	
	업태	도,소매	종사업장번호			업태	도,소매	종사업장번호
	종목	스포츠용품				종목	스포츠용품	
	E-Mail	daehan65@kcci.com				E-Mail	sangam40@kcci.com	
작성일자	2021.12.26		공급가액	9,000,000		세 액	900,0000	
비고								

월	일	품목명	규격	수량	단가	공급가액	세액	비고
12	26	등산복	C-108	30	300,000	9,000,000	900,000	

합계금액	현금	수표	어음	외상미수금	이 금액을	○ 영수 함
9,900,000				9,900,000		● 청구

⇒ 입력절차 : My메뉴 옆 판매등록(1) (Ctrl + 1)

분개	(차) 외상매출금(상암) 9,900,000	(대) 상 품 매 출 9,000,000
		부가가치세예수금 900,000

10 12월 27일 가나스포츠(주)에서 상품(티셔츠, 50EA)을 매입하고 우리카드로 결제하다.

단말기번호	4523188309		전표번호	
카드종류	우리카드			
회원번호	1234-5678-9876-5432			
유효기간		거 래 일 시	취소시당초거래일	
		2023.12.27		
거래유형	승인	품명	티셔츠	
결제방법	일시불	금 액 AMOUNT	2 000000	
매장명		부가세 VAT	200000	
판매자		봉사료 S/C		
대표자	김가나	합 계 TOTAL	2 200000	
알림/NOTICE		승인번호	34452311	
가맹점주소	서울특별시 중구 퇴계로 163-1			
가맹점번호	8800214535			
사업자등록번호	201-23-45678			
가맹점명	가나스포츠(주)			
문의전화/HELP DESK TEL:1544-4700 (회원용)		서명/SIGNATURE 대한스포츠		

⇒ 입력절차 : My메뉴 옆 구매등록(2) (Ctrl+2) ※ 부가세처리 (2.신용카드), 매입카드(우리카드)

분개	5.7카과	(차) 상 품 2,000,000	(대) 외상매입금(우리카드) 2,200,000
		부가가치세대급금 200,000	

11 12월 28일   거래처 직원 결혼식에 화환을 보내고 현금영수증을 수취하다.

현금영수증

- **거래정보**

거래일시	2022-12-28
승인번호	12341235
거래구분	승인거래
거래용도	지출증빙
발급수단번호	010-1234-5678

- **거래금액**

품목	공급가액	부가세	봉사료	총거래금액
화환	70,000	0	0	70,000

- **가맹점 정보**

상호	최플라워
사업자번호	123-81-23421
대표자명	최유진
주소	서울특별시 성북구 서소문로 23

⇒ 입력절차 : [재무회계] – [전표입력] – [매입매출전표입력]

분개	62.현면	(차) 접　대　비	70,000	(대) 현　　　금	70,000

12 12월 29일   직원들 유니폼을 현금으로 구입하고 현금영수증을 발급받다.

현금영수증

- **거래정보**

거래일시	2022-12-29
승인번호	12341235
거래구분	승인거래
거래용도	지출증빙
발급수단번호	010-1234-5678

- **거래금액**

품목	공급가액	부가세	봉사료	총거래금액
유니폼	300,000	30,000	0	330,000

- **가맹점 정보**

상호	비마트
사업자번호	119-81-52719
대표자명	에이미
주소	서울시 강서구 화곡로 249

분개	62.현과	(차) 복 리 후 생 비 　　부가가치세대급금	300,000 30,000	(대) 현　　　금	330,000

> **TIP**
> ▶ 전산회계운용사 2급 실기는 회계원리만 출제되므로 비용계정은 계정코드가 "8~" 번으로 시작하는 판매관리비계정을 주로 사용한다.(계정코드가 "5~" 번으로 시작하는 것은 제조원가계정이다.)
> ▶ 표준적요는 거래내용을 메모하는 곳으로 검정시험 채점과 관련이 없으므로 기장 생략한다.

합격마법사 | 전산회계운용사 실기 입문

03 기말정리 사항 따라해 보기

▶ **지시사항**

CAMP sERP 프로그램을 '교육용로그인' 할 때 불러오기를 클릭하고 [멘토르스쿨(2021)] → [제2장 전산회계 실기 입문] → [1)따라해보기]폴더에서 [(3)기말정리_따라해보기.zip]를 불러온 후 진행합니다. [사용자번호 : (12345678), 성명 : (김갑수)]

■ [기초정보] → [회사(사업장)정보관리]에서 "(주)대명전자"를 확인 후 진행하세요.

주어진 '(주)대명전자'의 자료를 이용하여 다음의 기말정리 사항을 처리하시오.(재고평가는 선입선출법으로 하시오.)

수동으로 분개하여 입력하는 결산정리사항

문제 01 12월 31일 당기손익-공정가치측정금융자산을 공정가치(시가) ₩35,000,000으로 평가하다.

분개	대체전표	(차) 당기손익-공정가치측정금융자산	5,000,000	(대) 당기손익-공정가치측정금융자산평가이익	5,000,000

1. [회계관리] → [결산관리] → [합계잔액시산표]를 조회 한다.
2. 조회기간 : 2023-01-01~2023-12-31을 입력, [조회]버튼을 클릭한다.
3. 공정가치(35,000,000) - 장부금액(30,000,000) = 평가이익(5,000,000)
4. [My메뉴 옆 일반전표입력(4)(Ctrl+4)]를 클릭하여 전표를 작성한다.

C	일	번호	구분	계정과목		거래처	적요	금액
□	31	0001	3:차변	10700	당기손익-공정가치측정금융자산			5,000,000
□	31	0001	4:대변	90500	당기손익-공정가치측정금융자산평가이익			5,000,000
□	31							

TIP

▶ 당기손익-공정가치측정금융자산의 평가의 결산 정리분개
① 장부금액 < 공정가치(시가) :
   (차) 당기손익-공정가치측정금융자산 ×× (대) 당기손익-공정가치측정금융자산평가이익 ××
② 장부금액 > 공정가치(시가) :
   (차) 당기손익-공정가치측정금융자산평가손실 ×× (대) 당기손익-공정가치측정금융자산 ××

문제 02 12월 31일   3월 1일에 지급된 보험료(1년분 ₩1,200,000)에 대해 기말정리분개를 하시오.
(단, 보험료는 월할로 계산한다.)

| 분개 | 대체전표 | (차) 선 급 비 용 | 200,000 | (대) 보 험 료 | 200,000 |

1 보험료 선급액 계산 ⇒ 1,200,000 ÷ 12 × 2(선급분) = 200,000

2 [My메뉴 옆 일반전표입력(4) ([Ctrl]+4)]를 클릭하여 전표를 작성한다.

일반전표입력

전표일자 2023년 12월 31일

C	일	번호	구분	계정과목		거래처	적요	금액
	31	0001	3:차변	10700	당기손익-공정가치측정금융자산			5,000,000
	31	0001	4:대변	90500	당기손익-공정가치측정금융자산평가이익			5,000,000
	31	0002	3:차변	13300	선급비용			200,000
	31	0002	4:대변	82100	보험료			200,000
	31							

TIP
▶ 문제에 주어진 보험료 지급액이 없는 경우 [합계잔액시산표]에서 [보험료]계정을 찾아 더블클릭하여 내용을 확인한다.
▶ 손익의 이연 및 예상의 결산 정리분개

| (차)선급(비용) ××× (대)(비용계정) ××× | (차)(수익계정) ××× (대)선수(수익) ××× |
| (차)미수(수익) ××× (대)(수익계정) ××× | (차)(비용계정) ××× (대)미지급(비용) ××× |

문제 03 12월 31일 현재 소모품 미사용액 ₩50,000이다.

| 분개 | 대체전표 | (차) 소 모 품 | 50,000 | (대) 소 모 품 비 | 50,000 |

1 합계잔액시산표에서 소모품비(비용처리법)를 확인한다.

2 [My메뉴 옆 일반전표입력(4) (Ctrl+4)]를 클릭하여 전표를 작성한다.

일반전표입력

전표일자 2023년 12월 31일

C	일	번호	구분	계정과목		거래처	적요	금액
	31	0001	3:차변	10700	당기손익-공정가치측정금융자산			5,000,000
	31	0001	4:대변	90500	당기손익-공정가치측정금융자산평가이익			5,000,000
	31	0002	3:차변	13300	선급비용			200,000
	31	0002	4:대변	82100	보험료			200,000
	31	0003	3:차변	17600	소모품			50,000
	31	0003	4:대변	83000	소모품비			50,000
	31							

> **TIP**
> ▶ 소모품 관련 결산정리 분개
> ① 비용처리법 (미사용액) : (차) 소 모 품 ×× (대) 소모품비 ××
> ② 자산처리법 (사 용 액) : (차) 소모품비 ×× (대) 소 모 품 ××

자동으로 분개되는 결산정리사항

문제 04 12월 31일 매출채권에 대하여 1%의 대손충당금을 설정하다.

분개	대체전표	(차) 대 손 상 각 비	739,300	(대) (외상매출금) 대손충당금 (받을어음) 대손충당금	689,300 50,000

1 [회계관리] → [결산관리] → [결산자료입력]을 조회 한다.

2 조회기간 : 2023-01~2023-12를 입력, [조회]버튼을 클릭한다.

3 화면 우측상단 [대손상각] 버튼을 클릭하고, 대손율 설정 1%를 확인하고 단기대여금 추가설정액 (100,000)은 삭제하고(0 Enter↵), [결산반영] 버튼을 클릭한다.

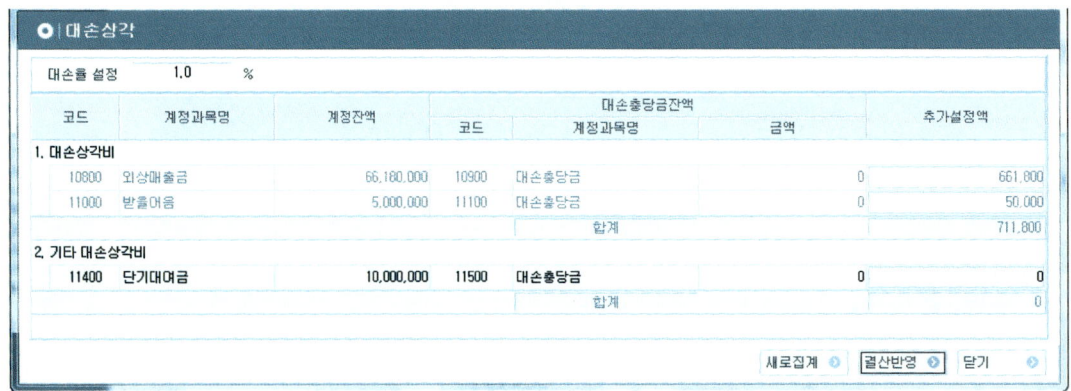

4 판매비와 관리비에 [대손상각비(외상매출금)](689,300), [대손상각비(받을어음)](50,000)이 자동으로 반영된다.

> **TIP**
> ▶ 외상매출금(68,930,000) × 대손율(0.01) − 대손충당금 잔액(0) = 대손추가설정액(689,300)
> ▶ 받을어음(5,000,000) × 대손율(0.01) − 대손충당금 잔액(0) = 대손추가설정액(50,000)
> ▶ 매출채권(외상매출금, 받을어음)에 대한 대손을 설정하므로 기타채권(미수금, 미수수익, 대여금, 선급금 등)은 금액을 0원으로 수정한다.

문제 05 12월 31일 현재 모든 유형자산에 대해 감가상각비를 계상하다.

1 [회계관리] → [고정자산관리] → [고정(유형/무형)자산등록]에서 14.회사계상상각비에 금액이 있는지 확인한다.(없으면 내용연수를 클릭하고 Enter↵하고 저장(💾)한다.)

2 화면 우측상단 [감가상각] 버튼을 클릭하고, [결산반영] 버튼을 클릭한다.

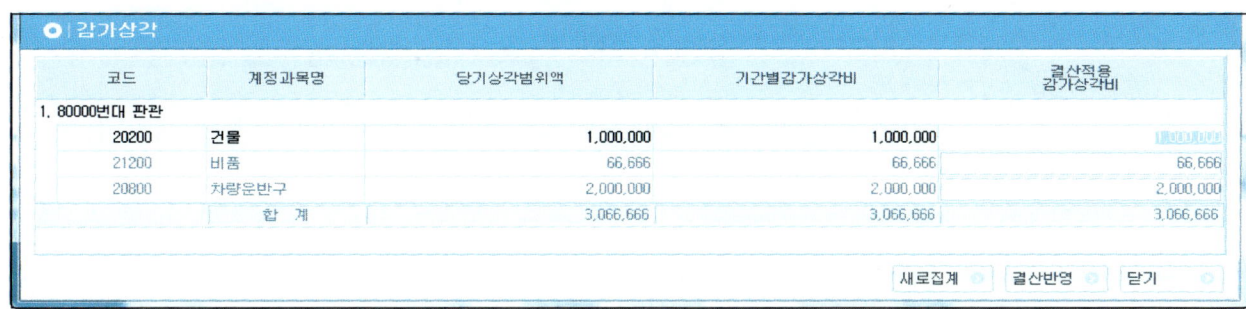

3 판매와 관리비에 [감가상각비(건물)](1,000,000), [감가상각비(차량운반구)](2,000,000), [감가상각비(비품)](66,666)이 자동으로 반영된다.

> **TIP**
> ▶ 수동결산 : 결산정리사항에 대한 결산대체분개 전표를 [전표입력]메뉴에서 입력하여 결산하는 방법. 주로 자동결산을 할 수 없는 사항에 대하여 처리
> ▶ 자동결산: 프로그램에서 회계자료를 근거로 결산정리사항을 입력하고 [결산자료입력]메뉴에서 결산 정리분개를 처리하는 것을 말한다.

구분	자동결산이 가능한 사항	자동결산을 할 수 없는 사항
결산항목	재고자산의 매출원가 대체 감가상각비 계상 대손충당금계상 퇴직급여 충당부채 계상 법인세 계상	자산, 부채의 평가 수익비용의 이연, 예상(선급비용, 선수수익, 미수수익, 미지급비용) 소모품비 계상 가지급금, 가수금등 임시계정 정리 등 비유동부채의 유동성대체

문제 06 12월 31일 기말상품재고액을 확인하여 정리하시오. (재고평가는 선입선출법으로 하시오.)

1 [영업물류] → [재고/생산관리] → [환경설정] → [재고관리방법설정]메뉴에서 1.재고평가법 [선입선출법]을 선택 하고, 저장(F5) 한다.

2 [영업물류] → [재고/생산관리] → [재고수불부관리] → [재고수불부]클릭하고, 조회기간(2023-01-01 ~2023-12-31)입력하여 조회 버튼을 클릭하면 오른쪽 [재고금액] 맨 아래 (42,850,000)이 기말상품재고액이다.

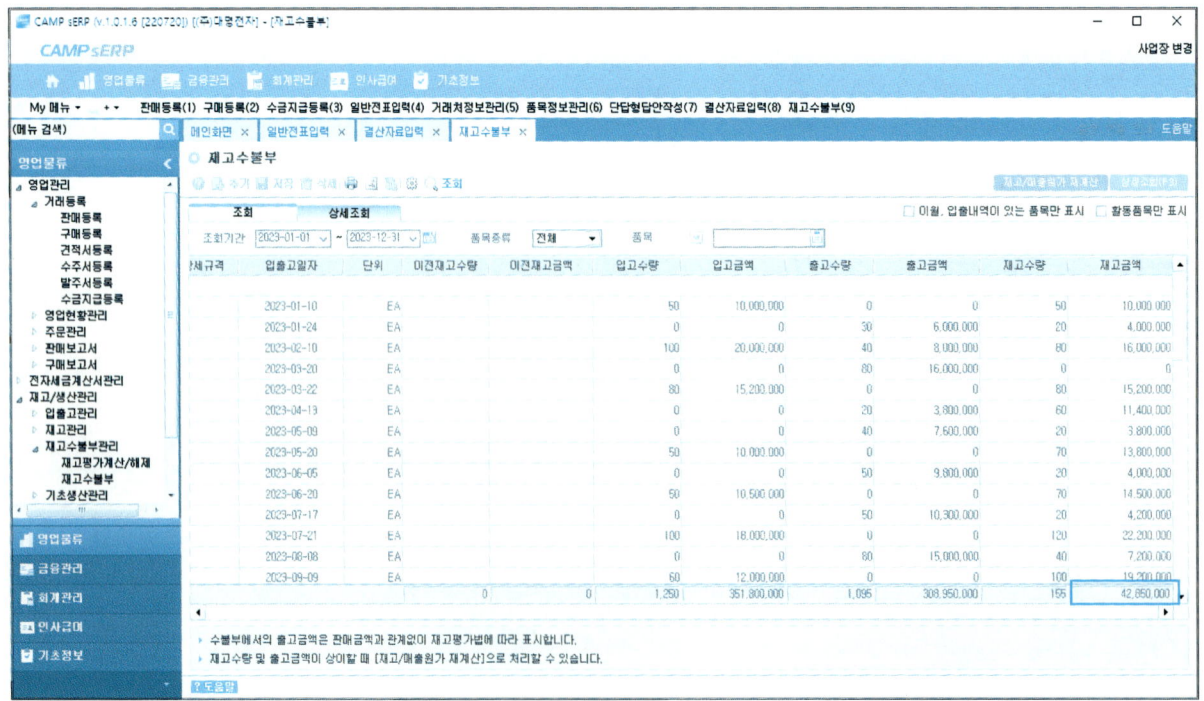

3 결산자료입력 화면상단 기말상품재고액(42,850,000)을 입력한다.

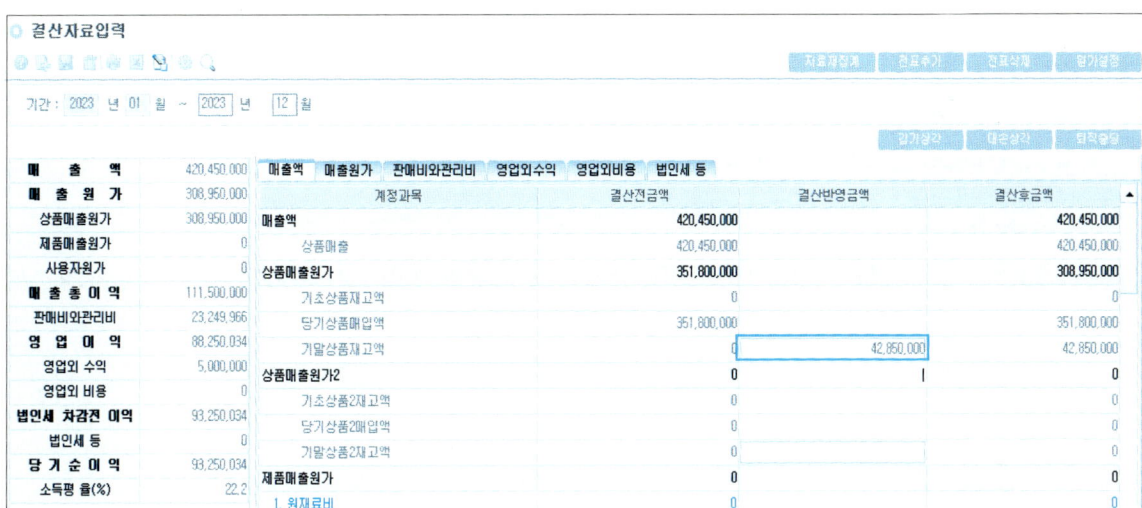

4 화면 우측 상단 전표추가 버튼을 클릭하여 결산전표를 생성한다.
5 결산전표를 발행하시겠습까? [예(Y)]을 클릭한다.
6 결산전표가 발행되었습니다. [확인]버튼을 클릭하고, 결산분개완료 을 확인한다.
7 [My메뉴 옆 일반전표관리(4) (Ctrl+4)]를 클릭하여 12월 31일 전표를 확인한다.

TIP
▶ 결산자료 입력시 반드시 [조회]버튼을 먼저 클릭해야 한다.
▶ 결산정리사항 입력은 수동분개입력사항을 먼저 입력하고, 자동결산자료입력하여 저장하여야 한다.

합격마법사 | 전산회계운용사 실기 입문

기말정리 사항 혼자해보기

▶ **지시사항**

CAMP sERP 프로그램을 '교육용로그인' 할 때 불러오기를 클릭하고 [멘토르스쿨(2023)] → [제2장 전산회계 실기 입문] → [(2)혼자해보기]폴더에서 [(3)기말정리_혼자해보기.zip]를 불러온 후 진행합니다. [사용자번호 : (12345678), 성명 : (김갑수)]

[기초정보]→[회사(사업장)정보관리]에서 "(주)대한스포츠"를 확인 후 진행하세요.

문제 03 주어진 '(주)대한스포츠'의 자료를 이용하여 다음의 기말정리 사항을 처리하시오.(재고평가는 선입선출법으로 하시오.)

① 12월 31일 현금과부족 중 ₩150,000은 영업부직원 회식비로 판명되고, 잔액은 원인불명이다.

⇒ 입력절차 : [My메뉴 옆 일반전표입력(4)([Ctrl]+4)]

분개	대체전표	(차) 복 리 후 생 비 150,000	(대) 현 금 과 부 족 200,000
		잡 손 실 50,000	

② 12월 31일 현재 이자 미수액은 ₩50,000이다.

⇒ 입력절차 : [My메뉴 옆 일반전표입력(4)([Ctrl]+4)]를 클릭하여 전표를 작성한다.

분개	대체전표	(차) 미 수 수 익 50,000	(대) 이 자 수 익 50,000

③ 12월 31일 현재 매출채권 잔액에 대해 1%의 대손충당금을 설정하다.

⇒ 입력절차 : [회계관리] → [결산관리] → [결산자료입력] → 대손상각 → 결산반영

④ 12월 31일 현재 모든 유형자산에 대해 감가상각비를 계상하다.

⇒ 입력절차 : [회계관리] → [결산관리] → [결산자료입력] → 감가상각 → 결산반영

⑤ 12월 31일 기말상품재고액을 확인하여 정리하시오. (단, 재고평가법은 선입선출법으로 한다.)

⇒ 입력절차 : ① [영업물류] → [재고/생산관리] → [환경설정] → [재고관리방법설정]

② [영업물류] → [재고/생산관리] → [재고수불부관리] → [재고수불부] 기말상품재고액 (19,946,000)을 확인하여 [결산자료입력] 기말상품재고액 입력하고 전표추가

일반전표입력

전표일자 2023 년 12 월 31 일

C	일	번호	구분	계정과목		거래처	적요	금액
	31	0001	3:차변	81100	복리후생비			150,000
	31	0001	3:차변	96000	잡손실			50,000
	31	0001	4:대변	15000	현금과부족			200,000
	31	0002	3:차변	11600	미수수익			50,000
	31	0002	4:대변	90100	이자수익			50,000
	31	0003	6:결대	15100	상품		결산대체분개	20,200,000
	31	0003	5:결차	45100	상품매출원가		결산대체분개	20,200,000
	31	0004	6:결대	20300	감가상각누계액		손익대체분개	500,000
	31	0004	6:결대	20900	감가상각누계액		손익대체분개	166,666
	31	0004	6:결대	21300	감가상각누계액		손익대체분개	441,666
	31	0004	5:결차	81800	감가상각비		손익대체분개	1,108,332
	31	0005	6:결대	10900	대손충당금		손익대체분개	123,940
	31	0005	6:결대	11100	대손충당금		손익대체분개	95,000
	31	0005	5:결차	83500	대손상각비		손익대체분개	218,940
	31							

합격마법사 | 전산회계운용사 실기 입문

04 단답형 조회 따라해보기

▶ **지시사항**

CAMP sERP 프로그램을 '교육용로그인' 할 때 불러오기를 클릭하고 [멘토르스쿨(2023)] → [제2장 전산회계 실기 입문] → [1)따라해보기]폴더에서 [(4)단답형조회_따라해보기.zip]를 불러온 후 진행합니다. [사용자번호 : (12345678), 성명 : (김갑수)]

■ [기초정보] → [회사(사업장)정보관리]에서 "(주)대명전자"를 확인 후 진행하세요.

문제 01 5월 1일부터 9월 30일까지 현금 입금 총액은 얼마인가?   답 55,550,000

1 [회계관리] → [재무회계] → [결산관리] → [합계잔액시산표]를 클릭한다.
2 조회기간 : (2023-05-01 ~ 2023-09-30) (조회 F12)버튼을 클릭한다.
3 차변 합계란의 입금액 합계 ₩55,550,000을 확인 한다.

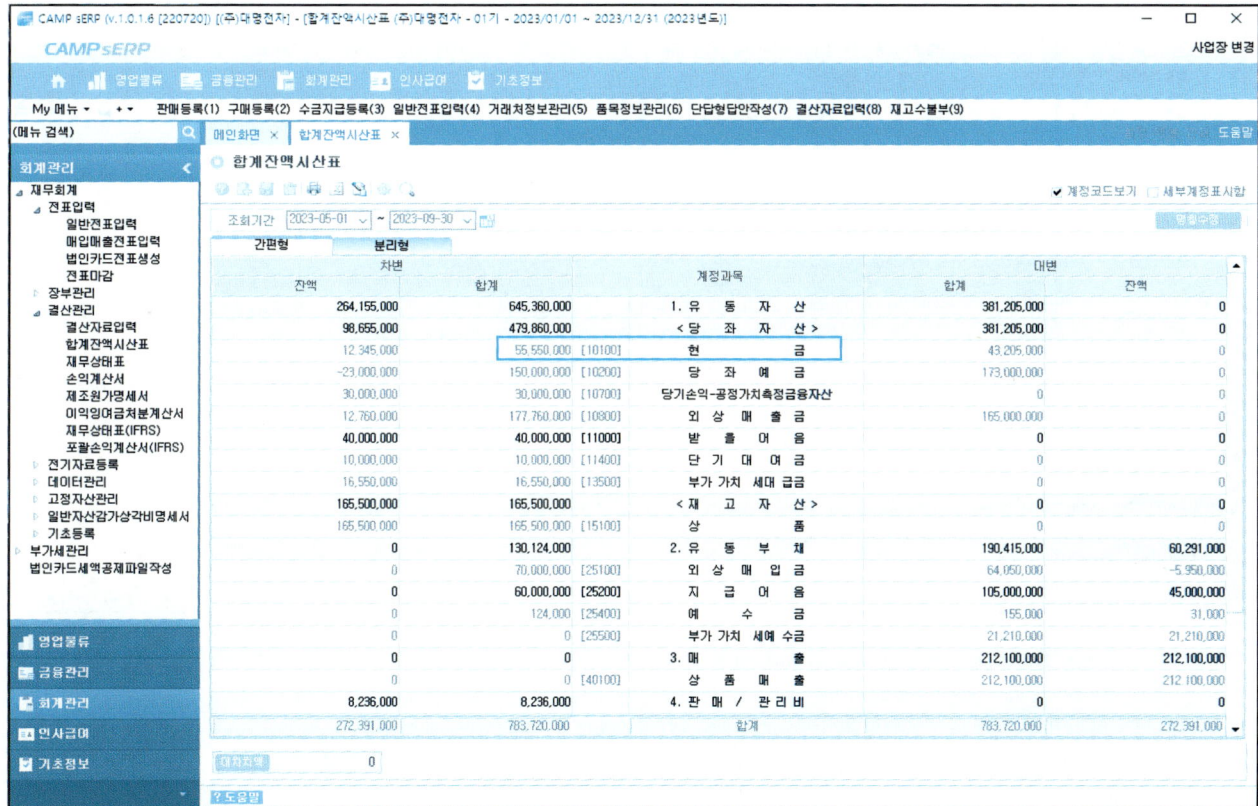

TIP
▶ 따라해 보기에서 제시한 곳 이외의 곳에서 조회해도 된다.
▶ 월별로 질문한 경우 합계잔액시산표에서 조회해도 되고 일별로 질문한 경우 계정별원장에서 조회해도 된다.
▶ 총계정원장에서는 일별과 월별모두 조회가 가능하다.

문제 02 9월말 현재 (주)대박유통에 대한 외상매출금 잔액은 얼마인가? 🗒 38,900,000

1 [회계관리] → [재무회계] → [장부관리] → [거래처원장]을 클릭한다.
2 조회기간(2023-01-01~2023-09-30), 거래처명(대박유통)~(대박유통), 계정과목(외상매출금)~(외상매출금)을 입력하고, 🔍(조회 F12)버튼을 클릭한다.
2 잔액 ₩38,900,000을 확인한다.

TIP
▶ 9월 말일이 30일인지 31일인지 모를 경우 (▼)드롭단추를 클릭 확인하여 입력한다.

문제 03   5월 31일   현재 당좌예금(농협) 잔액은 얼마인가?   답 106,000,000

1 [회계관리] → [재무회계] → [장부관리] → [계정별원장]을 클릭한다.
2 조회기간(2023-01-01~2023-05-31), 계정과목(당좌예금)을 입력하고, (조회 F12)버튼을 클릭한다.
3 아래 스크롤을 오른쪽 이동하여 잔액 ₩106,000,000을 확인한다.

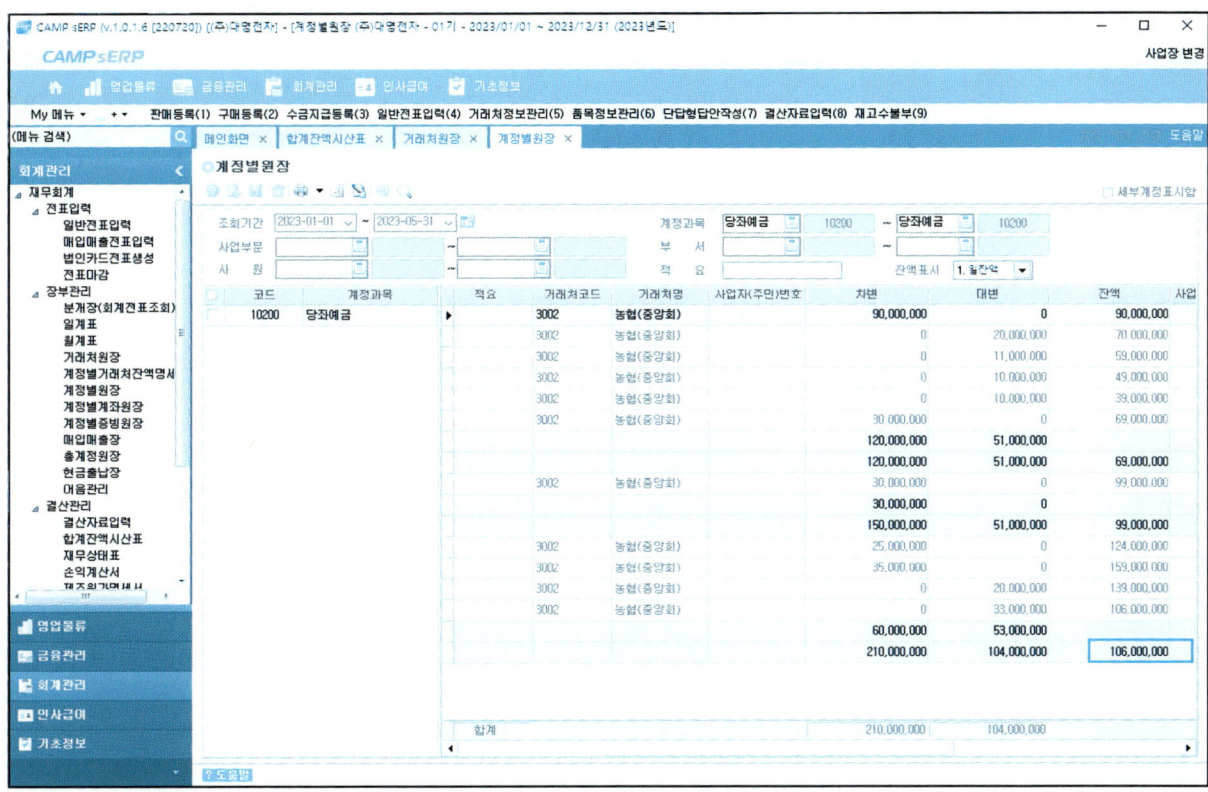

TIP
▶ [회계관리] → [재무회계] → [결산관리] → [합계잔액시산표]에서도 확인할 수 있다.
▶ [회계관리] → [재무회계] → [장부관리] → [총계정원장]에서도 확인할 수 있다.

문제 04 10월 31일까지 회수한 받을어음 대금은 얼마인가?   답 40,000,000

1 [회계관리] → [재무회계] → [장부관리] → [계정별원장]을 클릭한다.
2 조회기간(2023-01-01~2023-10-31), 계정과목(받을어음)을 입력하고, (조회 F12)버튼을 클릭한다.
3 대변 합계 금액 ₩40,000,000을 확인한다.

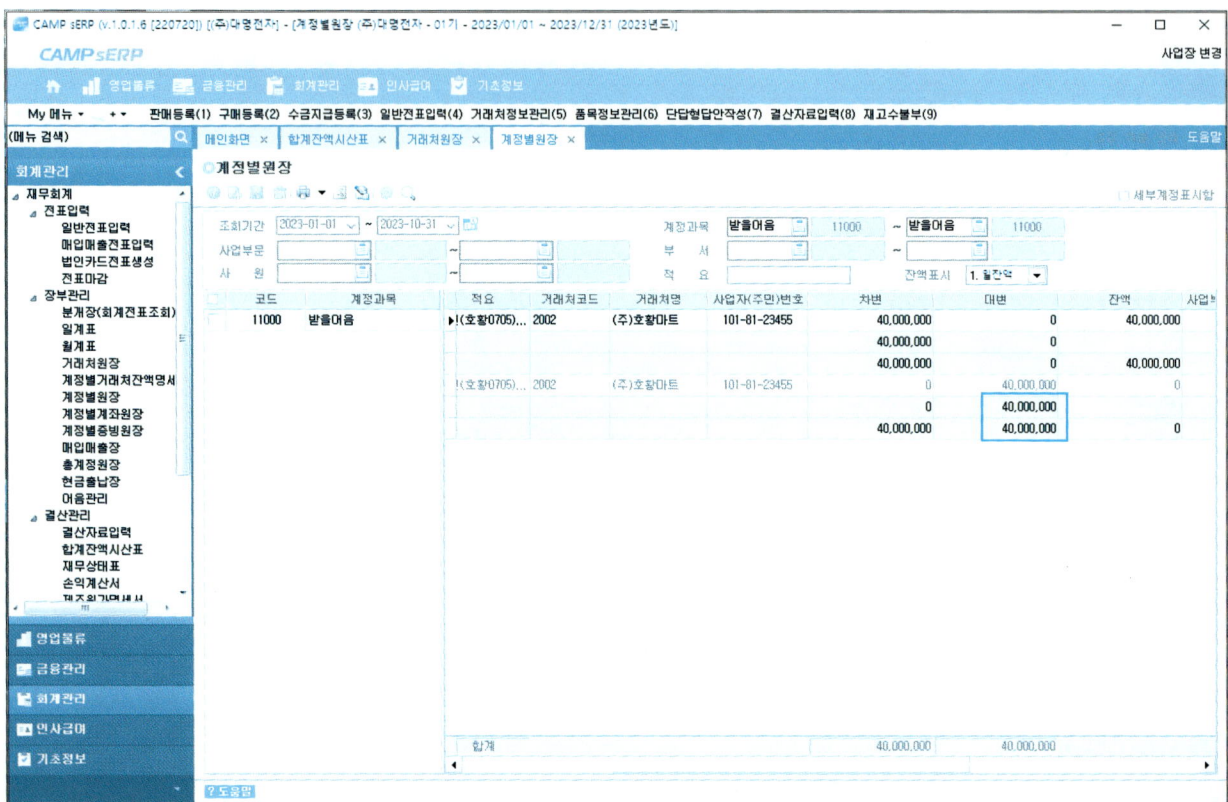

문제 05 5월 31일   현재 (주)호황마트에 대한 외상매출금 미회수액은 얼마인가?   답 4,380,000

1 [회계관리] → [재무회계] → [장부관리] → [거래처원장]을 클릭한다.
2 조회기간(2023-01-01~2023-05-31), 거래처명((주)호황마트)~((주)호황마트), 계정과목(외상매출금)~(외상매출금)을 입력하고, 🔍(조회 F12)버튼을 클릭한다.
3 잔액 ₩4,380,000을 확인한다.

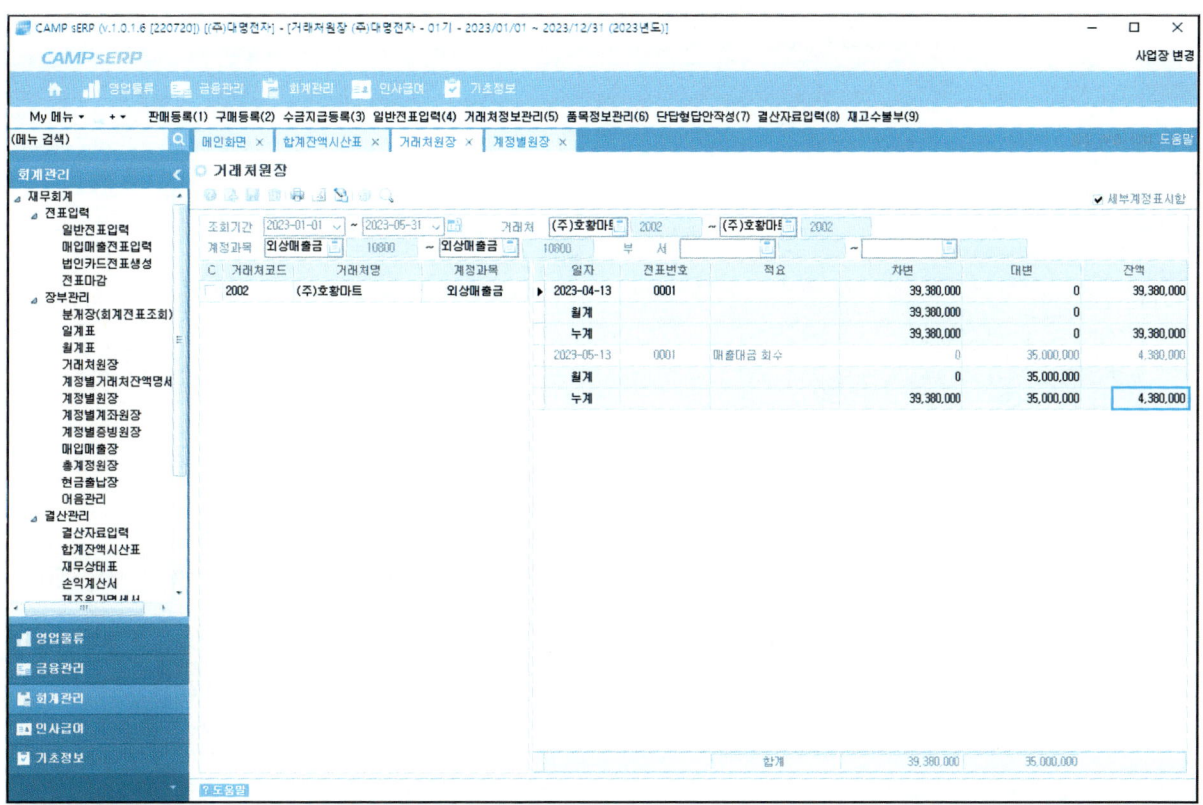

TIP
▶ 따라해보기는 자주 출제되는 문제 위주로 편성하였다. 따라해보기에 없는 문제가 모의고사 및 최신기출문제에 있는 경우 [해답]에서 해설부분을 참고하여 풀어 볼 것을 권한다.

문제 06 당기 말 현재 디지털카메라의 재고금액(선입선출법)은 얼마인가?   **답** 16,3500,000

1 [영업물류] → [재고/생산관리] → [환경설정] → [재고관리방법설정]메뉴에서 1.재고평가법 [선입선출법]을 확인한다.

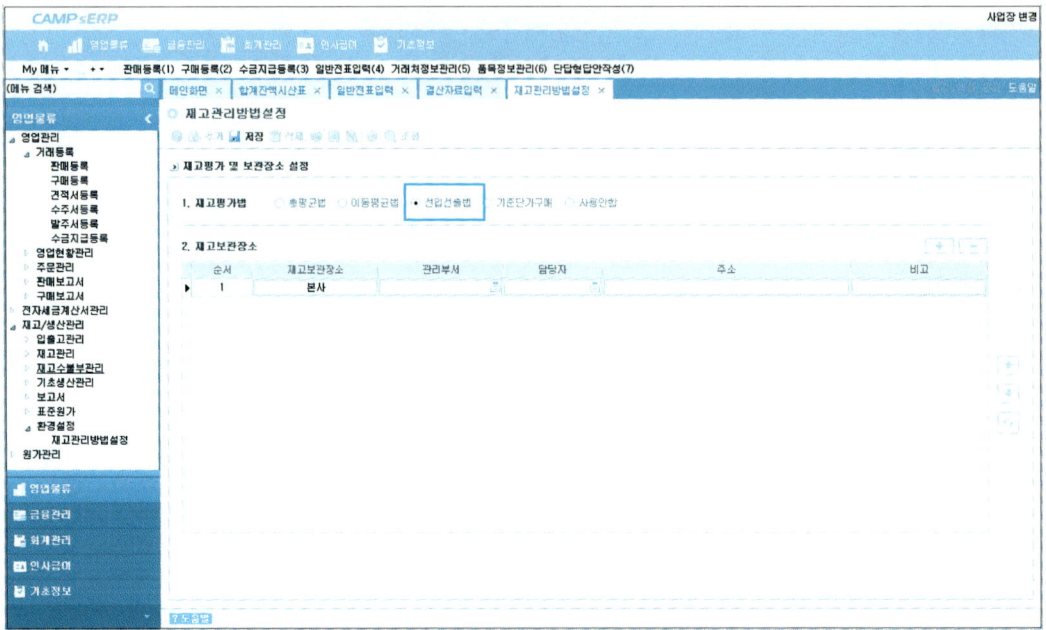

2 [영업물류] → [재고/생산관리] → [재고수불부관리] → [재고수불부]클릭하고, 조회기간(2023-01-01~2023-12-31)입력하여 조회 버튼을 클릭하면 오른쪽 [재고금액] 맨 아래 (16,350,000)이 기말상품재고액이다.

TIP
▶ 재고금액을 확인하기 위해 세로막대와 가로막대를 이동시켜야 확인 가능하다.

문제 07
1월 1일부터 12월 31일까지 한국채택국제회계기준(K-IFRS)에 의한 포괄손익계산서(기능별)에 표시되는 당기순이익은 얼마인가? **답** 93,250,034

1 [회계관리] → [재무회계] → [결산관리] → [포괄손익계산서(IFRS)]를 클릭한다.

2 조회기간(2023-01-01~2023-12-31)을 입력하고, (조회 F12)버튼을 클릭하여 당기순이익 (93,250,034)을 확인한다.

문제 08
12월 31일 현재 한국채택국제회계기준(K-IFRS)에 의한 재무상태표에 표시되는 유동자산의 금액은 얼마인가?   답 322,503,700

1 [회계관리] → [재무회계] → [결산관리] → [재무상태표(IFRS)]를 클릭한다.

2 조회기간(2023-01-01~2023-12-31)을 입력하고, (조회 F12)버튼을 클릭하여 유동자산(322,503,700)을 확인한다.

3 조회한 답을 [기초정보] → [답안관리] → [단답형답안작성]에 입력하여 저장한다.

TIP
▶ 조회한 답을 반드시 [기초정보] → [답안관리] → [단답형답안작성]에 입력하여 저장하여야 한다.

단답형 답안 저장

1 단답형 조회문제에 대한 답안 제출방법은 [기초정보]에서 [답안관리] ⇒ [단답형답안작성] 또는 My메뉴 옆 단답형답안작성을 선택하여 단답형 답안을 입력 후 [저장]단추를 클릭하여 반드시 저장시킨다.

2 문자 외의 숫자는 ₩, 원, 월, 단위구분자(,) 등을 생략하고 숫자만 입력하되 소수점이 포함되어 있는 숫자의 경우에는 소수점을 입력합니다.
(예시) 54,200(○), 54.251(○), ₩54,200(×), 54,200원(×), 5월(×), 500개(×), 50건(×)

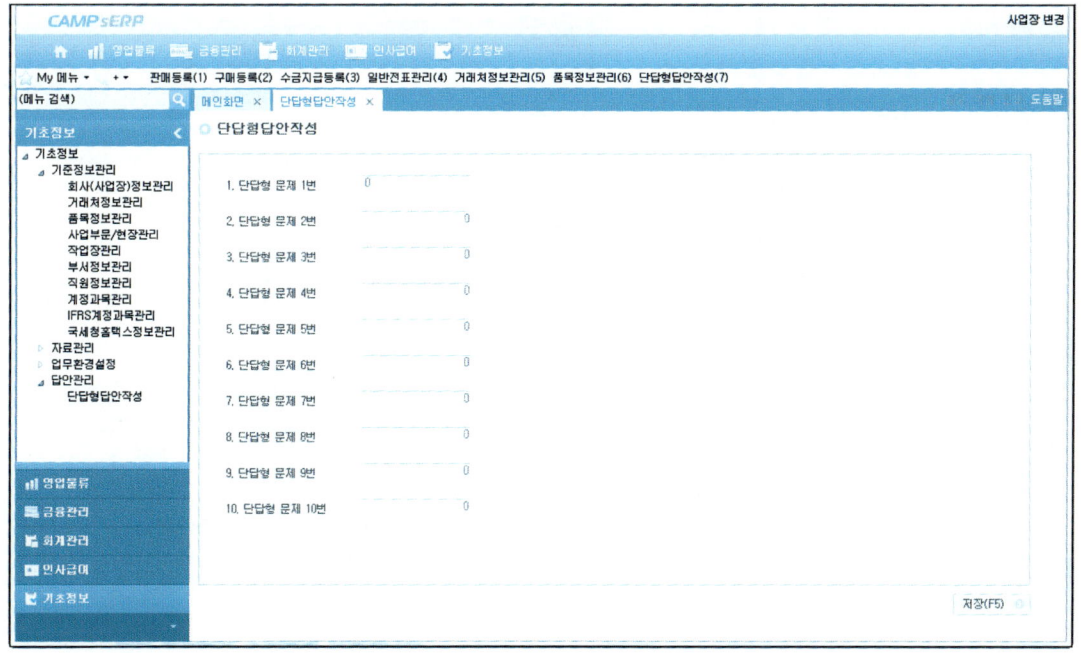

3 단답형 답안까지 완료되면 오른쪽 하단 저장(F5) 버튼을 클릭 한다.

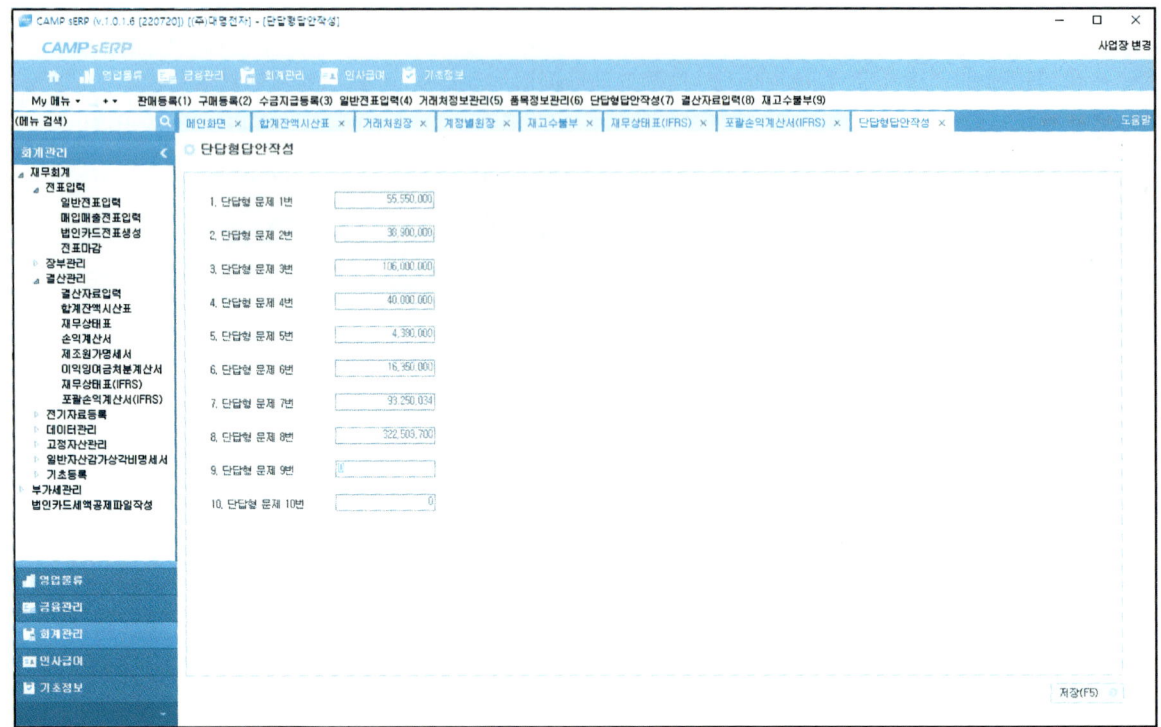

4 정상적으로 저장되었습니다. 화면이 나타나면 확인 버튼을 클릭한다.

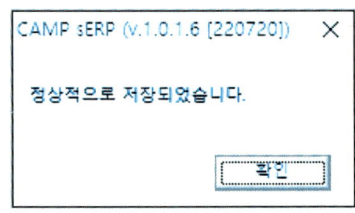

5 화면 오른쪽 상단[×]버튼을 클릭한다.

6 자료를 저장하시겠습니까? 화면이 나타나면 실제시험에서는 [예]를 클릭하고, 평소 연습할 때는 [아니요]를 클릭한다.

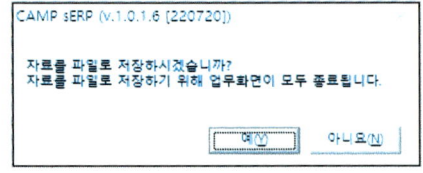

7 CAMP sERP(v.1.0.1.6)를 종료하시겠습니까?에서 확인 버튼을 클릭한다.

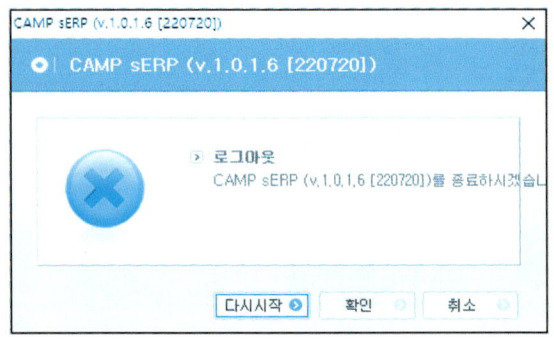

합격마법사 | 전산회계운용사 실기 입문

단답형 조회 혼자해보기

▶ **지시사항**

CAMP sERP 프로그램을 '교육용로그인' 할 때 불러오기를 클릭하고 [멘토르스쿨(2023)] → [제2장 전산회계 실기 입문] → [2)혼자해보기]폴더에서 [(4)단답형조회_혼자해보기.zip]를 불러온 후 진행합니다. [사용자번호 : (12345678), 성명 : (김갑수)]

[기초정보] → [회사(사업장)정보관리]에서 "(주)대한스포츠"를 확인 후 진행하세요.

문제 04 다음 사항을 조회하여 번호 순서대로 단답형 답안에 등록하시오.

1 4월 30일까지 지출된 현금총액은 얼마인가?
 ⇒ 조회절차 : [회계관리] → [재무회계] → [장부관리] → [현금출납장]   답 12,370,000

2 6월말 현재 가나스포츠(주)에 대한 외상매입금 잔액(미지급액)은 얼마인가?
 ⇒ 조회절차 : [회계관리] → [재무회계] → [장부관리] → [거래처원장] → [잔액란]   답 20,530,600

3 6월 8일 현재 당좌예금(국민은행) 잔액은 얼마인가?
 ⇒ 조회절차 : [회계관리] → [재무회계] → [장부관리] → [계정별원장] → [잔액]   답 5,100,000

4 10월 31일 까지 지급한 지급어음 대금은 얼마인가?
 ⇒ 조회절차 : [회계관리] → [재무회계] → [장부관리] → [계정별원장] → [차변 누계]   답 4,500,000

5 6월 말 현재 티셔츠의 재고수량(선입선출법)은 몇 개(EA) 인가?
 ⇒ 조회절차 : [영업물류] → [재고/생산관리] → [재고관리] → [품목별재고관리]   답 190

6 1월 1일부터 12월 31일까지 한국채택국제회계기준(K-IFRS)에 의한 포괄손익계산서(기능별)에 표시되는 판매비와 관리비는 얼마인가?
 ⇒ 조회절차 : [회계관리] → [재무회계] → [결산관리] → [포괄손익계산서(IFRS)]   답 16,622,272

7 12월 31일 현재 한국채택국제회계기준(K-IFRS)에 의한 재무상태표에 표시되는 유동부채의 금액은 얼마인가?
 ⇒ 조회절차 : [회계관리] → [재무회계] → [결산관리] → [재무상태표(IFRS)]   답 43,059,200

TIP
 ▶ 조회한 답을 반드시 [기초정보] → [답안관리] → [단답형답안작성]에 입력하여 저장하여야 한다.

매입매출전표 유형 정리

▶ 매출 유형

유형	과세유형	증명유형	내용
11.과세	10%	세금계산서	세금계산서에 의한 과세 매출분
12.영세	0%	세금계산서	영세율세금계산서에 의한 영세율 매출분
13.면세	면세	계산서	계산서에 의한 면세 매출분
14.건별	10%	-	증빙미발급 또는 간이영수증발급에 의한 과세매출분
16.수출	0%	-	해외직수출 등 영세율 매출분
17.카과	10%	신용카드	신용카드에 의한 과세 매출분
18.카면	면세	신용카드	신용카드에 의한 면세 매출분
19.카영	0%	신용카드	신용카드에 의한 영세율 매출분
20.면건	면세	-	증빙미발급 또는 간이영수증 발급에 의한 면세 매출분
21.전자	10%	전자화폐	전자화폐에 의한 과세 매출분
22.현과	10%	현금영수증	현금영수증에 의한 과세 매출분
23.현면	면세	현금영수증	현금영수증에 이한 면세 매출분
24.현영	0%	현금영수증	현금영수증에 의한 영세율 매출분

▶ 매입 유형

유형	과세유형	증명유형	내용
51.과세	10%	세금계산서	세금계산서에 의한 과세 매입분
52.영세	0%	세금계산서	영세율세금계산서에 의한 영세율 매입분
53.면세	면세	계산서	계산서에 의한 면세 매입분
54.불공	10%	세금계산서	증빙미발급 또는 간이영수증발급에 의한 과세 매입분
55.수입	10%	세금계산서	간이과세자의 간이과세 매입분
57.카과	10%	신용카드	신용카드에 의한 과세 매입분
58.카면	면세	신용카드	신용카드에 의한 면세 매입분
59.카영	0%	신용카드	신용카드에 의한 영세율 매입분
60.면건	면세	-	증빙미발급 또는 간이영수증 발급에 의한 면세 매입분
61.현과	10%	현금영수증	현금영수증에 의한 과세 매입분
62.현면	면서	현금영수증	현금영수증에 의한 면세 매입분
63.현영	0%	현금영수증	현금영수증에 의한 영세율 매입분
24.현영	0%	현금영수증	현금영수증에 의한 영세율 매출분

05 기말정리사항 요점정리

1 당기손익-공정가치측정금융자산의 평가

　① 장부금액 < 공정가치(시가)

(차)	당기손익-공정가치측정금융자산	×××	(대)	당기손익-공정가치측정금융자산평가이익	×××

　② 장부금액 > 공정가치(시가)

(차)	당기손익-공정가치측정금융자산평가손실	×××	(대)	당기손익-공정가치측정금융자산	×××

2 비용의 선급액(미경과액)

(차)	선급(비용)	×××	(대)	(비　용)	×××

3 수익의 선수액(미경과액)

(차)	(수　익)	×××	(대)	선수(수익)	×××

4 수익의 미수액(경과액)

(차)	미수(수익)	×××	(대)	(수　익)	×××

5 비용의 미지급액(경과액)

(차)	(비　용)	×××	(대)	미지급(비용)	×××

6 소모품 미사용(재고)액 또는 소모품 사용액

　① 비용처리법(소모품미사용액)

(차)	소 모 품	×××	(대)	소 모 품 비	×××

　② 자산처리법(소모품사용액)

(차)	소 모 품 비	×××	(대)	소 모 품	×××

7 임시가계정의 정리

　① 차변의 가지급금 정리

(차)	여비교통비	×××	(대)	가지급금	×××

　② 대변의 가수금 정리

(차)	가 수 금	×××	(대)	외상매출금(선수금)	×××

　③ 차변의 현금과부족 정리

(차)	잡 손 실	×××	(대)	현금과부족	×××

　④ 대변의 현금과부족 정리

(차)	현금과부족	×××	(대)	잡 이 익	×××

06 원가회계 따라해보기

▶ 지시사항

'(주)대명공업'의 거래 자료이며 회계년도는 2023. 1. 1~2023. 12. 31이다. CAMP sERP 프로그램을 '교육용로그인' 할 때 불러오기를 클릭하고 [멘토르스쿨(2023)] → [제2장 전산회계 실기 입문] → [1)따라해보기]폴더에서 [(5)원가회계_따라해보기.zip]를 불러온 후 진행합니다. [사용자번호 : (12345678), 성명 : (김갑수)]

문제 01 다음의 6월 원가계산 과정을 순서대로 처리하시오.(임금 및 제조경비는 주어진 기업데이터에 이미 처리되어 있습니다.)

1 6월 23일 다음의 작업지시서를 발행하고, 같은 날 주요자재를 출고하였다.

(a) 작업지시서 내용

지시일자	제품명	작업장	작업지시량	작업기간
6월 23일	갑제품	제1작업장	400개(EA)	6월23일~6월28일
6월 23일	을제품	제2작업장	500개(EA)	6월23일~7월 5일

(b) 자재사용(출고)등록

갑제품 작업지시서 : 자재X 440단위(제1작업장)

을제품 작업지시서 : 자재Y 550단위(제2작업장)

※ CAMP sERP에서는 생산자료등록에서 같이 처리함.

1 [영업물류] → [재고/생산관리] → [기초생산관리] → [(생산)작업지시서]를 클릭한다.

2 지시일(2023-06-23~2023-06-28)을 입력한다.

3 화면 왼쪽상단 추가를 클릭하고, 지시일자(2023-06-23), 지시번호(자동부여), 상태(대기), 작업시작일(2023-06-23), 작업종료일(2023-06-28)을 입력하고, 작업장에서 드롭단추(▼)를 클릭하여 [제1작업장을]을 선택하고, 품목명에 [갑제품] 작업지시량[400]개를 입력하고, 저장(F5)를 클릭한다.

4 화면 왼쪽상단 추가를 클릭하고, 지시일자(2023-06-23), 지시번호(자동부여), 상태(대기), 작업시작일(2023-06-23), 작업종료일(2023-07-05)을 입력하고, 작업장에서 드롭단추(▼)를 클릭하여 [제2작업장을]을 선택하고, 품목명에 [을제품] 작업지시량[500]개를 입력하고, 저장(F5) 아이콘을 클릭하여 저장한다.

5 6월 23일 갑제품 작업지시서 등록화면

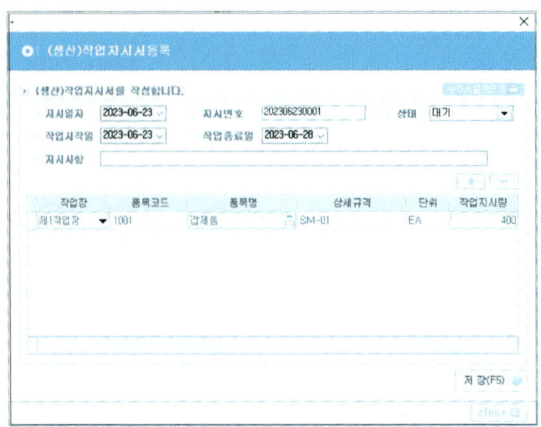

6 6월 23일 을제품 작업지시서 등록화면

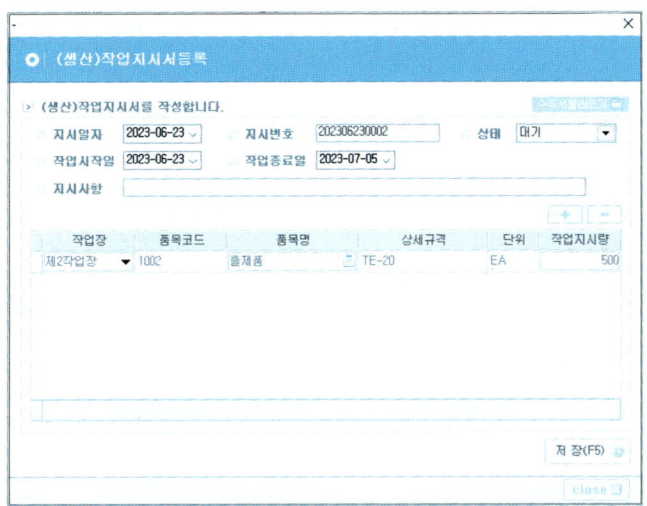

7 (생산)작업지시서관리가 완료된 화면

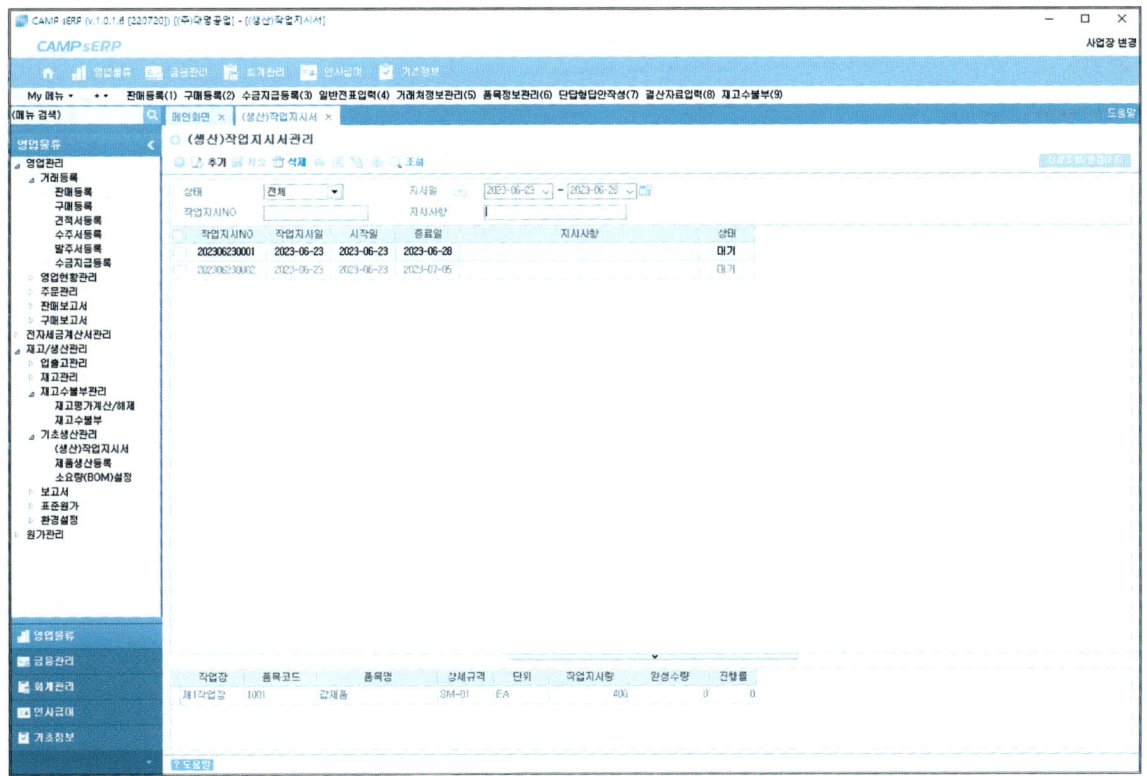

> **TIP**
> ▶ "품목이 선택되지 않았습니다". 라는 메시지가 나오면 ─ 을 클릭하여 라인을 삭제한 후 [저장F5]을 클릭하여야 한다.

2 6월 30일 6월 23에 발행된 작업지시서에 대해 다음과 같이 생산자료를 등록하다.

품목	완성량	재공품		작업(투입)시간	작업장
		월말 수량	작업진행률(완성도)		
갑제품	400개	–	–	100	제1작업장
을제품	450개	50개	80%	150	제2작업장

※ New sPLUS에서는 작업진행률등록을 원가기준정보에서 처리한다.

1 [영업물류] → [재고/생산관리] → [재고수불부관리] → [재고수불부]를 클릭한다.
2 조회기간 (2023-01-01~2023-06-30)을 입력하고 [품목종류] 부품, 조회 버튼을 클릭하여, 자재X의 재고단가 40,000원과, 자재Y의 재고단가 30,000원을 확인한다.
3 [영업물류] → [재고/생산관리] → [기초생산관리] → [제품생산등록]을 클릭한다.
4 일자(2023-06-30~2023-06-30)를 입력하고, 화면 오른쪽하단 제품생산등록(F2) 을 클릭한다.
5 제조일자(2023-06-30)을 입력하고, 문서번호(자동부여) 화면우측 상단 (생산)작업지시서 불러오기 를 클릭하여 지시일(2023-06-23~2023-06-28)을 입력하고, 조회 버튼을 클릭하여 [갑제품]을 선택하고 [확인]을 클릭한다.([소요량 자동적용]이 안된품목입니다. 설정하시겠습니까? [아니요(N)]를 선택한다.)
6 작업시간에 (100)시간을 입력하고 완성량/작업구분에서 작업지시량(400)개와 완성량(400)개가 일치하므로 드롭단추(▼)를 클릭하여 [완료]을 선택하고, 자재사용내역의 부품명 (자재X), 수량을 (440개), 2에서 확인한 단가 (40,000)을 입력 후, 저장(F5) 을 클릭한다. 참고로 제품이 완성되었으므로 재공수량과 완성도는 [0]이 된다.
7 화면 오른쪽하단 제품생산등록(F2) 을 클릭하고, 제조일자(2023-06-30)을 입력하고, 문서번호(자동부여) 화면우측 상단 (생산)작업지시서 불러오기 를 클릭하여 지시일(2023-06-23~2023-07-05)을 입력하고, 조회 버튼을 클릭하여 [을제품]을 선택하고 [확인]을 클릭한다.
8 작업시간에 (150)시간을 입력하고 완성량/작업구분에서 작업지시량(500)개와 완성량(450)개가 불일치하므로 드롭단추(▼)를 클릭하여 [진행중]을 선택하고, 제품이 미완성되었으므로 재공수량(50)개와 완성도는 [80]%를 한다. 자재사용내역의 부품명 (자제Y), 수량을 (550개), 2에서 확인한 단가 (30,000)을 입력 후, 저장(F5) 아이콘을 클릭하여 저장한다.
9 6월 30일 갑제품 제품생산 등록화면

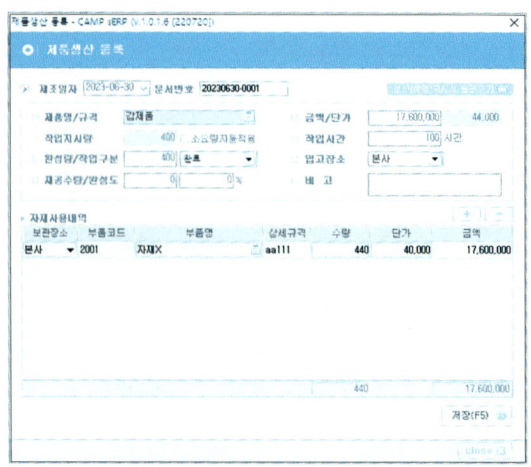

10 6월 30일 을제품 제품생산 등록화면

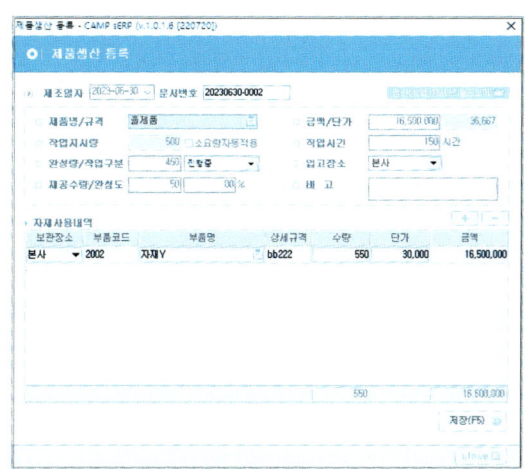

11 제품생산등록이 완료된 화면

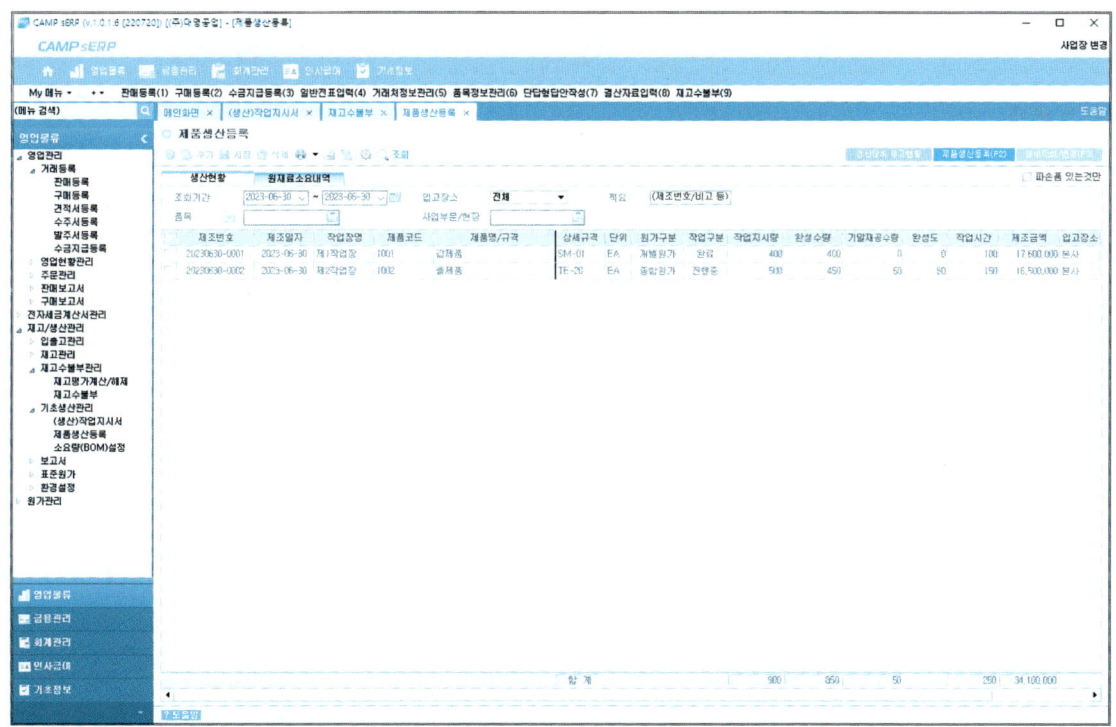

3 6월의 원가기준정보를 다음과 같이 등록하다.

노무비배부기준등록(총근무시간)

관련부문	절단부	조립부
총근무시간	200	250

보조부문비배부기준등록

관련부문	절단부	조립부
동력부	60	40
수선부	50	50

1 [영업물류] → [원가관리] → [원가기준정보등록] → [노무비배부기준]탭을 클릭한다.

2 조회기간(2023-06)을 입력하고 조회 버튼을 클릭한다.

3 절단부 총근무시간(200)시간, 조립부 총근무시간(250)시간을 입력하고 저장 아이콘을 클릭하여 저장한다.

4 [영업물류] → [원가관리] → [원가기준정보등록] → [공통제조경비배부기준]탭을 클릭한다.

5 입력할 것이 없어도 해당월을 조회한 후 저장 아이콘을 클릭하여 저장하고, 보조부문비배부기준으로 넘어간다.

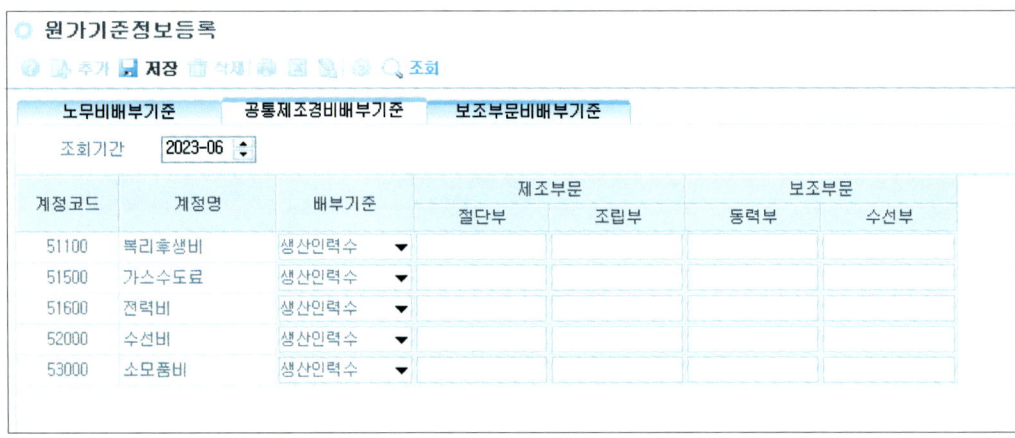

6 [영업물류] → [원가관리] → [원가기준정보등록] → [보조부문비배부기준]탭을 클릭한다.

7 동력부 : 절단부(60), 조립부(40)를 입력하고, 수선부 : 절단부(50), 조립부(50)를 입력하고 저장 아이콘을 클릭하여 저장한다.

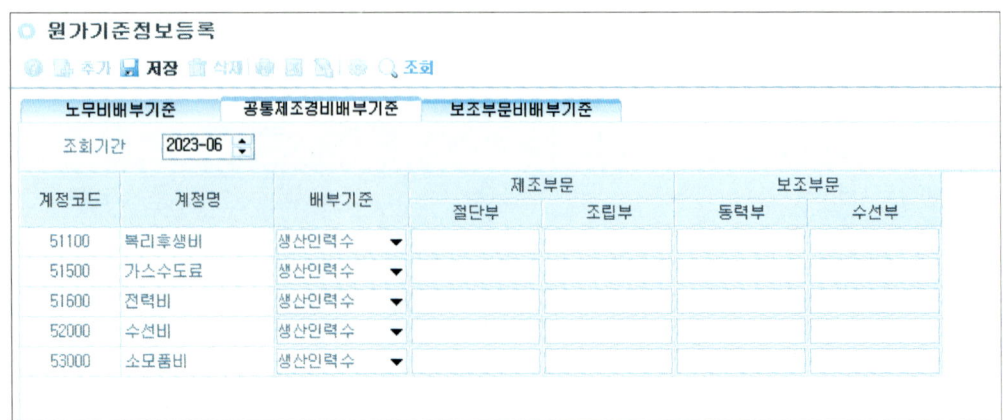

4 6월의 실제원가계산을 작업하시오.
   ① 기초재공품계산   ② 직접재료비계산   ③ 직접노무비계산
   ④ 제조간접비계산(제조부문비배부기준 : 투입시간)   ⑤ 개별원가계산
   ⑥ 종합원가계산(평균법)   ⑦ 원가반영작업

1 [영업물류] → [원가관리] → [기초재공품등록] 조회된 내용이 없으므로 표기되지 않는다.

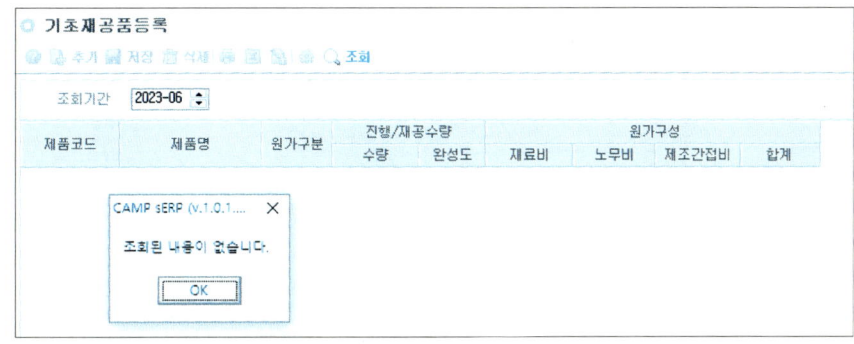

2 [영업물류] → [원가관리] → [직접재료비계산]을 클릭한다.

3 조회기간(2023-06)을 입력하고, 조회 버튼을 클릭하고, 저장 아이콘을 클릭하여 저장한다.

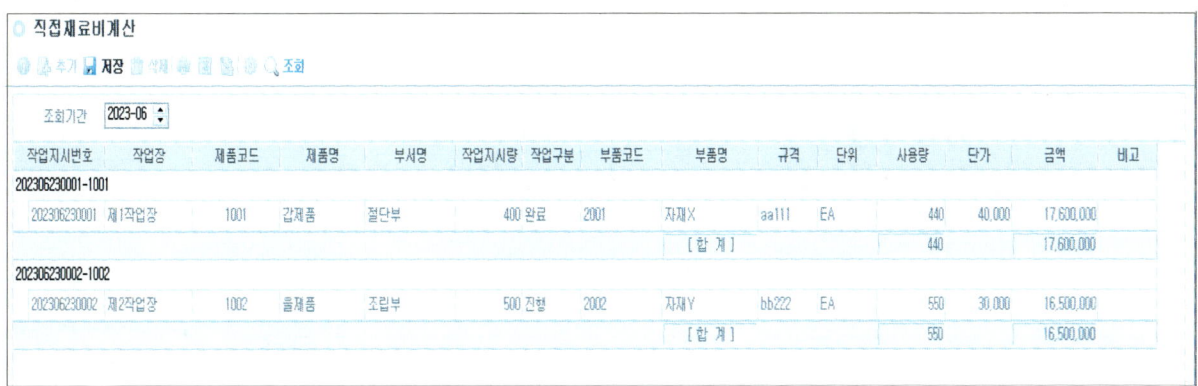

4 [영업물류] → [원가관리] → [직접노무비계산]을 클릭한다.

5 조회기간(2023-06)을 입력하고, 조회 버튼을 클릭하고, 저장 아이콘을 클릭하여 저장한다.

6 [영업물류] → [원가관리] → [제조간접비계산]을 클릭한다.

7 조회기간(2023-06)을 입력하고, 조회 버튼을 클릭하고, 저장 아이콘을 클릭하여 저장한다.

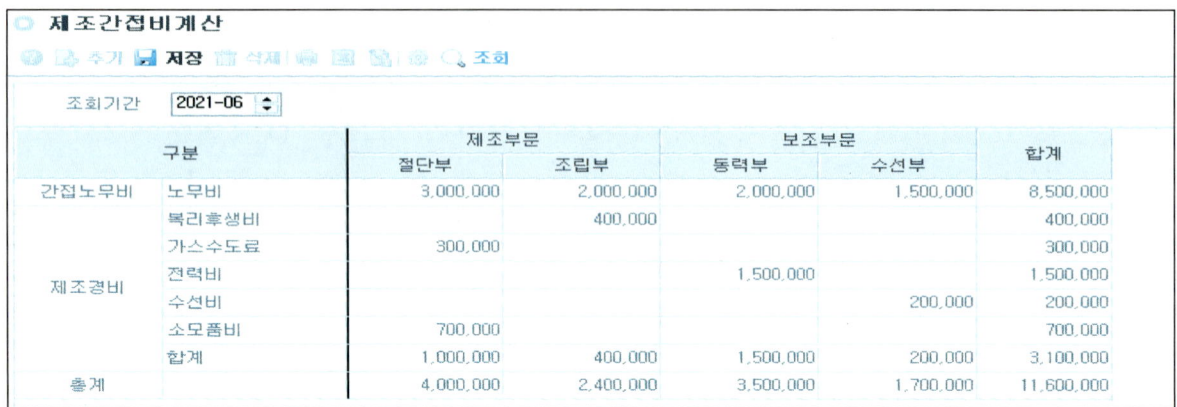

8 [영업물류] → [원가관리] → [보조부문비배부]을 클릭한다.

9 조회기간(2023-06)을 입력하고, 조회 버튼을 클릭하고, 저장 아이콘을 클릭하여 저장한다.

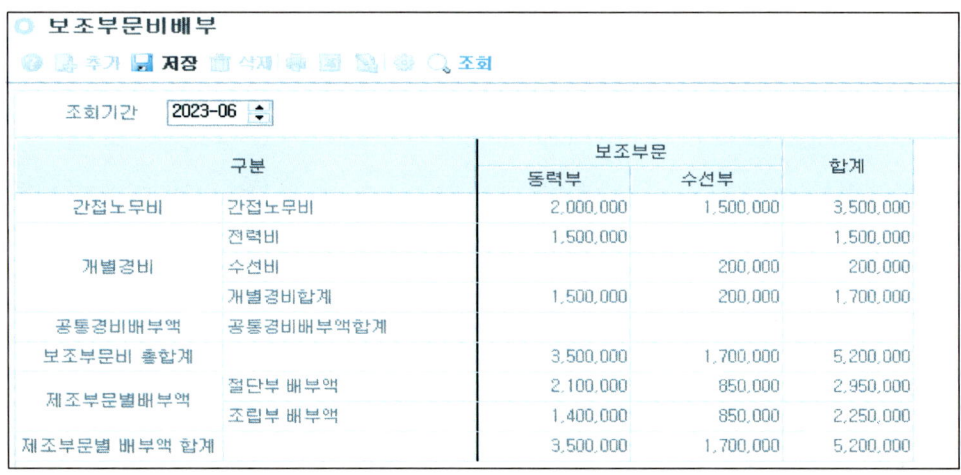

10 [영업물류] → [원가관리] → [제조부문비계산]을 클릭한다.

11 조회기간(2023-06)과 제조간접비 배부기준(작업시간)을 선택하고, 조회 버튼을 클릭하고, 저장 아이콘을 클릭하여 저장한다.

12 [영업물류] → [원가관리] → [제품별원가조회]을 클릭한다.

13 조회기간(2023-06)과 기말재공품평가(평균법)를 선택하고, 조회 버튼을 클릭하고, 저장 아이콘을 클릭하여 저장한다.(기말재공품원가 2,274,490원을 메모해 둔다. 원미만 반올림)

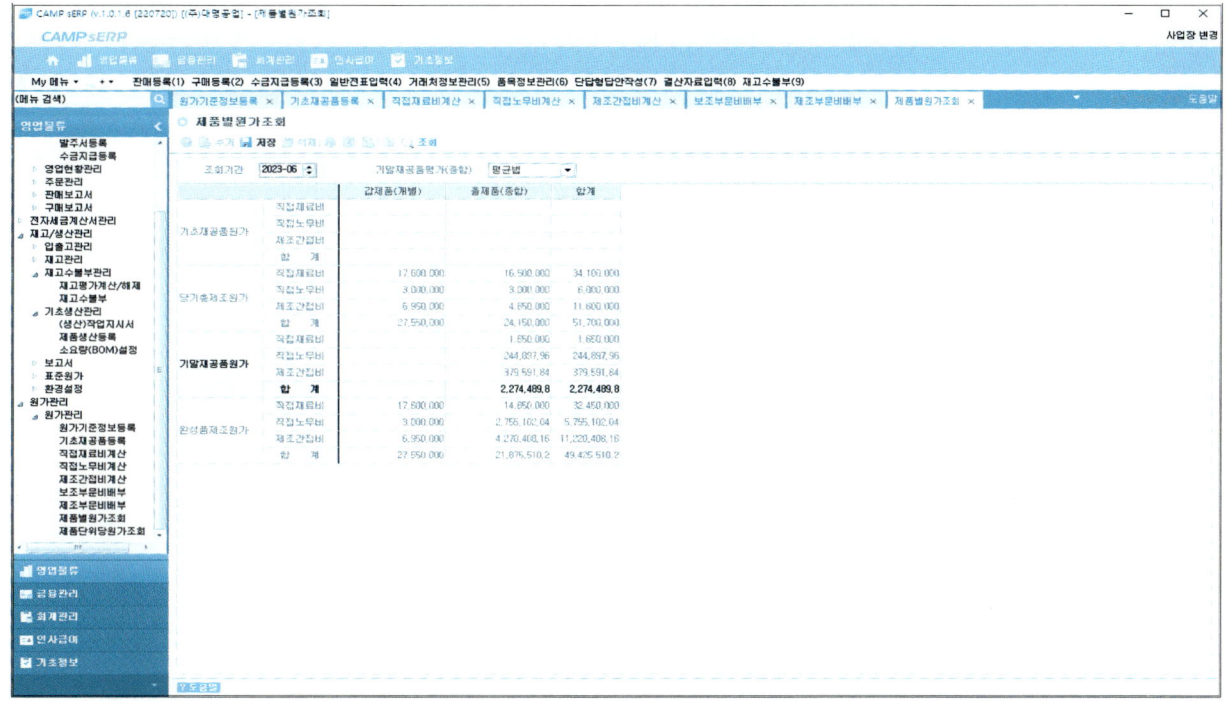

14 [영업물류] → [원가관리] → [제품단위당원가조회]을 클릭한다.

15 조회기간(2023-06)을 입력하고, 조회 버튼을 클릭하고, 저장 아이콘을 클릭하여 저장한다.

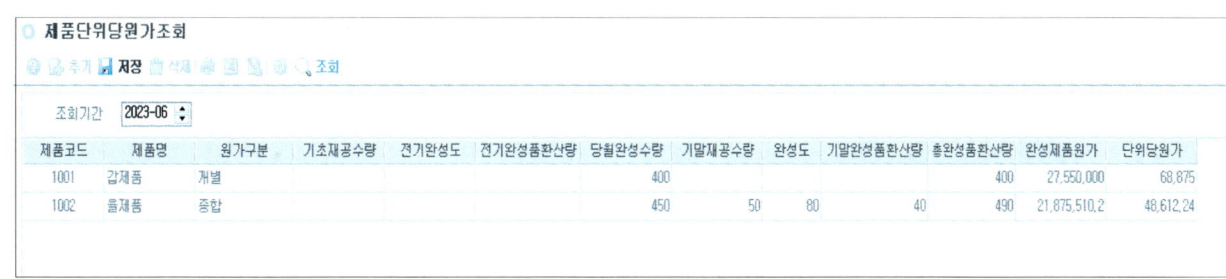

5 6월의 원가계산을 마감한 후 제조원가명세서를 조회하시오. 단, 원미만 반올림으로 처리한다.

1 [영업물류] → [재고/생산관리] → [재고수불부관리] → [재고수불부]를 클릭한다.
2 조회기간(2023-01-01~2023-06-30)을 입력하고, 품목종류 [부품]를 선택하고, 조회 버튼을 클릭하여 기말재료재고액 6,900,000원을 확인하여 메모해 둔다.

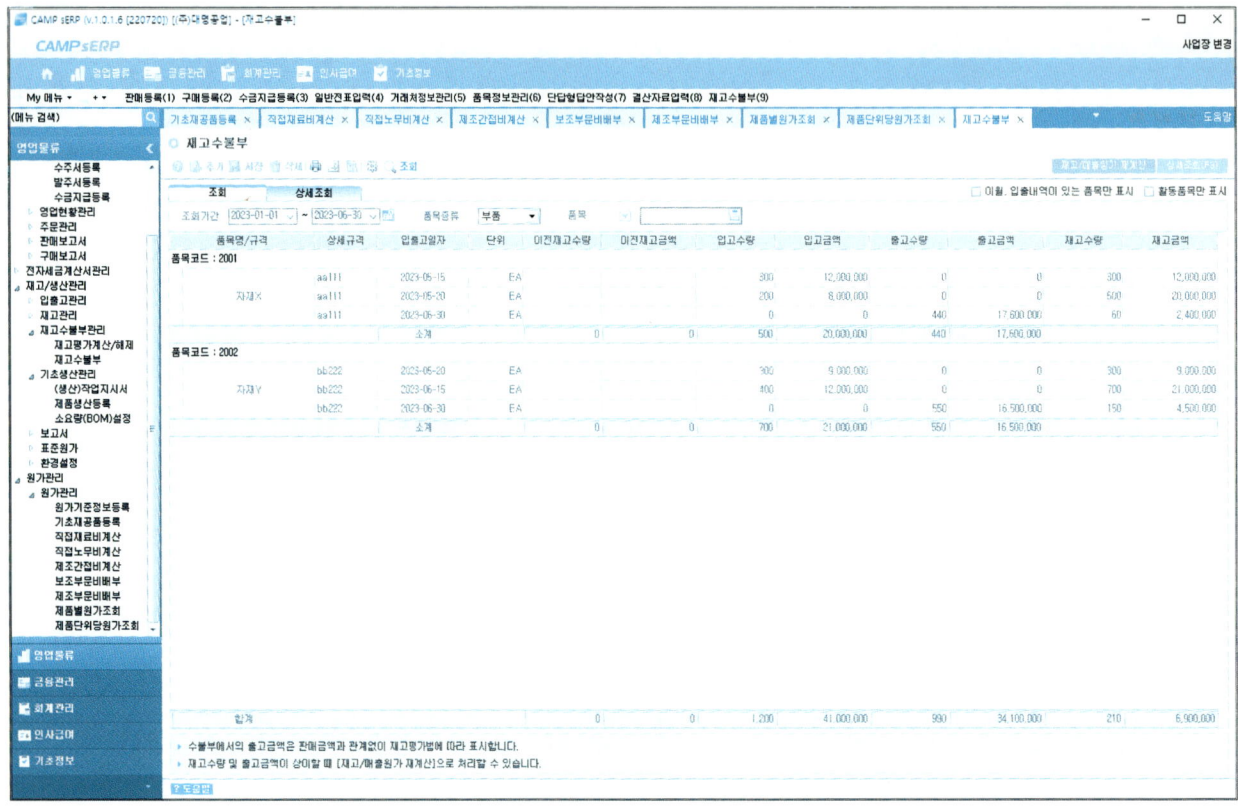

> **TIP**
> ▶ 조회기간 입력한 후 반드시 [품목종류]에서 부품(원재료)을 선택한 후 [조회]하여야 한다. [품목종류]를 [전체]로 하여 조회하면 제품까지 포함하여 조회되므로 틀린 답이 된다.

③ [회계관리] → [재무회계] → [결산관리] → [결산자료입력]을 클릭한다.

④ 기간 2023년 1월~2023년 6월을 입력하고, (조회) 버튼을 클릭하고, 기말원재료재고액(6,900,000)원과 기말재공품재고액(2,274,490)원을 입력하고, 전표추가 버튼을 클릭하여 저장한다.

⑤ 결산전표를 발행하시겠습니까? [예(Y)]를 클릭한다.

⑥ 2023년 7월 1일자 결산 반대전표를 발행합니다. [확인]을 클릭 하고, 결산분개완료 을 확인한다.

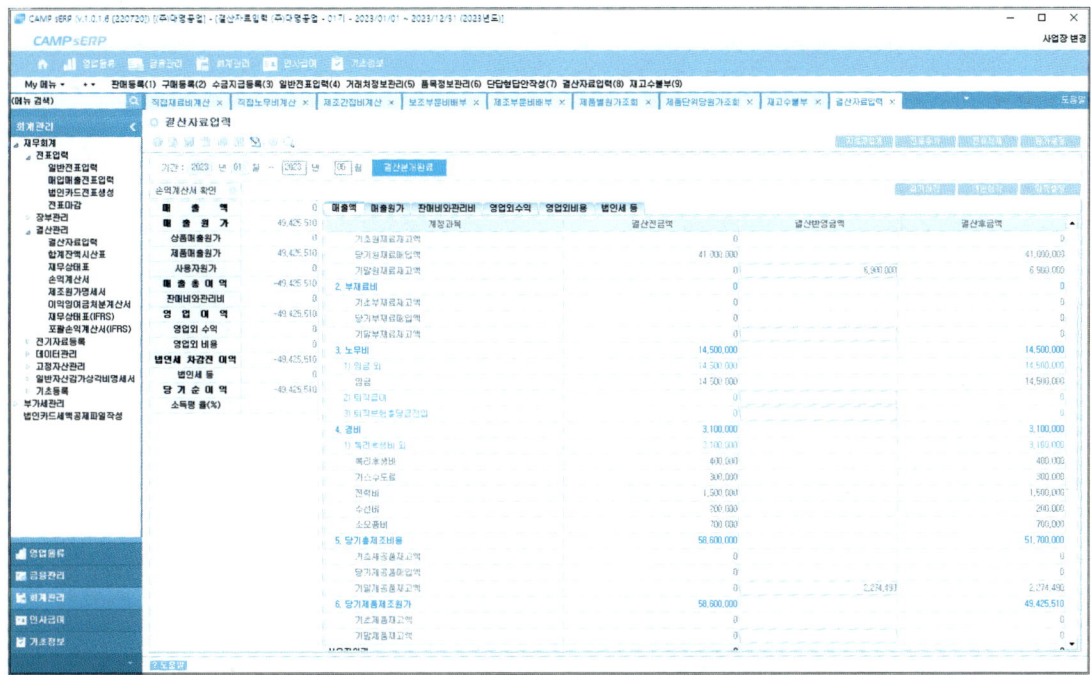

⑦ [회계관리] → [재무회계] → [결산관리] → [제조원가명세서]를 클릭한다.

⑧ 기간 2023년 01월 01일~2023년 06월 30일로 조회하여 맨 하단 당기제품제조원가 49,425,510원을 확인한다.

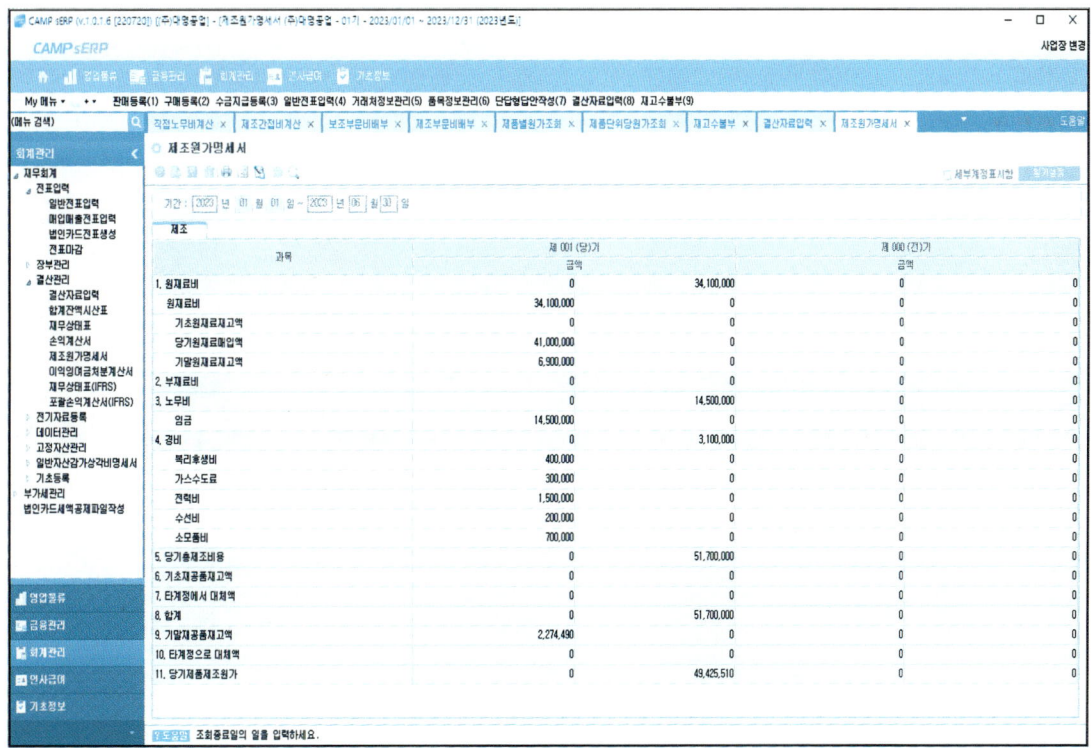

원가회계 혼자해보기

문제 02 원가회계

▶ 지시사항

'(주)대한공업'의 거래 자료이며 회계년도는 2023. 1. 1 ~ 2023. 12. 31이다. CAMP sERP 프로그램을 '교육용로그인' 할 때 불러오기를 클릭하고 [멘토르스쿨_2급(2023)] → [제2장 전산회계 실기 입문] → [1)혼자해보기]폴더에서 [(5)원가회계_혼자해보기.FDB]를 불러온 후 진행합니다. [사용자번호 : (12345678), 성명 : (김갑수)]

1 다음의 11월 원가계산 과정을 순서대로 처리하시오. 20점
(임금 및 제조경비는 주어진 기초기업자료에 이미 처리되어 있음)

(1) 11월 03일 다음의 작업지시서를 발행하고, 같은 날 주요자재를 출고하였다.

(a) 작업지시서 내용

지시일자	제품명	작업장	작업지시량	작업기간
11월 3일	제품A	제1작업장	400개(EA)	11월 03일 – 11월 27일
11월 3일	제품B	제2작업장	200개(EA)	11월 03일 – 12월 02일

(b) 자재사용(출고)등록

제품A 작업지시서 : 자재X 600단위(제1작업장)

제품B 작업지시서 : 자재Y 400단위(제2작업장)

※ CAMP sERP는 자재사용출고등록을 (2)생산자료등록에서 같이 처리함.

2 11월 30일 작업지시서(11월 03일 발행)에 대해 다음과 같이 생산자료를 등록하다.

품목	완성량	재공품		작업(투입) 시간	작업장
		월말 수량	작업진행률(완성도)		
제품A	400개(EA)	–	–	300	제1작업장
제품B	150개(EA)	50개	80%	250	제2작업장

※ New sPLUS는 완성도(작업진행률등록)를 (3)의 원가기준정보에서 처리함.

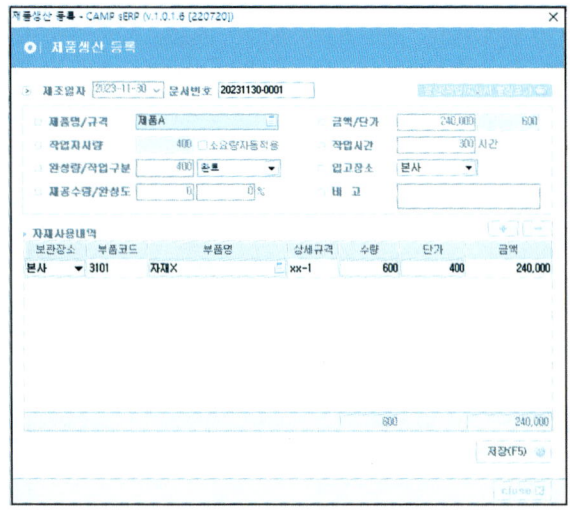
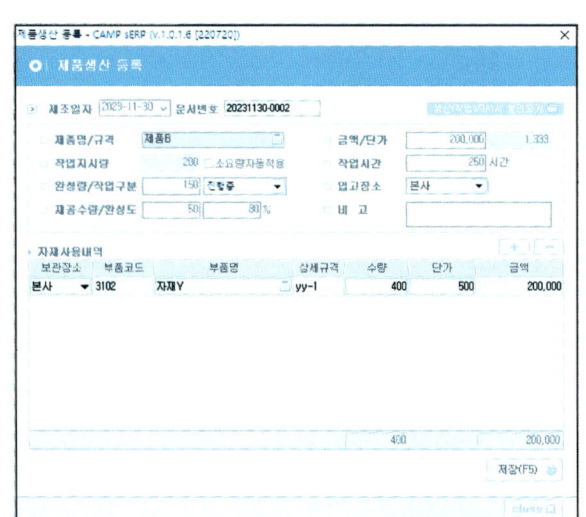

3 11월의 원가기준정보를 다음과 같이 등록하다.

노무비배부기준등록(총근무시간)

관련부문	생산1부문	생산2부문
총근무시간	300	300

보조부문비배부기준등록

관련부문	생산1부문	생산2부문
동력부문	50	50
수선부문	60	40

작업진행률등록 [제품B : 80%]   ※ New sPLUS만 처리함.

4 11월의 실제원가계산을 작업하시오.
① 기초재공품계산　　　② 직접재료비계산　　　③ 직접노무비계산
④ 제조간접비계산(제조부문비배부기준 : 투입시간)　　⑤ 개별원가계산
⑥ 종합원가계산(평균법)　　⑦ 원가반영작업

5 11월의 원가계산 마감한 후 제조원가명세서를 조회하시오.(단, 원미만 버림)

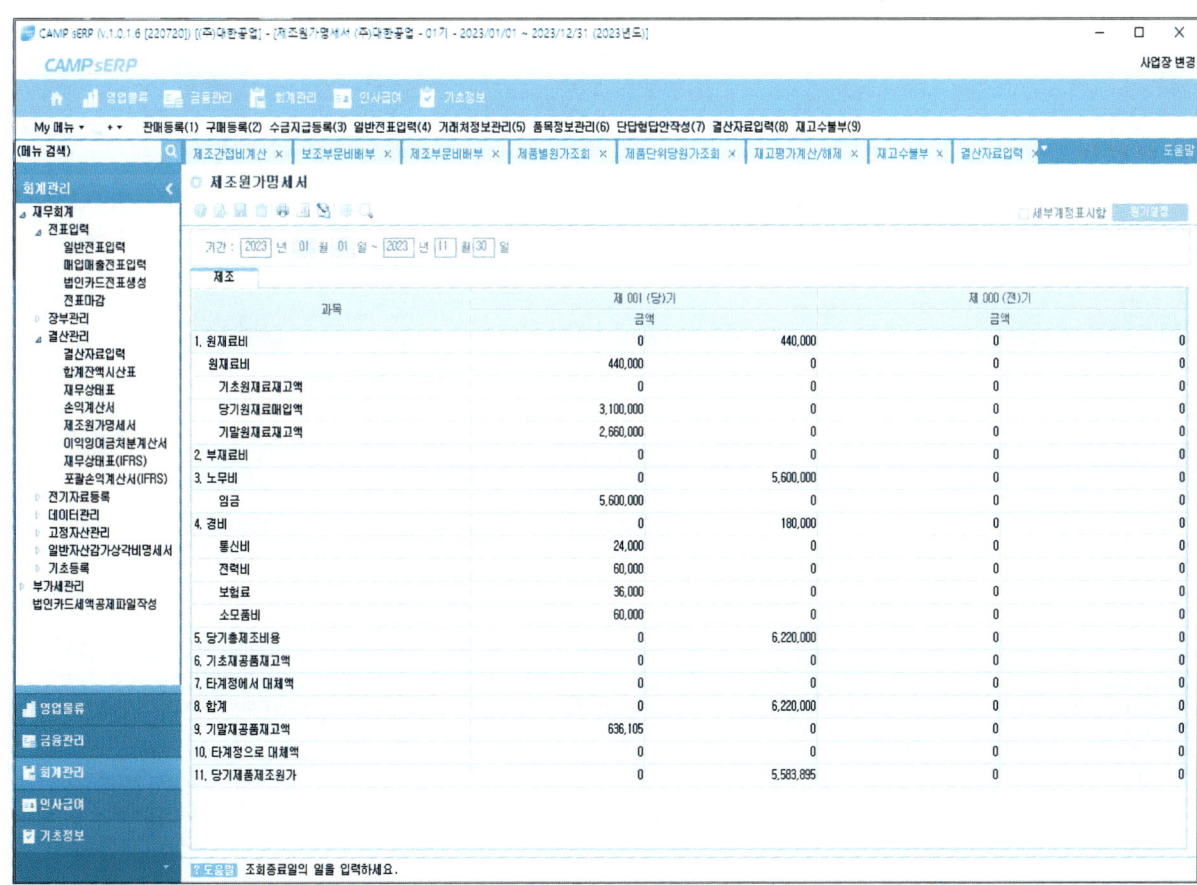

▶ 답안저장하기 : 오른쪽 상단의 [종료 또는 로그아웃]버튼 클릭 → 답안파일 제출

MEMO

CAMP SERP 프로그램에 의한 합격마법사

PART
03

모의고사

제 1회 모의고사	일등자재(주),	(주)동인화학
제 2회 모의고사	태양스포츠(주),	(주)서울가구
제 3회 모의고사	화랑가구(주),	(주)미소화학
제 4회 모의고사	대명화장품(주),	(주)천안기계
제 5회 모의고사	반짝거울(주),	(주)태양정밀
제 6회 모의고사	사랑가구(주),	(주)여주의류
제 7회 모의고사	스타가방(주),	(주)대한전자
제 8회 모의고사	공주거울(주),	(주)중앙정밀
제 9회 모의고사	코참스포츠(주),	(주)구일공업
제10회 모의고사	쌍용가구(주),	(주)비장공업
제11회 모의고사	튼튼가방(주),	(주)광현전자

기초데이터를 멘토르스쿨 홈페이지(http://www.mtrschool.co.kr) -[자료실]에서 다운받고 시작 합니다.

국가기술자격검정 모의고사

제1회 전산회계운용사 실기모의고사

※ 무 단 전 재 금 함	프로그램	제한시간	수험번호	성 명
	CAMP sERP	80분		

2급	B형

답안 작성시 유의사항

➤ 인적사항 누락 및 작성 오류로 인한 불이익은 수험자 책임으로 합니다.

➤ 시험은 반드시 주어진 문제의 순서대로 진행하여야 합니다.

➤ 반드시 지시사항에 따라 기초기업자료를 확인하고, 해당 기초기업자료가 나타나지 않는 경우는 감독관에게 문의하시기 바랍니다.

➤ 기초기업자료를 선택하여 해당 문제를 풀이한 후 프로그램 종료 전 반드시 답안을 저장해야 합니다.

➤ 각종 코드는 문제에서 제시된 코드로 입력하여야 하며, 수험자가 임의로 부여한 코드는 오답으로 처리합니다. 단, 문제에 코드가 없는 경우에는 그러하지 아니합니다.

➤ 계정과목을 입력할 때는 반드시 [검색] 기능이나 [조회] 기능을 이용하여 계정과목을 등록하되 다음의 자산은 변경 후 계정과목(평가손익, 처분손익)을 적용합니다.

변경 전	변경 후
계정과목	계정과목
단기매매금융자산	당기손익–공정가치측정금융자산
매도가능금융자산	기타포괄손익–공정가치측정금융자산
만기보유금융자산	상각후원가측정금융자산

➤ 답안파일명은 자동으로 부여되므로 별도 답안파일을 작성할 필요가 없습니다. 또한, 답안 저장 및 제출 시간은 별도로 주어지지 아니하므로 제한 시간 내에 답안 저장 및 제출을 완료해야 합니다.

반드시 아래 지시사항에 따라 기초기업자료를 선택 및 확인하고, 해당 기업자료가 나타나지 않는 경우는 감독관에게 문의하시기 바랍니다.

합격마법사 | 전산회계운용사 실기 모의고사

문제 01 재무회계

▶ 지시사항

'일등자재(주)'의 거래 자료이며 회계년도는 2023. 1. 1 ~ 2023. 12. 31이다. CAMP sERP 프로그램을 '교육용로그인'할 때 불러오기를 클릭하고 [멘토스쿨_2급(2023)] → [제3장 모의고사] → [2급_재무회계] → [제1회 모의고사]_민국화장품(주).zip를 불러온 후 진행합니다. [사용자번호 : (12345678), 성명 : (김갑수)]

---

01 다음 제시되는 기준정보를 입력하시오. 4점

1 다음의 신규 거래처를 등록하시오. 각1점

거래처(명)	거래처분류(구분)	거래처코드	대표자	사업자등록번호	업태/종목
(주)동명판넬	매입처	00106	정동명	106-81-10028	제조/건축용판재
(주)제일건설	매출처	00206	박수홍	214-81-22238	건설/종합건설

2 다음의 신규 상품(품목)을 등록하시오. 2점

품목코드	품목(품명)	(상세)규격	품목종류(자산)	기본단위(단위명)
105	난연판넬	50T	상품	EA

02 다음 거래를 입력하시오. 단, 채권·채무 및 금융 거래는 거래처 코드를 입력한다. 16점/각4점

1 12월 3일 상품을 매입하고 대금 중 ₩5,000,000은 약속어음(어음번호: 라마90110002, 만기일: 2024년 2월 7일, 지급은행: 국민은행)을 발행하여 지급하고 잔액은 외상으로 하다.

전자세금계산서 (공급받는자 보관용) 승인번호 20231203-XXXX0115

	공급자				공급받는자		
등록번호	103-81-12347			등록번호	143-81-31207		
상호	삼일판넬㈜	성명(대표자)	정수일	상호	일등자재㈜	성명(대표자)	진나라
사업장주소	서울특별시 서초구 강남대로 156-1			사업장주소	경기도 화성시 송산면 개매기길 103		
업태	제조	종사업장번호		업태	도매 및 상품중개업	종사업장번호	
종목	판넬			종목	조립식건축물및구조재		
E-Mail	qwe45@kcci.com			E-Mail	abc123@exam.com		

작성일자	2023.12.03	공급가액	10,900,000	세 액	1,090,000
비고					

월	일	품목명	규격	수량	단가	공급가액	세액	비고
12	3	EPS판넬	50T	100	10,000	1,000,000	100,000	
12	3	메탈판넬	50T	200	27,000	5,400,000	540,000	
12	3	그라스울판넬	50T	300	15,000	4,500,000	450,000	

합계금액	현금	수표	어음	외상미수금	이 금액을	○ 영수 / ● 청구	함
11,990,000			5,000,000	6,990,000			

2 12월 11일 상품을 매출하고 대금 중 ₩450,000은 현금으로 받아 우리은행 보통예금계좌로 이체 받고 잔액은 외상으로 하다.

전자세금계산서			(공급자 보관용)		승인번호	20231211-XXXX0137	
공급자	등록번호	143-81-31207		공급받는자	등록번호	107-81-21310	
	상호	경인자재㈜	성명(대표자) 진나라		상호	대양건설산업㈜	성명(대표자) 김우진
	사업장주소	경기도 화성시 송산면 개매기길 103			사업장주소	서울특별시 송파구 동남로 100	
	업태	도매 및 상품중개업	종사업장번호		업태	건설업	종사업장번호
	종목	조립식건축물및구조재			종목	종합건설	
	E-Mail	abc123@exam.com			E-Mail	panel123@kcci.com	
작성일자	2023.12.11.		공급가액	4,500,000	세 액	450,000	
비고							

월	일	품목명	규격	수량	단가	공급가액	세액	비고
12	11	EPS판넬	50T	100	15,000	1,500,000	150,000	
12	11	그라스울판넬	50T	150	20,000	3,000,000	300,000	

합계금액	현금	수표	어음	외상미수금	이 금액을	○ 영수 ⦿ 청구	함
4,950,000	450,000			4,500,000			

3 12월 4일 영업부 직원들과 회식하고 회식비는 현금으로 지급하고 현금영수증을 발급받다.

현금영수증

● 거래정보

거래일시	2023-12-20
승인번호	12341234
거래구분	승인거래
거래용도	지출증빙
발급수단번호	143-81-31207

● 거래금액

품목	공급가액	부가세	봉사료	총거래금액
식대	200,000	20,000	0	220,000

● 가맹점 정보

상호	일산식당
사업자번호	119-90-46123
대표자명	최고야
주소	서울특별시 마포구 마포대로 110

4 12월 27일   신문구독료를 법인신용카드로 결제하다.

단말기번호	4523188307	전표번호	
카드종류	BC카드		
회원번호	4510-3214-5678-9012		
유효기간	거 래 일 시 취소시당초거래일 2023.12.27		
거래유형	승인 품명 구독료		
결제방법	일시불	금액 AMOUNT	120,000
매장명		부가세 VAT	
판매자		봉사료 S/C	
대표자	한민국	합계 TOTAL	120,000
알림/NOTICE		승인번호	34452311
가맹점주소	서울특별시 마포구 마포대로 120		
가맹점번호	7012345881		
사업자등록번호	119-90-46149		
가맹점명	한민일보		
문의전화/HELP DESK TEL:1544-4700 (회원용)		서명/SIGNATURE 일등자재㈜	

03 다음 거래를 일반전표입력 메뉴에 입력하시오.   20점/각4점
(단 채권·채무 및 금융 거래는 거래처 코드를 입력하고 각 문항별 한 개의 전표번호로 입력한다.)

1 12월 5일   당사의 주식 800주(액면 @₩10,000)를 주당 ₩20,000에 구입하여 즉시 소각하다. 구입대금은 우리은행 보통예금계좌에서 이체하다.

2 12월 6일   6월 20일에 차입한 차입금의 만기가 도래하여 원금과 이자 ₩20,000을 포함한 전액을 우리은행 보통예금계좌에서 이체하다.

보통예금 통장 거래 내역
우리은행

번호	날짜	내용	출금액	입금액	잔액	거래점
		계좌번호 503-456789-123 경인자재㈜				
1	20231206	흥국상호금융㈜	15,020,000		***	***
		이 하 생 략				

3 12월 10일   출장에서 돌아온 직원으로부터 11월 30일에 지급한 여비 개산액에 대하여 다음과 같이 정산하고 잔액을 경리과에 현금으로 반납하다.

여비정산서

소 속	영업부	직위	사원	성명	정동석
출장일정	일 시	2023년 12월 1일 ~ 2023년 12월 3일			
	출장지	코엑스 박람회			
지급받은 금액	₩500,000	사용금액	₩460,000	반납금액	₩40,000
사용내역					
숙박비	₩250,000	식대	₩60,000	항공료	₩150,000
이하 생략					

4 12월 13일   장기 투자 목적으로 ㈜한남 발행의 주식 500주를 주당 ₩12,500에 구입하고 구입제비용 ₩120,000을 포함한 대금은 우리은행 보통예금계좌에서 이체하다.

5 12월 17일   자동차세 ₩280,000과 사무실 전기수도요금 ₩128,000을 법인 BC카드로 결제하다.

04 다음 기말(12월 31일) 결산 정리 사항을 회계 처리하고 마감하시오.   28점/각4점

1 단기 보유 목적으로 보유중인 주식 300주의 공정가치가 1주당 ₩15,000으로 평가되다.

2 보험료 선급분을 계상하다. 단, 월할계산에 의한다.

3 소모품 미사용액 ₩560,000을 계상하다.

4 장기차입금에 대한 미지급이자 ₩1,600,000을 계상하다.

5 매출채권 잔액에 대해 1%의 대손충당금(보충법)을 설정하다.

6 모든 비유동자산에 대한 감가상각비를 계상하다.

7 기말상품재고액을 입력하고 결산 처리하다. 단, 재고평가는 선입선출법으로 한다.

05 다음 사항을 조회하여 번호 순서대로 단답형 답안에 등록하시오. 12점/각2점

> ※ CAMP sERP는 [단답형답안작성]메뉴에서 답안을 등록 후 [저장]버튼을 클릭합니다.
>   New sPLUS는 [답안수록]메뉴에서 답안을 등록 후 [답안저장]버튼을 클릭합니다.
> ※ 문자 외의 숫자는 ₩, 원, 월, 단위구분자(,) 등을 생략하고 숫자만 입력하되 소수점이 포함되어 있는 숫자의 경우에는 소수점을 입력합니다.
>   (예시) 54200(○), 54.251(○), ₩54,200(×), 54,200원(×), 5월(×), 500개(×), 50건(×)

1 3월 15일 현재 EPS판넬의 재고수량은 몇 개인가?

2 4월 1일부터 6월 30일까지 판매비와관리비 현금 지출총액은 얼마인가?

3 6월 30일 현재 대양건설산업(주)의 외상매출금 잔액은 얼마인가?

4 2023년 제1기 부가가치세 확정신고 시 납부(환급)세액은 얼마인가?

5 12월 31일 현재 한국채택국제회계기준(K-IFRS)에 의한 재무상태표에 표시되는 현금및현금성자산의 금액은 얼마인가?

▶ [원가회계] 시작하기
실제시험에서는 오른쪽 상단의 [사업장변경]버튼 클릭 → [사업장변경]메뉴에서 해당 사업장 선택 → [사업장변경]버튼 클릭 해야 한다. '교육용'으로 실습할 때는 오른쪽 상단의 [종료 또는 로그아웃]버튼 클릭 → 답안파일 자동 저장하고 원가회계는 새로운 기초자료를 불러온 후 진행합니다.

합격마법사 | 전산회계운용사 실기 모의고사

문제 02 원가회계

▶ 지시사항

'(주)동인화학'의 거래 자료이며 회계년도는 2023. 1. 1 ~ 2023. 12. 31이다. CAMP sERP 프로그램을 '교육용로그인'할 때 불러오기를 클릭하고 [멘토스쿨_2급(2023)] → [제4장 최신기출문제] → [2급_원가회계] → [제1회 모의고사]_(주)동인화학.zip를 불러온 후 진행합니다. [사용자번호 : (12345678), 성명 : (김갑수)]

---

01 다음의 6월 원가계산 과정을 순서대로 처리하시오. 단, 임금 및 제조경비는 주어진 기초자료에 이미 처리되어 있다.

20점/각4점

1 6월 8일   다음의 작업지시서를 발행하고, 같은 날 주요자재를 출고하다.

① 작업지시서 내용

지시일자	제품명	작업장	작업지시량	작업기간
6월 8일	갑제품	제1작업장	450	6월 8일 ~ 7월 9일
6월 8일	을제품	제2작업장	400	6월 8일 ~ 6월 30일

② 갑제품 작업지시서 : A원재료   450(EA) (제1작업장) @₩80,000(부가가치세 별도)
   을제품 작업지시서 : C원재료   400(EA) (제2작업장) @₩40,000(부가가치세 별도)
                   D원재료   800(EA) (제2작업장) @₩10,000(부가가치세 별도)

※ CAMP sERP는 자재사용출고등록을 (2)생산자료등록에서, New sPLUS는 자재출고입력에서 처리함.

2 6월 30일   작업지시서(6월 8일 발행)에 대해 다음과 같이 생산자료를 등록하다.

품목	완성량	재공품 월말 수량	재공품 작업진행률 (완성도, %)	작업(투입)시간	작업장
갑제품	400	50	50%	440	제1작업장
을제품	400	–	–	400	제2작업장

※ New sPLUS는 완성도(작업진행률등록)를 (3)원가기준정보에서 처리함.

3 6월의 원가기준정보를 다음과 같이 등록하다.

① 노무비배부기준등록(총근무시간)

관련부문	생산1부	생산2부
총근무시간	500	600

② 보조부문비배부기준등록

관련부문	생산1부	생산2부
바이오부문	20	80
설비부문	50	50

③ 작업진행률등록   [갑제품 : 50%]   ※ New sPLUS만 적용함.

4 6월의 실제원가계산을 작업하시오.

① 기초재공품계산

② 직접재료비계산

③ 직접노무비계산

④ 제조간접비계산

⑤ 보조부문비배부

⑥ 제조부문비배부(작업시간기준)

⑦ 개별원가계산

⑧ 종합원가계산(평균법)

5 6월의 원가계산을 마감한 후 제조원가명세서를 조회하시오. 단, 원미만은 버림으로 처리한다.

▶ 답안저장하기 : 오른쪽 상단의 [종료 또는 로그아웃]버튼 클릭 → 답안파일 제출

국가기술자격검정 모의고사

제2회 전산회계운용사 실기모의고사

※ 무단전재금함	프로그램	제한시간	수험번호	성 명
	CAMP sERP	80분		

| 2급 | B형 |

답안 작성시 유의사항

➤ 인적사항 누락 및 작성 오류로 인한 불이익은 수험자 책임으로 합니다.

➤ 시험은 반드시 주어진 문제의 순서대로 진행하여야 합니다.

➤ 반드시 지시사항에 따라 기초기업자료를 확인하고, 해당 기초기업자료가 나타나지 않는 경우는 감독관에게 문의하시기 바랍니다.

➤ 기초기업자료를 선택하여 해당 문제를 풀이한 후 프로그램 종료 전 반드시 답안을 저장해야 합니다.

➤ 각종 코드는 문제에서 제시된 코드로 입력하여야 하며, 수험자가 임의로 부여한 코드는 오답으로 처리합니다. 단, 문제에 코드가 없는 경우에는 그러하지 아니합니다.

➤ 계정과목을 입력할 때는 반드시 [검색] 기능이나 [조회] 기능을 이용하여 계정과목을 등록하되 다음의 자산은 변경 후 계정과목(평가손익, 처분손익)을 적용합니다.

변경 전	변경 후
계정과목	계정과목
단기매매금융자산	당기손익-공정가치측정금융자산
매도가능금융자산	기타포괄손익-공정가치측정금융자산
만기보유금융자산	상각후원가측정금융자산

➤ 답안파일명은 자동으로 부여되므로 별도 답안파일을 작성할 필요가 없습니다. 또한, 답안 저장 및 제출 시간은 별도로 주어지지 아니하므로 제한 시간 내에 답안 저장 및 제출을 완료해야 합니다.

반드시 아래 지시사항에 따라 기초기업자료를 선택 및 확인하고, 해당 기업자료가 나타나지 않는 경우는 감독관에게 문의하시기 바랍니다.

합격마법사 | 전산회계운용사 실기 모의고사

문제 01 재무회계

▶ **지시사항**

'태양스포츠(주)'의 거래 자료이며 회계년도는 2023. 1. 1 ~ 2023. 12. 31이다. CAMP sERP 프로그램을 '교육용로그인' 할 때 불러오기를 클릭하고 [멘토르스쿨_2급(2023)] → [제3장 모의고사] → [2급_재무회계] → [제2회 모의고사]_태양스포츠(주).zip를 불러온 후 진행합니다. [사용자번호 : (12345678), 성명 : (김갑수)]

01 다음 제시되는 기준정보를 입력하시오. 4점

1 다음의 일반 거래처(매입거래처, 매출거래처)를 등록하시오. 각1점

거래처명	분류	거래처코드	대표자명	사업자등록번호	업태/종목
포워드스포츠(주)	매입처	03004	사천만	305-81-34568	제조/스포츠용품
광주스포츠(주)	매출처	04004	김솔선	610-81-24695	도소매/스포츠용품

2 다음의 신규 상품(품목)을 등록하시오. 2점

품목코드	품목/규격	(상세)규격	품목구분	기준단위
1003	L상품	2호	상품	EA

02 다음 거래를 매입매출전표입력 메뉴에 입력하시오. 16점/각4점

1 12월 5일   매출하고 주문 시 받은 계약금(11월 30일)을 차감한 대금 중 ₩30,000,000은 동사 발행의 약속어음(어음번호: 바카11112345, 만기일 : 2024.03.05, 지급은행: 신한은행)으로 받고, 잔액은 당좌예금(신한은행) 계좌로 입금받다.

전자세금계산서 (공급자 보관용) 승인번호 20231210-XXXX0127

	등록번호	104-81-56784			등록번호	211-81-34564	
공급자	상호	태양스포츠(주)	성명(대표자)	김대한	상호	강남스포츠(주)	성명(대표자) 김강남
	사업장 주소	서울특별시 중구 남대문로 112		공급받는자	사업장 주소	서울특별시 강남구 강남대로 302	
	업태	도매 및 상품중개업	종사업장번호		업태	도,소매	종사업장번호
	종목	스포츠용품			종목	스포츠용품	
	E-Mail	sunny083@exam.com			E-Mail	gangnam37@kcci.com	

작성일자	2023.12.05.	공급가액	42,000,000	세 액	4,200,000
비고					

월	일	품목명	규격	수량	단가	공급가액	세액	비고
12	5	A상품	a1	100	100,000	10,000,000	1,000,00	
12	5	B상품	b1	160	200,000	32,000,000	3,200,000	

합계금액	현금	수표	어음	외상미수금	이 금액을 ● 영수 함
46,200,000	16,200,000		30,000,000		○ 청구

2 12월 19일 상품을 매입하고 대금 중 ₩10,000,000은 소지하고 있던 명동스포츠(주) 발행 당좌수표로 지급하고, 잔액은 약속어음을 발행(어음번호: 나다22221234, 만기일: 2024.03.19. 지급은행: 국민은행)하여 지급하다. 그리고 매입 운임 ₩200,000(부가가치세 별도)을 현금으로 지급하다.

전자세금계산서 (공급받는자 보관용) 승인번호 20231219-XXXX0115

공급자	등록번호	305-81-34568			공급받는자	등록번호	104-81-56784		
	상호	포워드스포츠(주)	성명(대표자)	사천만		상호	태양스포츠(주)	성명(대표자)	김대한
	사업장주소	충청북도 청주시 상당구 공항로 35				사업장주소	서울특별시 중구 남대문로 112		
	업태	제조	종사업장번호			업태	도매 및 상품중개업	종사업장번호	
	종목	스포츠용품				종목	스포츠용품		
	E-Mail	forward874@exam.com				E-Mail	sunny083@exam.com		

작성일자	2023.12.19.	공급가액	40,200,000	세액	4,020,000
비고					

월	일	품목명	규격	수량	단가	공급가액	세액	비고
12	5	L상품	2호	200	201,000	40,200,000	4,020,000	

합계금액	현금	수표	어음	외상미수금	이 금액을	● 영수 / ○ 청구	함
44,220,000	10,220,000		34,000,000				

3 12월 21일 명동스포츠(주)에게 상품(A상품, 10EA)을 판매하고 신용카드매출전표를 발행해 주다.

단말기번호	4523188309		전표번호	
카드종류	비씨카드			
회원번호	1234-1234-1234-1234			
유효기간		거 래 일 시	취소시당초거래일	
		2023.12.21		
거래유형	승인	품명	A상품	
결제방법	일시불	금 액 AMOUNT	1,000,000	
매장명		부가세 VAT	100,000	
판매자		봉사료 S/C		
대표자	김대한	합 계 TOTAL	1,100,000	
알림/NOTICE		승인번호	34452311	
가맹점주소	서울특별시 중구 남대문로 112			
가맹점번호	10718234562			
사업자등록번호	104-81-56784			
가맹점명	태양스포츠(주)			
문의전화/HELP DESK TEL:1544-4700 (회원용)		서명/SIGNATURE 명동스포츠		

4 12월 21일   회계부 업무용 참고도서를 외상으로 구입하고 발급받은 전자계산서이다.

전자계산서			(공급받는자 보관용)		승인번호	20231224-XXXX0115	
공급자	등록번호	105-81-21653		공급받는자	등록번호	104-81-56784	
	상호	팬시문구	성명(대표자) 최미래		상호	태양스포츠(주)	성명(대표자) 김대한
	사업장주소	서울특별시 강남구 서초구 영동대로 21			사업장주소	서울특별시 중구 남대문로 112	
	업태	도소매	종사업장번호		업태	도매 및 상품중개업	종사업장번호
	종목	문구, 도서			종목	스포츠용품	
	E-Mail	twinkle123@exam.com			E-Mail	sunny083@exam.com	
작성일자	2023.12.24.		공급가액		150,000		
비고							

월	일	품목명	규격	수량	단가	공급가액	비고
12	24	도서		5	30,000	150,000	

합계금액	현금	수표	어음	외상미수금	이 금액을	○ 영수 / ⊙ 청구	함
150,000				150,000			

03 다음 거래를 일반전표메뉴에 입력하시오.   20점/각4점

1 12월 1일   이사회 결의에 의하여 액면 금액 @₩10,000인 보통주 4,000주를 1주당 ₩15,000에 발행하다. 납입금은 당좌예금(신한은행) 계좌로 입금받고 신주발행비 ₩200,000은 현금으로 지급하다.

2 12월 8일   11월 20일 취득한 자기주식 1,000주 중 600주를 1주당 ₩8,000에 처분하고, 수수료 ₩30,000을 차감한 금액을 보통예금(국민은행) 계좌에 입금하다.

3 12월 21일   명동11월 28일 수취한 청주스포츠(주) 발행의 약속어음(다라20231128, 만기일: 2022년 3월 28일, 지급은행: 신한은행)을 국민은행에서 할인받고, 할인료 ₩100,000을 차감한 잔액은 보통예금(국민은행)으로 예입하다. 단, 매각거래로 처리한다.

약 속 어 음

태양스포츠㈜ 귀하   다라20231128

금 천칠백만원정   17,000,000원

위의 금액을 귀하 또는 귀하의 지시인에게 이 약속어음과 상환하여 지급하겠습니다.

지급기일 2024년 3월 28일   발행일 2023년 11월 28일
지 급 지 신한은행   발행지 서울특별시 중구 남대문로 112
지급장소 ○○지점   주 소
                                        발행인 청주스포츠㈜

④ 12월 27일   11월분 법인카드(국민카드) 사용액이 금일 보통예금(국민은행) 계좌에서 결제되다.

⑤ 12월 28일   장기 자금 조달 목적으로 액면 ₩20,000,000(시장이자율 : 6%, 액면이자율 : 5%, 상환기간 : 3년)인 사채를 ₩19,732,700에 할인 발행하고, 사채발행비 ₩124,300을 차감한 실수금을 보통예금(국민은행) 계좌에 입금하다.

04 다음 기말(12월 31일) 결산 정리 사항을 회계 처리하고 마감하시오. 28점/각4점

① 당기 소모품 사용액은 ₩1,700,000이다.

② 보험료 미경과분을 월할 계산하여 정리하다.

③ 임대료 선수분을 계상하다. 단, 월할계산 한다.

④ 외화장기차입금(도이치은행) US$40,000를 결산일 현재 기준환율(US$1 : ₩1,200)로 평가하다. 단, 전기 말 기준환율은 US$1당 ₩1,000이었다.

⑤ 매출채권 잔액에 대해 1%의 대손충당금(보충법)을 설정하다.

⑥ 모든 비유동자산(유형 및 무형자산)에 대한 감가상각비를 계상하다.

⑦ 기말상품재고액을 입력하고 결산 처리하다. 단, 재고평가는 선입선출법으로 한다.

05 다음 사항을 조회하여 번호 순서대로 단답형 답안에 등록하시오. 12점/각2점

> ※ CAMP sERP는 [단답형답안작성]메뉴에서 답안을 등록 후 [저장]버튼을 클릭합니다.
> New sPLUS는 [답안수록]메뉴에서 답안을 등록 후 [답안저장]버튼을 클릭합니다.
> ※ 문자 외의 숫자는 ₩, 원, 월, 단위구분자(,) 등을 생략하고 숫자만 입력하되 소수점이 포함되어 있는 숫자의 경우에는 소수점을 입력합니다.
> (예시) 54200(○), 54.251(○), ₩54,200(×), 54,200원(×), 5월(×), 500개(×), 50건(×)

1 1월 1일부터 4월 30일까지 보통예금(국민은행)의 인출액은 얼마인가?

2 4월 1일부터 6월 30일까지 A상품의 출고 수량은 몇 개(EA)인가?

3 제2기 부가가치세 예정신고시 납부(환급) 세액은 얼마인가?

4 12월 31일 현재 매입처 코리아스포츠(주)의 외상매입금 잔액은 얼마인가?

5 1월 1일부터 12월 31일까지 한국채택국제회계기준(K-IFRS)에 의한 포괄손익계산서(기능별)에 표시되는 기타비용은 얼마인가?

6 12월 31일 현재 한국채택국제회계기준(K-IFRS)에 의한 재무상태표에 표시되는 비유동부채는 얼마인가?

▶ [원가회계] 시작하기
실제시험에서는 오른쪽 상단의 [사업장변경]버튼 클릭 → [사업장변경]메뉴에서 해당 사업장 선택 → [사업장변경]버튼 클릭 해야 한다. '교육용'으로 실습할 때는 오른쪽 상단의 [종료 또는 로그아웃]버튼 클릭 → 답안파일 자동 저장하고 원가회계는 새로운 기초자료를 불러온 후 진행합니다.

문제 02 원가회계

▶ 지시사항

'(주)서울가구'의 거래 자료이며 회계년도는 2023. 1. 1 ~ 2023. 12. 31이다. CAMP sERP 프로그램을 '교육용로그인'할 때 불러오기를 클릭하고 [멘토르스쿨_2급(2023)] → [제3장 모의고사] → [2급_원가회계] → [제2회 모의고사]_(주)서울가구.zip를 불러온 후 진행합니다. [사용자번호 : (12345678), 성명 : (김갑수)]

---

01 다음의 4월 원가계산 과정을 순서대로 처리하시오. 단, 임금 및 제조경비는 주어진 기초자료에 이미 처리되어 있다. 20점/각4점

① 4월 12일 다음의 작업지시서를 발행하고, 같은 날 주요자재를 출고하였다.

① 작업지시서 내용

지시일자	제품명	작업장	작업지시량	작업기간
4월 12일	갑제품	제1작업장	500개(EA)	4월 12일 ~ 4월 30일
4월 12일	을제품	제2작업장	600개(EA)	4월 12일 ~ 5월 11일

② 자재사용(출고)등록

갑제품 작업지시서 : 자재X 1,200단위(제1작업장)

을제품 작업지시서 : 자재Y 1,000단위(제2작업장)

※ CAMP sERP는 생산자료등록에서 같이 처리한다.

② 4월 30일 작업지시서(4월 12일 발행)에 대해 다음과 같이 생산 자료를 등록하다.

| 품목 | 완성량 | 재공품 | | 작업(투입)시간 | 작업장 |
		월말 수량	작업진행률(완성도)		
갑제품	500개(EA)	-	-	400	제1작업장
을제품	450개(EA)	150개	80%	400	제2작업장

※ New sPLUS는 완성도(작업진행률등록)를 (3)원가기준정보에서 처리한다.

③ 4월의 원가기준정보를 다음과 같이 등록하다.

① 노무비배부기준등록(총근무시간)

관련부문	생산1부	생산2부
총근무시간	500	500

② 보조부문비배부기준등록

관련부문	생산1부	생산2부
동력부문	50	50
수선부문	50	50
공장사무부문	40	60

③ 작업진행률등록 [을제품 : 80%] ※ New sPLUS만 적용한다.

4 4월의 실제원가계산을 작업하시오.

① 기초재공품계산

② 직접재료비계산

③ 직접노무비계산

④ 제조간접비계산

⑤ 보조부문비배부

⑥ 제조부문비배부(투입시간기준)

⑦ 개별원가계산

⑧ 종합원가계산(평균법)

⑨ 원가반영작업

5 4월의 원가계산 마감한 후 제조원가명세서를 조회하시오.(단, 소수점 미만은 반올림)

▶ 답안저장하기 : 오른쪽 상단의 [종료 또는 로그아웃]버튼 클릭 → 답안파일 제출

국가기술자격검정 모의고사

제3회 전산회계운용사 실기모의고사

※ 무 단 전 재 금 함	프로그램	제한시간	수험번호	성 명
	CAMP sERP	80분		

2급	B형

답안 작성시 유의사항

- ➤ 인적사항 누락 및 작성 오류로 인한 불이익은 수험자 책임으로 합니다.
- ➤ 시험은 반드시 주어진 문제의 순서대로 진행하여야 합니다.
- ➤ 반드시 지시사항에 따라 기초기업자료를 확인하고, 해당 기초기업자료가 나타나지 않는 경우는 감독관에게 문의하시기 바랍니다.
- ➤ 기초기업자료를 선택하여 해당 문제를 풀이한 후 프로그램 종료 전 반드시 답안을 저장해야 합니다.
- ➤ 각종 코드는 문제에서 제시된 코드로 입력하여야 하며, 수험자가 임의로 부여한 코드는 오답으로 처리합니다. 단, 문제에 코드가 없는 경우에는 그러하지 아니합니다.
- ➤ 계정과목을 입력할 때는 반드시 [검색] 기능이나 [조회] 기능을 이용하여 계정과목을 등록하되 다음의 자산은 변경 후 계정과목(평가손익, 처분손익)을 적용합니다.

변경 전	변경 후
계정과목	계정과목
단기매매금융자산	당기손익-공정가치측정금융자산
매도가능금융자산	기타포괄손익-공정가치측정금융자산
만기보유금융자산	상각후원가측정금융자산

- ➤ 답안파일명은 자동으로 부여되므로 별도 답안파일을 작성할 필요가 없습니다. 또한, 답안 저장 및 제출 시간은 별도로 주어지지 아니하므로 제한 시간 내에 답안 저장 및 제출을 완료해야 합니다.

반드시 아래 지시사항에 따라 기초기업자료를 선택 및 확인하고, 해당 기업자료가 나타나지 않는 경우는 감독관에게 문의하시기 바랍니다.

합격마법사 | 전산회계운용사 실기 **모의고사**

문제 01 재무회계

▶ **지시사항**

'화랑가구(주)'의 거래 자료이며 회계년도는 2023. 1. 1 ~ 2023. 12. 31이다. CAMP sERP 프로그램을 '교육용로그인'할 때 불러오기를 클릭하고 [멘토르스쿨_2급(2023)] → [제3장 모의고사] → [2급_재무회계] → [제3회 모의고사]_화랑가구(주).zip를 불러온 후 진행합니다. [사용자번호 : (12345678), 성명 : (김갑수)]

---

01 다음 제시되는 기준정보를 입력하시오. 4점

1 다음의 일반 거래처(매입거래처, 매출거래처)를 등록하시오. 각1점

거래처명	분류	거래처코드	대표자명	사업자등록번호	업태/종목
태능가구(주)	매입처	2005	기영식	101-83-12345	제조/목재가구
천호가구(주)	매출처	3007	박수영	202-83-10029	도소매/사무용가구

2 다음의 신규 상품(품목)을 등록하시오. 2점

품목코드	품목/규격	(상세)규격	품목구분	기준단위
404	사무실책상	TAS	상품	EA

02 다음 거래를 입력하시오. 단, 채권, 채무 및 금융 거래는 거래처를 입력한다. 16점/각4점

1 12월 7일 상품을 매입하고 전자세금계산서를 발급받다. 대금 중 ₩50,000,000은 약속어음(어음번호: 가차90210001, 만기일: 2024년 1월 22일, 지급은행: 신한은행)을 발행하여 지급하다.

전자세금계산서 (공급받는자 보관용) 승인번호 20231207-XXXX0130

	등록번호	106-81-33278				등록번호	110-81-12345	
공급자	상호	(주)가람가구	성명(대표자)	오가람	공급받는자	상호	화랑가구(주)	성명(대표자)	김경영
	사업장주소	서울특별시 용산구 백범로 350				사업장주소	서울특별시 구로구 가마산로 134	
	업태	제조	종사업장번호			업태	도매 및 상품중개업	종사업장번호	
	종목	가구				종목	캐비넷/일반가구	
	E-Mail	avc123@kcci.com				E-Mail	abc123@exam.com	

작성일자	2023.12.07	공급가액	52,000,000	세 액	5,200,000
비고					

월	일	품목명	규격	수량	단가	공급가액	세액	비고
12	7	철재캐비넷	IRI	200	80,000	16,000,000	1,600,00	
12	7	강화유리책상	SGT	300	120,000	36,000,000	3,600,000	

합계금액	현금	수표	어음	외상미수금	이 금액을	○ 영수	함
57,200,000			50,000,000	7,200,000		● 청구	

2 12월 11일   상품을 매출하고 전자세금계산서를 발급하다. 대금 중 현금으로 받은 부분은 즉시 기업은행 보통예금에 입금하다.

전자세금계산서			(공급자 보관용)		승인번호	20231211-XXXX0128	
공급자	등록번호	110-81-12345		공급받는자	등록번호	110-81-77557	
	상호	화랑가구(주)	성명(대표자) 김경영		상호	기쁨가구(주)	성명(대표자) 장기쁨
	사업장주소	서울특별시 구로구 가마산로 134			사업장주소	서울특별시 서대문구 통일로 113	
	업태	도매 및 상품중개업	종사업장번호		업태	도소매	종사업장번호
	종목	캐비넷/일반가구			종목	가구	
	E-Mail	abc123@exam.com			E-Mail	aabbcc@kcci.com	

작성일자	2023.12.11.	공급가액	52,800,000	세액	5,280,000
비고					

월	일	품목명	규격	수량	단가	공급가액	세액	비고
12	11	중역용의자	CJR	70	240,000	16,800,000	1,680,000	
12	11	강화유리책상	SGT	80	450,000	36,000,000	3,600,000	

합계금액	현금	수표	어음	외상미수금	이 금액을 ○ 영수 / ● 청구 함
58,080,000	20,000,000			38,080,000	

3 12월 15일   공주가구에게 상품을 판매하고 현금영수증을 발행해 주다. 대금은 현금으로 받은 후 보통예금(기업은행)에 입금하다.

현금영수증

● 거래정보

거래일시	2022-12-15
승인번호	12341235
거래구분	승인거래
거래용도	소득공제
발급수단번호	010-4567-8901

● 거래금액

품목	수량	공급가액	부가세	총거래금액
중역용의자	1	240,000	24,000	264,000
철재캐비넷	1	160,000	16,000	176,000
합계				440,000

● 가맹점 정보

상호	화랑가구(주)
사업자번호	110-81-12345
대표자명	김경영
주소	서울특별시 구로구 가마산로 134

4 12월 24일   장기투자목적으로 토지를 대륙부동산(주)로부터 구입하고 전자계산서를 발급받다. 매매대금은 보통예금(기업은행) 계좌에서 지급하다.

전자계산서				(공급받는자 보관용)		승인번호	20231224-XXXX0115
공급자	등록번호	201-81-36361			등록번호	110-81-12345	
	상호	대륙부동산(주)	성명(대표자)	김대륙	상호	화랑가구(주)	성명(대표자) 김경영
	사업장주소	경기도 광명시 광명로 145			사업장주소	서울특별시 구로구 가마산로 134	
	업태	부동산업	종사업장번호		업태	도매 및 상품중개업	종사업장번호
	종목	부동산매매			종목	캐비넷/일반가구	
	E-Mail	bigland111@exam.com			E-Mail	abc123@exam.com	
작성일자	2023.12.24.		공급가액	50,000,000			
비고							

월	일	품목명	규격	수량	단가	공급가액	비고
12	24	토지				50,000,000	

합계금액	현금	수표	어음	외상미수금	이 금액을	● 영수 ○ 청구	함
50,000,000	50,000,000						

03 다음 거래를 일반전표메뉴에 입력하시오.   20점/각4점

1 12월 3일   현길(주)와 영업부 사무실 임대차 계약(기간: 2023년 12월 3일 ∼ 2024년 12월 2일)을 체결하고 보증금 ₩30,000,000과 2개월분 사무실 임차료 ₩800,000을 기업은행 보통예금계좌에서 이체하다. 단, 사무실 임차료는 비용으로 처리한다.

보통예금 통장 거래 내역   기업은행

번호	날짜	내용	출금액	입금액	잔액	거래점
		계좌번호 999-789-01-998877 화랑가구㈜				
1	20231203	현길(주)	30,800,000		***	***
		이 하 생 략				

2 12월 5일   견적서에 따라 상품을 매입하기로 하고 계약금 ₩3,000,000을 국민은행 발행 수표로 지급하다.

3 12월 12일 (주)그림가구의 어음(어음번호: 다카91025555, 발행일: 2023년 11월 12일, 만기일: 2024년 3월 12일, 지급은행: 신한은행)을 신한은행에서 할인하고, 할인료 ₩150,000을 제외한 대금은 신한은행 당좌예금계좌에 입금 받다. 단, 매각거래로 처리한다.

4 12월 14일 보유중인 회사차량에 대한 2기분 자동차세 ₩280,000과 사회복지공동모금회 불우이웃 돕기 성금 ₩800,000을 기업은행 보통예금계좌에서 이체하다.

5 12월 17일 자기주식 400주(액면금액 @₩5,000)를 주당 ₩7,000에 매입하고 수수료 ₩16,000을 포함한 금액을 기업은행 보통예금계좌에서 이체하다.

04 다음 기말(12월 31일) 결산 정리 사항을 회계 처리하고 마감하시오. 28점/각4점

1 당기 소모품 미사용액은 ₩720,000이다.

2 임차료의 미경과분을 계상하다. 단, 월할계산을 한다.

3 12월 31일 현재 현금의 장부잔액보다 실제잔액이 ₩30,000 부족하며, 그 원인은 밝혀지지 않았다.

4 결산일 현재 단기 시세 차익 목적으로 보유중인 주식의 공정가치는 ₩14,000,000이다.

5 매출채권 잔액에 대해 1%의 대손충당금(보충법)을 설정하다.

6 모든 비유동자산에 대한 감가상각비를 계상하다.

7 기말상품재고액을 입력하고 결산 처리하다. 단, 재고평가는 선입선출법으로 한다.

05 다음 사항을 조회하여 번호 순서대로 단답형 답안에 등록하시오. 12점/각2점

※ CAMP sERP는 [단답형답안작성]메뉴에서 답안을 등록 후 [저장]버튼을 클릭합니다.
New sPLUS는 [답안수록]메뉴에서 답안을 등록 후 [답안저장]버튼을 클릭합니다.
※ 문자 외의 숫자는 ₩, 원, 월, 단위구분자(,) 등을 생략하고 숫자만 입력하되 소수점이 포함되어 있는 숫자의 경우에는 소수점을 입력합니다.
(예시) 54200(○), 54.251(○), ₩54,200(×), 54,200원(×), 5월(×), 500개(×), 50건(×)

1 1월 1일부터 7월 31일까지 철재캐비넷의 매입금액(부가가치세 제외)은 얼마인가?

2 4월 1일부터 6월 11일까지 발생한 (주)다산가구의 외상매입금은 얼마인가?

3 7월부터 11월 중 매출액이 가장 큰 월은 몇 월인가?

4 11월 16일 현재 중역용의자의 재고수량은 몇 개인가?

5 12월 31일 현재 한국채택국제회계기준(K-IFRS)에 의한 재무상태표에 표시되는 비유동부채는 얼마인가?

6 1월 1일부터 12월 31일까지 한국채택국제회계기준(K-IFRS)에 의한 포괄손익계산서(기능별)에 표시되는 매출총이익은 얼마인가?

▶ [원가회계] 시작하기
실제시험에서는 오른쪽 상단의 [사업장변경]버튼 클릭 → [사업장변경]메뉴에서 해당 사업장 선택 → [사업장변경]버튼 클릭 해야 한다. '교육용'으로 실습할 때는 오른쪽 상단의 [종료 또는 로그아웃]버튼 클릭 → 답안파일 자동 저장하고 원가회계는 새로운 기초자료를 불러온 후 진행합니다.

문제 02 원가회계

▶ 지시사항

'(주)미소화학'의 거래 자료이며 회계년도는 2023. 1. 1 ~ 2023. 12. 31이다. CAMP sERP 프로그램을 '교육용로그인'할 때 불러오기를 클릭하고 [멘토르스쿨_2급(2023)] → [제3장 모의고사] → [2급_원가회계] → [제3회 모의고사]_(주)미소화학.zip를 불러온 후 진행합니다. [사용자번호 : (12345678), 성명 : (김갑수)]

---

01 **다음의 3월 원가계산 과정을 순서대로 처리하시오. 단, 임금 및 제조경비는 주어진 기초자료에 이미 처리되어 있다.**

20점/각4점

1 3월 7일 다음의 작업지시서를 발행하고, 같은 날 주요자재를 출고하다.

① 작업지시서 내용

지시일자	제품명	작업장	작업지시량	작업기간
3월 7일	갑제품	제1작업장	400kg	3월 7일 ~ 4월 4일
3월 7일	병제품	제2작업장	1,000kg	3월 7일 ~ 3월 31일

② 자재사용(출고)등록

갑제품 작업지시서 : A원재료 800kg (제1작업장) @₩18,000(부가가치세 별도)
병제품 작업지시서 : C원재료 1,500kg (제2작업장) @₩22,000(부가가치세 별도)
※ CAMP sERP는 자재사용출고등록을 (2)생산자료등록에서, New sPLUS는 자재출고입력에서 처리

2 3월 31일 작업지시서(3월 7일 발행)에 대해 다음과 같이 생산자료를 등록하다.

품목	완성량	재공품 월말 수량	재공품 작업진행률(완성도)	작업(투입)시간	작업장
갑제품	350	50	50%	700	제1작업장
병제품	1,000	-	-	500	제2작업장

※ New sPLUS는 완성도(작업진행률등록)를 (3)원가기준정보에서 처리함.

3 3월의 원가기준정보를 다음과 같이 등록하다.

① 노무비배부기준등록(총근무시간)

관련부문	생산1부	생산2부
총근무시간	1,000	800

② 보조부문비배부기준등록

관련부문	생산1부	생산2부
수선부	40	60
포장부	60	40

③ 작업진행률등록 [갑제품 : 50%] ※ New sPLUS에서만 적용함

4 3월의 실제원가계산을 작업하시오.

　① 기초재공품등록

　② 직접재료비계산

　③ 직접노무비계산

　④ 제조간접비계산

　⑤ 보조부문비배부

　⑥ 제조부문비배부(작업시간기준)

　⑦ 개별원가계산

　⑧ 종합원가계산(평균법)

5 3월의 원가계산 마감한 후 제조원가명세서를 조회하시오. 단, 원미만은 버림으로 처리한다.

▶ 답안저장하기 : 오른쪽 상단의 [종료 또는 로그아웃]버튼 클릭 → 답안파일 제출

국가기술자격검정 모의고사

제4회 전산회계운용사 실기모의고사

※ 무 단 전 재 금 함	프로그램	제한시간	수험번호	성 명
	CAMP sERP	80분		

2급 B형

답안 작성시 유의사항

➤ 인적사항 누락 및 작성 오류로 인한 불이익은 수험자 책임으로 합니다.

➤ 시험은 반드시 주어진 문제의 순서대로 진행하여야 합니다.

➤ 반드시 지시사항에 따라 기초기업자료를 확인하고, 해당 기초기업자료가 나타나지 않는 경우는 감독관에게 문의하시기 바랍니다.

➤ 기초기업자료를 선택하여 해당 문제를 풀이한 후 프로그램 종료 전 반드시 답안을 저장해야 합니다.

➤ 각종 코드는 문제에서 제시된 코드로 입력하여야 하며, 수험자가 임의로 부여한 코드는 오답으로 처리합니다. 단, 문제에 코드가 없는 경우에는 그러하지 아니합니다.

➤ 계정과목을 입력할 때는 반드시 [검색] 기능이나 [조회] 기능을 이용하여 계정과목을 등록하되 다음의 자산은 변경 후 계정과목(평가손익, 처분손익)을 적용합니다.

변경 전	변경 후
계정과목	계정과목
단기매매금융자산	당기손익-공정가치측정금융자산
매도가능금융자산	기타포괄손익-공정가치측정금융자산
만기보유금융자산	상각후원가측정금융자산

➤ 답안파일명은 자동으로 부여되므로 별도 답안파일을 작성할 필요가 없습니다. 또한, 답안 저장 및 제출 시간은 별도로 주어지지 아니하므로 제한 시간 내에 답안 저장 및 제출을 완료해야 합니다.

반드시 아래 지시사항에 따라 기초기업자료를 선택 및 확인하고, 해당 기업자료가 나타나지 않는 경우는 감독관에게 문의하시기 바랍니다.

합격마법사 | 전산회계운용사 실기 모의고사

문제 01 재무회계

▶ 지시사항

'대명화장품(주)'의 거래 자료이며 회계년도는 2023. 1. 1 ~ 2023. 12. 31이다. CAMP sERP 프로그램을 '교육용로그인' 할 때 불러오기를 클릭하고 [멘토르스쿨_2급(2023)] → [제3장 모의고사] → [2급_재무회계] → [제4회 모의고사]_대명화장품(주).zip를 불러온 후 진행합니다. [사용자번호 : (12345678), 성명 : (김갑수)]

---

01 다음 제시되는 기준정보를 입력하시오. 4점

1 다음의 일반 거래처(매입거래처, 매출거래처)를 등록하시오. 각1점

거래처명	분류	거래처코드	대표자명	사업자등록번호	업태/종목
(주)은주생활건강	매입처	01004	김은주	104-81-34553	제조/화장품
(주)강남화장품	매출처	02004	강남규	211-81-20115	소매/화장품

2 다음의 신규 상품(품목)을 등록하시오. 2점

품목코드	품목/규격	(상세)규격	품목구분	기준단위
104	기초화장품D	GG-1	상품	EA

02 다음 거래를 입력하시오. 단, 채권, 채무 및 금융 거래는 거래처를 입력한다. 16점/각4점

1 12월 5일   상품을 매입하고 대금 중 ₩300,000,000은 보통예금(산업은행)계좌에서 이체하고, 잔액은 외상으로 하다.

전자세금계산서   (공급받는자 보관용)   승인번호 20231205-XXXX0130

	공급자				공급받는자		
등록번호	214-81-12555			등록번호	109-81-10027		
상호	(주)도연생활건강	성명(대표자)	김도연	상호	대명화장품(주)	성명(대표자)	강이슬
사업장주소	서울특별시 금천구 독산로 18			사업장주소	서울특별시 마포구 동교로 22		
업태	제조	종사업장번호		업태	도매 및 상품중개업	종사업장번호	
종목	화장품			종목	화장품		
E-Mail	doyeon47@kcci.com			E-Mail	daemyeong99@exam.com		

작성일자	2023.12.05.	공급가액	350,000,000	세 액	35,000,000
비고					

월	일	품목명	규격	수량	단가	공급가액	세액	비고
12	5	기초화장품A	GG-1	1,500	50,000	75,000,000	7,500,000	
12	5	기초화장품B	GG-1	1,000	75,000	75,000,000	7,500,000	
12	5	기초화장품C	GG-1	2,000	100,000	200,000,000	20,000,000	

합계금액	현금	수표	어음	외상미수금	이 금액을	○ 영수 / ● 청구	함
385,000,000	300,000,000			85,000,000			

2 12월 13일   상품을 매출하고 대금 중 ₩500,000,000은 (주)한국화장품 발행의 약속어음(어음번호 : 아자20231213, 만기일 : 2024년 2월 13일, 지급은행 : 국민은행)으로 받고 잔액은 당좌예금(우리은행)계좌로 입금 받다.

전자세금계산서				(공급자 보관용)		승인번호	20231213-XXXX0128	
공급자	등록번호	109-81-10027			공급받는자	등록번호	104-81-13510	
	상호	대명화장품(주)	성명(대표자)	강이슬		상호	(주)한국화장품	성명(대표자)	김한국
	사업장주소	서울특별시 마포구 동교로 22				사업장주소	서울특별시 강남구 강남대로 248	
	업태	도매 및 상품중개업	종사업장번호			업태	소매	종사업장번호
	종목	화장품				종목	백화점	
	E-Mail	daemyeong99@exam.com				E-Mail	korea33@kcci.com	
작성일자	2023.12.13.		공급가액	687,500,000		세액	68,750,000	
비고								
월	일	품목명	규격	수량	단가	공급가액	세액	비고
12	13	기초화장품A	GG-1	1,000	125,000	125,000,000	12,500,000	
12	13	기초화장품B	GG-1	1,000	187,500	187,500,000	18,750,000	
12	13	기초화장품C	GG-1	1,500	250,000	375,000,00	37,500,000	
합계금액	현금	수표	어음	외상미수금	이 금액을 ● 영수 ○ 청구 함			
756,250,000	256,250,000		500,000,000					

3 12월 19일   장욱에게 상품(기초화장품A, 10EA)을 판매하고 신용카드매출전표를 발행해 주다.

단말기번호	4523188309	전표번호	
카드종류	하나카드		
회원번호	9876-5432-1234-5678		
유효기간	거 래 일 시 2023.12.19	취소시당초거래일	
거래유형	승인	품명	기초화장품 A
결제방법	일시불	금 액 AMOUNT	1,250,000
매장명		부가세 VAT	125,000
판매자		봉사료 S/C	
대표자	강이슬	합 계 TOTAL	1,375,000
알림/NOTICE		승인번호	34452311
가맹점주소	서울특별시 마포구 동교로 22		
가맹점번호	8800214535		
사업자등록번호	109-81-10027		
가맹점명	대명화장품(주)		
문의전화/HELP DESK TEL:1544-4700 (회원용)		서명/SIGNATURE 장욱	

4 12월 13일 12월 26일 연말맞이 전체 직원 회식비를 법인신용카드로 결제하다.

단말기번호	4523188309		전표번호	
카드종류	삼성카드			
회원번호	4502-6600-4111-2952			
유효기간		거 래 일 시	취소시당초거래일	
		2023.12.26		
거래유형	승인	품명	한식	
결제방법	일시불	금 액 AMOUNT	1 500 000	
매장명		부가세 VAT	150 000	
판매자		봉사료 S/C		
대표자	한지혜	합 계 TOTAL	1 650 000	
알림/NOTICE		승인번호	34452311	
가맹점주소	서울특별시 마포구 마포대로 123			
가맹번호	1234569012			
사업자등록번호	109-11-01239			
가맹점명	고향식당			
문의전화/HELP DESK TEL:1544-4700 (회원용)		서명/SIGNATURE 대명화장품		

03 다음 거래를 일반전표입력 메뉴에 입력하시오. 20점/각4점
(단 채권·채무 및 금융 거래는 거래처 코드를 입력하고 각 문항별 한 개의 전표번호로 입력한다.)

1 12월 9일 창고용 건물 매입을 위한 중도금 ₩500,000,000을 당좌예금(우리은행)계좌에서 (주)도연생활건강에게 이체하다.

당좌예금 통장 거래 내역
우리은행

번호	날짜	내용	출금액	입금액	잔액	거래점
		계좌번호 5420-5531-448-01 ㈜대명화장품				
1	20231209	㈜도연생활건강	500,000,000		***	***
이 하 생 략						

2 12월 19일 임시주주총회에 따라 액면 금액 @₩5,000인 보통주 20,000주를 1주당 ₩6,000 발행하고 납입금은 현금으로 받다.

3 12월 26일 장기투자 목적으로 보유하고 있던 기타포괄손익-공정가치측정금융자산 전액을 ₩1,500,000,000에 처분하고, 대금은 보통예금(산업은행) 계좌로 입금받다. 단, 기타포괄-공정가치측정금융자산평가손실 ₩300,000,000이 있다.

4 12월 27일   본사건물과 관련하여 다음에 해당하는 비용을 신용카드(삼성카드)로 결제하다.
방충망 교체비 ₩2,000,000   건물외벽 도색비 ₩5,300,000

5 12월 30일   (주)스타백화점에 대한 장기대여금(원금 ₩500,000,000)을 이자(연이자 3%, 월할계산)와 함께 보통예금(산업은행) 계좌로 중도상환 받다. 단, 이자지급 약정일은 매년 2월말이다.

04 다음 기말(12월 31일) 결산 정리 사항을 회계 처리하고 마감하시오.   28점/각4점

1 제1기 부가가치세 신고에 대한 회계처리방법에 따라 제2기 확정 신고 기간의 부가가치세를 정리하다.

2 보험료 미경과분을 계상하다. 단, 월할 계산 한다.

3 하나은행 장기차입금의 상환기일은 2024년 6월 30일이다.

4 법인세비용(지방소득세 포함)은 ₩5,000,000,000이다.

5 매출채권 잔액에 대해 1%의 대손충당금(보충법)을 설정하다.

6 모든 유형자산에 대한 감가상각비를 계상하다.

7 기말상품재고액을 입력하고 결산 처리하다. 단, 재고평가는 선입선출법으로 한다.

05 다음 사항을 조회하여 번호 순서대로 단답형 답안에 등록하시오. 12점/각2점

> ※ CAMP sERP는 [단답형답안작성]메뉴에서 답안을 등록 후 [저장]버튼을 클릭합니다.
>   New sPLUS는 [답안수록]메뉴에서 답안을 등록 후 [답안저장]버튼을 클릭합니다.
> ※ 문자 외의 숫자는 ₩, 원, 월, 단위구분자(,) 등을 생략하고 숫자만 입력하되 소수점이 포함되어 있는 숫자의 경우에는 소수점을 입력합니다.
>   (예시) 54200(○), 54.251(○), ₩54,200(×), 54,200원(×), 5월(×), 500개(×), 50건(×)

1 3월부터 6월까지 발생한 외상매출금 총액은 얼마인가?

2 제1기 부가가치세 예정신고시 납부(환급)세액은 얼마인가?

3 6월 30일 현재 (주)기린코스메틱에 대한 지급어음 잔액은 얼마인가?

4 9월 30일 현재 기초화장품C의 재고 수량은 얼마인가?

5 12월 31일 현재 한국채택국제회계기준(K-IFRS)에 의한 재무상태표에 표시되는 유동부채는 얼마인가?

6 1월 1일부터 12월 31일까지 한국채택국제회계기준(K-IFRS)에 의한 포괄손익계산서(기능별)에 표시되는 영업이익은 얼마인가?

▶ [원가회계] 시작하기
  실제시험에서는 오른쪽 상단의 [사업장변경]버튼 클릭 → [사업장변경]메뉴에서 해당 사업장 선택 → [사업장변경]버튼 클릭 해야 한다. '교육용'으로 실습할 때는 오른쪽 상단의 [종료 또는 로그아웃]버튼 클릭 → 답안파일 자동 저장하고 원가회계는 새로운 기초자료를 불러온 후 진행합니다.

문제 02 원가회계

▶ **지시사항**

'(주)천안기계'의 거래 자료이며 회계년도는 2023. 1. 1 ~ 2023. 12. 31이다. CAMP sERP 프로그램을 '교육용로그인'할 때 불러오기를 클릭하고 [멘토르스쿨_2급(2023)] → [제3장 모의고사] → [2급_원가회계] → [제4회 모의고사]_(주)천안기계.zip를 불러온 후 진행합니다. [사용자번호 : (12345678), 성명 : (김갑수)]

---

01 다음의 11월 원가계산 과정을 순서대로 처리하시오. 단, 임금 및 제조경비는 주어진 기초자료에 이미 처리되어 있다.   20점/각4점

1 11월 1일 다음의 작업지시서를 발행하고, 같은 날 주요자재를 출고하였다.

① 작업지시서 내용

지시일자	제품명	작업장	작업지시량	작업기간
11월 1일	갑제품	제1작업장	800개(EA)	11월 1일 ~ 11월 30일
11월 1일	을제품	제2작업장	800개(EA)	11월 1일 ~ 12월 9일

② 자재사용(출고)등록

갑제품 작업지시서 : 부속A 800단위(제1작업장), 부속B 300단위(제1작업장)

을제품 작업지시서 : 부속C 600단위(제2작업장)

※ CAMP sERP는 생산자료등록에서 같이 처리한다.

2 11월 30일 작업지시서(11월 1일 발행)에 대해 다음과 같이 생산 자료를 등록하다.

품목	완성량	재공품 월말 수량	재공품 작업진행률(완성도)	작업(투입)시간	작업장
갑제품	800개(EA)	–	–	200	제1작업장
을제품	600개(EA)	200개	50%	200	제2작업장

※ New sPLUS는 완성도(작업진행률등록)를 (3)원가기준정보에서 처리한다.

3 11월의 원가기준정보를 다음과 같이 등록하다.

① 노무비배부기준등록(총근무시간)

관련부문	가공부문	생산부문
총근무시간	200	200

② 보조부문비배부기준등록

관련부문	가공부문	생산부문
동력부문	50	50
수선부문	60	40

③ 작업진행률등록 [을제품 : 50%] ※ New sPLUS만 적용한다.

4 11월의 실제원가계산을 작업하시오.

  ① 기초재공품계산

  ② 직접재료비계산

  ③ 직접노무비계산

  ④ 제조간접비계산

  ⑤ 보조부문비배부

  ⑥ 제조부문비배부(투입시간기준)

  ⑦ 개별원가계산

  ⑧ 종합원가계산(평균법)

  ⑨ 원가반영작업

5 11월의 원가계산을 마감한 후 제조원가명세서를 조회하시오. 단, 원미만은 버림으로 처리한다.

▶ 답안저장하기 : 오른쪽 상단의 [종료 또는 로그아웃]버튼 클릭 → 답안파일 제출

국가기술자격검정 모의고사

제5회 전산회계운용사 실기모의고사

※ 무단전재금함	프로그램	제한시간	수험번호	성 명
	CAMP sERP	80분		

2급　B형

답안 작성시 유의사항

- ▶ 인적사항 누락 및 작성 오류로 인한 불이익은 수험자 책임으로 합니다.
- ▶ 시험은 반드시 주어진 문제의 순서대로 진행하여야 합니다.
- ▶ 반드시 지시사항에 따라 기초기업자료를 확인하고, 해당 기초기업자료가 나타나지 않는 경우는 감독관에게 문의하시기 바랍니다.
- ▶ 기초기업자료를 선택하여 해당 문제를 풀이한 후 프로그램 종료 전 반드시 답안을 저장해야 합니다.
- ▶ 각종 코드는 문제에서 제시된 코드로 입력하여야 하며, 수험자가 임의로 부여한 코드는 오답으로 처리합니다. 단, 문제에 코드가 없는 경우에는 그러하지 아니합니다.
- ▶ 계정과목을 입력할 때는 반드시 [검색] 기능이나 [조회] 기능을 이용하여 계정과목을 등록하되 다음의 자산은 변경 후 계정과목(평가손익, 처분손익)을 적용합니다.

변경 전	변경 후
계정과목	계정과목
단기매매금융자산	당기손익-공정가치측정금융자산
매도가능금융자산	기타포괄손익-공정가치측정금융자산
만기보유금융자산	상각후원가측정금융자산

- ▶ 답안파일명은 자동으로 부여되므로 별도 답안파일을 작성할 필요가 없습니다. 또한, 답안 저장 및 제출 시간은 별도로 주어지지 아니하므로 제한 시간 내에 답안 저장 및 제출을 완료해야 합니다.

반드시 아래 지시사항에 따라 기초기업자료를 선택 및 확인하고, 해당 기업자료가 나타나지 않는 경우는 감독관에게 문의하시기 바랍니다.

합격마법사 | 전산회계운용사 실기 모의고사

문제 01 재무회계

▶ **지시사항**

'반짝거울(주)'의 거래 자료이며 회계년도는 2023. 1. 1 ~ 2023. 12. 31이다. CAMP sERP 프로그램을 '교육용로그인'할 때 불러오기를 클릭하고 [멘토스쿨_2급(2023)] → [제3장 모의고사] → [2급_재무회계] → [제5회 모의고사]_반짝거울(주).zip를 불러온 후 진행합니다. [사용자번호 : (12345678), 성명 : (김갑수)]

---

01 **다음 제시되는 기준정보를 입력하시오.** 4점

1 다음의 일반 거래처(매출거래처, 매입거래처)를 등록하시오. 각 1점

거래처명	분류	거래처코드	대표자명	사업자등록번호	업태/종목
(주)진근거울	매출처	02000	김진근	109-81-12345	제조/유리및거울
(주)스타거울	매입처	03008	오샛별	110-86-62909	도소매/거울

2 다음의 신규 상품(품목)을 등록하시오. 2점

품목코드	품목/규격	(상세)규격	품목구분	기준단위
404	LED조명거울	LJM	상품	EA

02 **다음 거래를 매입매출전표입력 메뉴에 입력하시오.** 16점/각4점
(단 채권·채무 및 금융 거래는 거래처 코드를 입력하고 각 문항별 한 개의 전표번호로 입력한다.)

1 12월 13일 다음 상품을 매입하고 전자세금계산서를 발급받다. 대금 중 ₩5,000,000은 약속어음(어음번호: 가라20233067, 만기일: 2024년 3월 13일, 지급은행: 신한은행)을 발행하여 지급하고, 잔액은 외상으로 하다.

전자세금계산서 (공급받는자 보관용) 승인번호 20231213-XXXX0128

	공급자				공급받는자		
등록번호	106-81-33278			등록번호	110-81-12345		
상호	(주)동서유리	성명(대표자)	오종태	상호	반짝거울(주)	성명(대표자)	백설희
사업장주소	서울특별시 서초구 강남대로 200			사업장주소	서울특별시 강서구 공항대로 519		
업태	제조	종사업장번호		업태	도매 및 상품중개업	종사업장번호	
종목	유리/거울			종목	거울/미용기구		
E-Mail	ehdtj22@kcci.com			E-Mail	beksul98@hanmail.net		

작성일자	2023.12.13.	공급가액	10,000,000	세 액	1,000,000
비고					

월	일	품목명	규격	수량	단가	공급가액	세액	비고
12	13	손거울	SM	500	10,000	5,000,000	500,000	
12	13	전신거울	BM	100	50,000	5,000,000	500,000	

합계금액	현금	수표	어음	외상미수금	이 금액을	○ 영수 함
11,000,000			5,000,000	6,000,000		● 청구

2 12월 21일   상품을 매출하고 전자세금계산서를 발급하다. 대금 중 ₩10,000,000은 (주)고려거울 발행 당좌수표(국민은행)로 받고, 잔액은 외상으로 하다.

전자세금계산서				(공급자 보관용)		승인번호	20231221-XXXX0128
공급자	등록번호	110-81-12345		공급받는자	등록번호	110-81-77557	
	상호	반짝거울(주)	성명(대표자) 백설희		상호	(주)고려거울	성명(대표자) 최진수
	사업장주소	서울특별시 강서구 공항대로 519			사업장주소	서울특별시 은평구 은평로 108	
	업태	도매 및 상품중개업	종사업장번호		업태	도소매	종사업장번호
	종목	거울/미용기구			종목	거울	
	E-Mail	beksul98@hanmail.net			E-Mail	gomirror82@naver.com	

작성일자	2023.12.21.	공급가액	24,600,000	세 액	2,460,000
비고					

월	일	품목명	규격	수량	단가	공급가액	세액	비고
12	21	전신거울	BM	200	90,000	18,000,000	1,800,000	
12	21	벽걸이거울	TRM	110	60,000	6,600,000	660,000	

합계금액	현금	수표	어음	외상미수금	이 금액을 ○ 영수 ● 청구 함
27,060,000	10,000,000			17,060,000	

3 12월 23일   상품을 홍보하기 위해 (주)최강뷰티에서 휴대용 화장지 1,000개(@₩550)를 비씨카드로 구입하고, 당사 이름과 로고 스티커를 부착하여 불특정 다수의 사람들에게 배포하다.

단말기번호	4523188309	전표번호	
카드종류	비씨카드		
회원번호	4345-6540-1278-2456		
유효기간	거 래 일 시 2023.12.23	취소시당초거래일	
거래유형	승인	품명	휴대용화장지
결제방법	일시불	금 액 AMOUNT	500000
매장명		부가세 VAT	50000
판매자		봉사료 S/C	
대표자	강현일	합 계 TOTAL	550000
알림/NOTICE		승인번호	34452311
가맹점주소	서울특별시 강서구 화곡로 25		
가맹점번호	55914952		
사업자등록번호	111-81-78525		
가맹점명	(주)최강뷰티		
문의전화/HELP DESK TEL:1544-4700 (회원용)		서명/SIGNATURE 반짝거울	

4 12월 28일 (주)한국마트에서 갈비세트를 외상으로 구입하고 수취한 전자계산서이다. 갈비세트 중 2개는 직원 생일선물로 지급하고, 3개는 매출거래처에 선물로 전달하였다.

전자계산서			(공급받는자 보관용)		승인번호	20231228-XXXX0115	
공급자	등록번호	217-81-24249			등록번호	110-81-12345	
	상호	(주)한국마트	성명(대표자)	국도양	상호	반짝거울(주)	성명(대표자) 백설희
	사업장주소	경기도 광명시 광명로 105			사업장주소	서울특별시 강서구 공항대로 519	
	업태	도소매	종사업장번호		업태	도매 및 상품중개업	종사업장번호
	종목	잡화			종목	거울/미용기구	
	E-Mail	korea815@hanmail.net			E-Mail	beksul98@hanmail.net	
작성일자	2023.12.28.		공급가액		1,000,000		

월	일	품목명	규격	수량	단가	공급가액	비고
12	28	갈비세트		5	200,000	1,000,000	

합계금액	현금	수표	어음	외상미수금	이 금액을	○ 영수 ● 청구	함
1,000,000				1,000,000			

03 다음 거래를 일반전표입력 메뉴에 입력하시오. 20점/각4점
(단 채권·채무 및 금융 거래는 거래처 코드를 입력하고 각 문항별 한 개의 전표번호로 입력한다.)

1 12월 3일 당사는 장기 투자를 목적으로 (주)설악전자 주식 700주를 보유중이다. (주)설악전자에서 주당 ₩500의 중간배당을 통보받고, 당일자에 배당금지급통지서를 수령하다.

2 12월 6일 가지급금 전액은 대표자 해외 출장을 위한 선지급액이다. 출장에서 사용한 대표이사 영수증 내역은 다음과 같으며, 차액은 현금으로 정산하다.

여 비 정 산 서					
소 속		직위	대표	성명	백설희
출장일정	일 시	2023년 11월 16일 ~ 2023년 12월 4일			
	출장지	프랑스 파리			
지급받은 금액	₩4,000,000	사용금액	₩3,700,000	반납금액	₩300,000
사용내역					
항공권	₩2,200,000	출장식대	₩1,500,000	대표이사 자녀선물	₩500,000
이하 생략					

3 12월 17일 12월 17일 (주)정밀거울의 외상매입금 ₩7,700,000에 대해 (주)고려거울의 받을어음(어음번호: 자차20232233, 만기일: 2024년 2월 20일, 지급은행: 신한은행)을 배서하여 지급하다.

4 12월 26일   (주)한산건설에서 시공 중인 당사 신축창고 건설이 완료됨에 따라 공사대금 중 9월 20일 계약금을 제외한 잔금 ₩7,000,000을 기업은행 보통예금계좌에서 이체하다. 단, 고정자산을 등록하시오.

자산코드	자산명	수량	내용연수	상각방법
102	창고	1동	20년	정액법

5 12월 19일   단기투자를 목적으로 유가증권시장에 상장된 ㈜황해의 주식 1,000주(액면금액 @₩1,000)를 1주당 ₩4,000에 취득하다. 거래수수료 ₩120,000을 포함한 대금은 기업은행 보통예금계좌에서 이체하다.
(답안 작성 시 유의사항의 변경 후 계정과목을 적용할 것)

04 다음 기말(12월 31일) 결산 정리 사항을 회계 처리하고 마감하시오.   28점/각4점

1 임차료 선급분을 계상하다. 단, 월할계산에 의한다.

2 토지를 ₩45,000,000으로 재평가하다.

3 기말 현금실사 결과 실제 현금이 장부상 현금보다 ₩50,000 부족함을 발견하다. 원인 분석결과 ₩80,000은 영업직원의 당일 시내교통비 지급액을 미계상한 것이며, 나머지 차이는 원인불명이다. 단, 하나의 전표로 처리한다.

4 장기대여금 ₩10,000,000에 대한 6개월분 이자 미수분을 계상하다. 대여 이자율은 연 6%이며, 월할계산에 의한다.

5 매출채권 잔액에 대해 1%의 대손충당금(보충법)을 설정하다.

6 모든 비유동자산에 대한 감가상각비를 계상하다.

7 기말상품재고액을 입력하고 결산 처리하다. 단, 재고평가는 선입선출법으로 한다.

05 다음 사항을 조회하여 번호 순서대로 단답형 답안에 등록하시오. 12점/각2점

> ※ CAMP sERP는 [단답형답안작성]메뉴에서 답안을 등록 후 [저장]버튼을 클릭합니다.
> New sPLUS는 [답안수록]메뉴에서 답안을 등록 후 [답안저장]버튼을 클릭합니다.
> ※ 문자 외의 숫자는 ₩, 원, 월, 단위구분자(,) 등을 생략하고 숫자만 입력하되 소수점이 포함되어 있는 숫자의 경우에는 소수점을 입력합니다.
> (예시) 54200(○), 54.251(○), ₩54,200(×), 54,200원(×), 5월(×), 500개(×), 50건(×)

1 1월 1일부터 4월 30일까지 전신거울을 가장 많이 구매한 달의 구매수량은 몇 개인가?

2 1월부터 7월까지의 외상매입금 지급금액이 가장 큰 거래처의 7월말 현재 외상매입금 잔액은 얼마인가?

3 6월 1일부터 9월 30일까지 보통예금의 입금총액은 얼마인가?

4 5월 31일 현재 재고수량이 가장 많은 상품의 재고는 몇 개인가?

5 12월 31일 현재 한국채택국제회계기준(K-IFRS)에 의한 재무상태표에 표시되는 유동자산의 금액은 얼마인가?

6 1월 1일부터 12월 31일까지 한국채택국제회계기준(K-IFRS)에 의한 포괄손익계산서(기능별)에 표시되는 금융원가의 금액은 얼마인가?

▶ [원가회계] 시작하기
실제시험에서는 오른쪽 상단의 [사업장변경]버튼 클릭 → [사업장변경]메뉴에서 해당 사업장 선택 → [사업장변경]버튼 클릭 해야 한다. '교육용'으로 실습할 때는 오른쪽 상단의 [종료 또는 로그아웃]버튼 클릭 → 답안파일 자동 저장하고 원가회계는 새로운 기초자료를 불러온 후 진행합니다.

문제 02 원가회계

▶ **지시사항**

'(주)태양정밀'의 거래 자료이며 회계년도는 2023. 1. 1 ~ 2023. 12. 31이다. CAMP sERP 프로그램을 '교육용로그인'할 때 불러오기를 클릭하고 [멘토르스쿨_2급(2023)] → [제3장 모의고사] → [2급_원가회계] → [제5회 모의고사]_(주)천광공업.zip를 불러온 후 진행합니다. [사용자번호 : (12345678), 성명 : (김갑수)]

01 **다음의 11월 원가계산 과정을 순서대로 처리하시오. 단, 임금 및 제조경비는 주어진 기초자료에 이미 처리되어 있다.**
20점/각4점

1 11월 20일 다음의 작업지시서를 발행하고, 같은 날 주요자재를 출고하다.
① 작업지시서 내용

지시일자	제품명	작업장	작업지시량(EA)	작업기간
11월 20일	갑제품	제1작업장	500	11월 20일 ~ 11월 30일
11월 20일	을제품	제2작업장	1,000	11월 20일 ~ 12월 15일

② 자재사용(출고)등록
갑제품 작업지시서 : 자재X 1,000단위 (제1작업장)
을제품 작업지시서 : 자재Y 2,000단위 (제2작업장)
※ 자재사용출고등록을 CAMP sERP는 생산자료등록에서, New sPLUS는 자재출고입력에서 처리

2 11월 30일 작업지시서(11월 2일 발행)에 대해 다음과 같이 생산자료를 등록하다.

품목	완성량 (EA)	재공품 월말 수량 (EA)	재공품 작업진행률 (완성도, %)	작업(투입)시간	작업장
갑제품	500	–	–	200	제1작업장
을제품	400	600	40%	200	제2작업장

3 11월의 원가기준정보를 다음과 같이 등록하다.
① 노무비배부기준등록(총근무시간)

관련부문	생산1부	생산2부
총근무시간	240	200

② 보조부문비배부기준등록

관련부문	생산1부	생산2부
동력부문	60	40
수선부문	50	50

③ 작업진행률등록 [을제품 : 40%] ※ New sPLUS에서만 적용함

4 11월의 실제원가계산을 작업하시오.

① 기초재공품등록

② 직접재료비계산

③ 직접노무비계산

④ 제조간접비계산

⑤ 보조부문비배부

⑥ 제조부문비배부(작업시간기준)

⑦ 개별원가계산

⑧ 종합원가계산(평균법)

5 11월의 원가계산 마감한 후 제조원가명세서를 조회하시오. 단, 원미만은 반올림 처리한다.

▶ 답안저장하기 : 오른쪽 상단의 [종료 또는 로그아웃]버튼 클릭 → 답안파일 제출

국가기술자격검정 모의고사

제6회 전산회계운용사 실기모의고사

※ 무단전재금함	프로그램	제한시간	수험번호	성 명
	CAMP sERP	80분		

| 2급 | B형 |

답안 작성시 유의사항

➤ 인적사항 누락 및 작성 오류로 인한 불이익은 수험자 책임으로 합니다.

➤ 시험은 반드시 주어진 문제의 순서대로 진행하여야 합니다.

➤ 반드시 지시사항에 따라 기초기업자료를 확인하고, 해당 기초기업자료가 나타나지 않는 경우는 감독관에게 문의하시기 바랍니다.

➤ 기초기업자료를 선택하여 해당 문제를 풀이한 후 프로그램 종료 전 반드시 답안을 저장해야 합니다.

➤ 각종 코드는 문제에서 제시된 코드로 입력하여야 하며, 수험자가 임의로 부여한 코드는 오답으로 처리합니다. 단, 문제에 코드가 없는 경우에는 그러하지 아니합니다.

➤ 계정과목을 입력할 때는 반드시 [검색] 기능이나 [조회] 기능을 이용하여 계정과목을 등록하되 다음의 자산은 변경 후 계정과목(평가손익, 처분손익)을 적용합니다.

변경 전	변경 후
계정과목	계정과목
단기매매금융자산	당기손익-공정가치측정금융자산
매도가능금융자산	기타포괄손익-공정가치측정금융자산
만기보유금융자산	상각후원가측정금융자산

➤ 답안파일명은 자동으로 부여되므로 별도 답안파일을 작성할 필요가 없습니다. 또한, 답안 저장 및 제출 시간은 별도로 주어지지 아니하므로 제한 시간 내에 답안 저장 및 제출을 완료해야 합니다.

문제 01 재무회계

▶ 지시사항

'사랑가구(주)'의 거래 자료이며 회계년도는 2023. 1. 1 ~ 2023. 12. 31이다. CAMP sERP 프로그램을 '교육용로그인'할 때 불러오기를 클릭하고 [멘토르스쿨_2급(2023)] → [제3장 모의고사] → [2급_재무회계] → [제6회 모의고사]_사랑가구(주).zip를 불러온 후 진행합니다. [사용자번호 : (12345678), 성명 : (김갑수)]

---

01 다음 제시되는 기준정보를 입력하시오. 4점

1 다음의 일반 거래처(매입거래처, 매출거래처)를 등록하시오. 각1점

거래처명	분류	거래처코드	대표자명	사업자등록번호	업태/종목
세종가구(주)	매입처	2005	고종문	307-81-34550	제조,도매/사무용가구
울산가구(주)	매출처	3007	장명순	610-81-13878	소매/금속가구

2 다음의 신규 상품(품목)을 등록하시오. 2점

품목코드	품목/규격	(상세)규격	품목구분	기준단위
404	사무용의자	STS	상품	EA

02 다음 거래를 매입매출전표입력 메뉴에 입력하시오. 16점/각4점
(단 채권·채무 및 금융 거래는 거래처 코드를 입력하고 각 문항별 한 개의 전표번호로 입력한다.)

1 12월 2일 상품을 매입하고 전자세금계산서를 발급받다. 대금 중 ₩40,000,000은 보관중인 (주)고운가구 발행의 약속어음(어음번호: 다카10292222, 발행일: 2023년 11월 15일, 만기일: 2024년 3월 15일, 지급은행: 신한은행)을 배서양도하고, 잔액은 기업은행 보통예금 계좌에서 현금으로 인출하여 지급하다.

전자세금계산서 (공급받는자 보관용) 승인번호 20231202-XXXX0115

공급자
- 등록번호: 110-81-55742
- 상호: 행운가구(주), 성명(대표자): 이행운
- 사업장주소: 서울특별시 서대문구 가좌로 111
- 업태: 제조
- 종목: 가구
- E-Mail: avc123@kcci.com

공급받는자
- 등록번호: 110-81-12345
- 상호: 사랑가구(주), 성명(대표자): 김경영
- 사업장주소: 서울특별시 구로구 가마산로 134
- 업태: 도매 및 상품중개업
- 종목: 캐비넷/일반가구
- E-Mail: abc123@exam.com

작성일자: 2023.12.02. 공급가액: 46,000,000 세액: 4,600,000

월	일	품목명	규격	수량	단가	공급가액	세액	비고
12	2	중역용의자	CJR	250	120,000	30,000,000	3,000,000	
12	2	철재캐비넷	IRI	200	80,000	16,000,000	1,600,000	

합계금액	현금	수표	어음	외상미수금	이 금액을 ● 영수 / ○ 청구 함
50,600,000	10,600,000		40,000,000		

2 12월 13일   상품을 매출하고 전자세금계산서를 발급하다. 대금 중 ₩50,000,000은 현금으로 받아 신한은행 당좌예금 계좌에 입금하다.

전자세금계산서				(공급자 보관용)		승인번호	20231213-XXXX0137

<table>
<tr><th rowspan="6">공급자</th><th>등록번호</th><th colspan="3">110-81-12345</th><th rowspan="6">공급받는자</th><th>등록번호</th><th colspan="3">128-81-53954</th></tr>
<tr><td>상호</td><td>사랑가구(주)</td><td>성명(대표자)</td><td>김경영</td><td>상호</td><td>(주)그림가구</td><td>성명(대표자)</td><td>강그림</td></tr>
<tr><td>사업장 주소</td><td colspan="3">서울특별시 구로구 가마산로 134</td><td>사업장 주소</td><td colspan="3">경기도 고양시 일산동구 중앙로 100</td></tr>
<tr><td>업태</td><td colspan="2">도매 및 상품중개업</td><td>종사업장번호</td><td>업태</td><td colspan="2">도소매</td><td>종사업장번호</td></tr>
<tr><td>종목</td><td colspan="3">캐비넷/일반가구</td><td>종목</td><td colspan="3">가구</td></tr>
<tr><td>E-Mail</td><td colspan="3">abc123@exam.com</td><td>E-Mail</td><td colspan="3">aabbcc@kcci.com</td></tr>
</table>

작성일자	2023.12.13.	공급가액	115,500,000	세액	11,550,000
비고					

월	일	품목명	규격	수량	단가	공급가액	세액	비고
12	13	강화유리책상	SGT	150	450,000	67,500,000	6,750,000	
12	13	중역용의자	CJR	200	240,000	48,000,000	4,800,000	

합계금액	현금	수표	어음	외상미수금	이 금액을	○ 영수 ⦿ 청구	함
127,050,000	50,000,000			77,050,000			

3 12월 20일   (주)고운가구에게 상품(강화유리책상, 10EA)을 판매하고 신용카드매출전표를 발행해 주다.

단말기번호	4523188309		전표번호	
카드종류	하나카드			
회원번호	9876-5432-1234-4321			
유효기간	거 래 일 시		취소시당초거래일	
	2023.12.20			
거래유형	승인	품명	강화유리책상	
결제방법	일시불	금액 AMOUNT	4,500,000	
매장명		부가세 VAT	450,000	
판매자		봉사료 S/C		
대표자	김경영	합 계 TOTAL	4,950,000	
알림/NOTICE		승인번호	34452311	
가맹점주소	서울특별시 구로구 가마산로 134			
가맹점번호	5678999			
사업자등록번호	110-81-12345			
가맹점명	사랑가구(주)			
문의전화/HELP DESK TEL:1544-4700 (회원용)		서명/SIGNATURE 고운가구		

4 12월 24일   거래처 직원 결혼식에 화환을 보내고 대금은 현금으로 지급하다.

현금영수증

● 거래정보

거래일시	2022-12-24
승인번호	12341235
거래구분	승인거래
거래용도	지출증빙
발급수단번호	010-5787-8901

● 거래금액

품목	공급가액	부가세	봉사료	총거래금액
화환	70,000	0	0	70,000

● 가맹점 정보

상호	꽃사랑
사업자번호	123-81-23421
대표자명	강애신
주소	서울특별시 성북구 서소문로 2

03 다음 거래를 일반전표입력 메뉴에 입력하시오. 20점/각4점
(단 채권·채무 및 금융 거래는 거래처 코드를 입력하고 각 문항별 한 개의 전표번호로 입력한다.)

1 12월 1일   관련 법률의 절차를 거쳐 액면 금액 @₩10,000인 보통주 5,000주를 1주당 ₩8,000에 발행하고 납입금은 기업은행 보통예금 계좌로 입금되다.

2 12월 6일   단기매매차익 목적으로 한국거래소시장에 상장된 대박(주)의 주식 1,000주(액면 @₩10,000)를 @₩20,000에 구입하고 수수료 ₩10,000과 함께 기업은행 보통예금계좌에서 인출하여 지급하다.

3 12월 16일   대륙부동산(주)로부터 물류창고 부지를 구입하기로 하고 계약금을 기업은행 보통예금계좌에서 이체하다.

보통예금 통장 거래 내역   기업은행

번호	날짜	내용	출금액	입금액	잔액	거래점
	계좌번호 999-789-01-998877 사랑가구(주)					
1	20231216	대륙부동산(주)	30,000,000		***	***
이 하 생 략						

4 12월 26일   직원 직무능력 향상을 위한 외부 강사료 ₩3,000,000 중 소득세 등 ₩264,000을 차감한 금액을 현금으로 지급하다.

5 12월 30일   김포컴퓨터(주)에서 업무용 컴퓨터 1대를 ₩1,500,000에 구입하고, 대금은 법인 KB카드로 결제하다. 단, 유형자산을 등록하시오.

자산코드	자산(명)	내용연수	상각방법	취득수량
302	데스크탑	5년	정률법	1대

04 다음 기말(12월 31일) 결산 정리 사항을 회계 처리하고 마감하시오. 28점/각4점

1 기타포괄-공정가치측정금융자산(비유동)의 공정가치는 ₩40,000,000이다.

2 당기 소모품 미사용액은 ₩200,000이다.

3 10월 1일 지급한 화재보험료 미경과분을 월할 계산하여 정리하다.

4 당해 연도 법인세등 총액 ₩8,500,000을 계상하다. 단, 이연법인세는 고려하지 않는다.

5 매출채권 잔액에 대해 1%의 대손충당금(보충법)을 설정하다.

6 모든 비유동자산에 대한 감가상각비를 계상하다.

7 기말상품재고액을 입력하고 결산 처리하다. 단, 재고평가는 선입선출법으로 한다.

05 다음 사항을 조회하여 번호 순서대로 단답형 답안에 등록하시오. 12점/각2점

※ CAMP sERP는 [단답형답안작성]메뉴에서 답안을 등록 후 [저장]버튼을 클릭합니다.
New sPLUS는 [답안수록]메뉴에서 답안을 등록 후 [답안저장]버튼을 클릭합니다.
※ 문자 외의 숫자는 ₩, 원, 월, 단위구분자(,) 등을 생략하고 숫자만 입력하되 소수점이 포함되어 있는 숫자의 경우에는 소수점을 입력합니다.
(예시) 54200(○), 54.251(○), ₩54,200(×), 54,200원(×), 5월(×), 500개(×), 50건(×)

1 1월 1일부터 6월 30일까지 발생한 외상매출금 총액은 얼마인가?

2 1월 1일부터 6월 30일까지 입고한 중역용의자의 수량은 몇 개인가?

3 5월 1일부터 9월 31일까지 현금으로 지출한 판매관리비가 가장 많은 월은 몇 월 인가?

4 제2기 부가가치세 확정신고시 납부(환급) 세액은 얼마인가?

5 1월 1일부터 12월 31일까지 한국채택국제회계기준(K-IFRS)에 의한 포괄손익계산서(기능별)에 표시되는 매출총이익은 얼마인가?

6 12월 31일 현재 한국채택국제회계기준(K-IFRS)에 의한 재무상태표에 표시되는 유동부채는 얼마인가?

▶ [원가회계] 시작하기
실제시험에서는 오른쪽 상단의 [사업장변경]버튼 클릭 → [사업장변경]메뉴에서 해당 사업장 선택 → [사업장변경]버튼 클릭 해야 한다. '교육용'으로 실습할 때는 오른쪽 상단의 [종료 또는 로그아웃]버튼 클릭 → 답안파일 자동 저장하고 원가회계는 새로운 기초자료를 불러온 후 진행합니다.

문제 02 원가회계

▶ 지시사항

'(주)여주의류'의 거래 자료이며 회계년도는 2023. 1. 1 ~ 2023. 12. 31이다. CAMP sERP 프로그램을 '교육용로그인'할 때 불러오기를 클릭하고 [멘토르스쿨_2급(2023)] → [제3장 모의고사] → [2급_원가회계] → [제6회 모의고사]_(주)여주의류.zip를 불러온 후 진행합니다. [사용자번호 : (12345678), 성명 : (김갑수)]

---

01 **다음의 11월 원가계산 과정을 순서대로 처리하시오. 단, 임금 및 제조경비는 주어진 기초자료에 이미 처리되어 있다.** 20점/각4점

1 11월 01일 다음의 작업지시서를 발행하고, 같은 날 주요자재를 출고하였다.

① 작업지시서 내용

지시일자	제품명	작업장	작업지시량	작업기간
11월 01일	정장원피스	제1작업장	400벌	11월 01일 ~ 11월 30일
11월 01일	웨딩드레스	제2작업장	120벌	11월 01일 ~ 12월 12일

② 자재사용(출고)등록

정장원피스 작업지시서 : 폴리에스터 400m (제1작업장)
웨딩드레스 작업지시서 : 미카도실크 600m (제2작업장)
※ CAMP sERP는 생산자료등록에서 같이 처리한다.

2 11월 30일 작업지시서(11월 01일 발행)에 대해 다음과 같이 생산 자료를 등록하다.

| 품목 | 완성량 | 재공품 | | 작업(투입)시간 | 작업장 |
		월말 수량	작업진행률(완성도)		
정장원피스	400벌	–	–	400	제1작업장
웨딩드레스	80벌	40벌	50%	350	제2작업장

※ New sPLUS는 완성도(작업진행률등록)를 (3)원가기준정보에서 처리한다.

3 11월의 원가기준정보를 다음과 같이 등록하다.

① 노무비배부기준등록(총근무시간)

관련부문	생산1부	생산2부
총근무시간	500	400

② 보조부문비배부기준등록

관련부문	생산1부	생산2부
패턴부	70	30
봉제부	20	80

③ 작업진행률등록 [웨딩드레스 : 50%] ※ New sPLUS만 적용한다.

4 11월의 실제원가계산을 작업하시오.

① 기초재공품계산

② 직접재료비계산

③ 직접노무비계산

④ 제조간접비계산

⑤ 보조부문비배부

⑥ 제조부문비배부(투입시간기준)

⑦ 개별원가계산

⑧ 종합원가계산(평균법)

⑨ 원가반영작업

5 11월의 원가계산 마감한 후 제조원가명세서를 조회하시오.

▶ 답안저장하기 : 오른쪽 상단의 [종료 또는 로그아웃]버튼 클릭 → 답안파일 제출

국가기술자격검정 모의고사

제7회 전산회계운용사 실기모의고사

※ 무단전재금함	프로그램	제한시간	수험번호	성 명
	CAMP sERP	80분		

2급 B형

답안 작성시 유의사항

➤ 인적사항 누락 및 작성 오류로 인한 불이익은 수험자 책임으로 합니다.

➤ 시험은 반드시 주어진 문제의 순서대로 진행하여야 합니다.

➤ 반드시 지시사항에 따라 기초기업자료를 확인하고, 해당 기초기업자료가 나타나지 않는 경우는 감독관에게 문의하시기 바랍니다.

➤ 기초기업자료를 선택하여 해당 문제를 풀이한 후 프로그램 종료 전 반드시 답안을 저장해야 합니다.

➤ 각종 코드는 문제에서 제시된 코드로 입력하여야 하며, 수험자가 임의로 부여한 코드는 오답으로 처리합니다. 단, 문제에 코드가 없는 경우에는 그러하지 아니합니다.

➤ 계정과목을 입력할 때는 반드시 [검색] 기능이나 [조회] 기능을 이용하여 계정과목을 등록하되 다음의 자산은 변경 후 계정과목(평가손익, 처분손익)을 적용합니다.

변경 전	변경 후
계정과목	계정과목
단기매매금융자산	당기손익-공정가치측정금융자산
매도가능금융자산	기타포괄손익-공정가치측정금융자산
만기보유금융자산	상각후원가측정금융자산

➤ 답안파일명은 자동으로 부여되므로 별도 답안파일을 작성할 필요가 없습니다. 또한, 답안 저장 및 제출 시간은 별도로 주어지지 아니하므로 제한 시간 내에 답안 저장 및 제출을 완료해야 합니다.

문제 01 재무회계

▶ **지시사항**

'스타가방(주)'의 거래 자료이며 회계년도는 2023. 1. 1 ~ 2023. 12. 31이다. CAMP sERP 프로그램을 '교육용로그인'할 때 불러오기를 클릭하고 [멘토르스쿨_2급(2023)] → [제3장 모의고사] → [2급_재무회계] → [제7회 모의고사]_스타가방(주).zip를 불러온 후 진행합니다. [사용자번호 : (12345678), 성명 : (김갑수)]

---

01 다음 제시되는 기준정보를 입력하시오. (4점)

1 다음의 일반 거래처(매입거래처, 매출거래처)를 등록하시오. (각1점)

거래처명	분류	거래처코드	대표자명	사업자등록번호	업태/종목
㈜도시가방	매입처	02006	서혜숙	109-81-12345	제조/가방및여행용품
㈜자연가방	매출처	03006	이자연	110-86-62909	도소매/가방및여행용품

2 다음의 신규 상품(품목)을 등록하시오. (2점)

품목코드	품목/규격	(상세)규격	품목종류	기준단위
404	컴퓨터가방	CTB	상품	EA

02 다음 거래를 매입매출전표입력 메뉴에 입력하시오. (16점/각4점)
(단 채권·채무 및 금융 거래는 거래처 코드를 입력하고 각 문항별 한 개의 전표번호로 입력한다.)

1 12월 3일 상품을 매입하고 대금 중 ₩40,000,000은 약속어음(어음번호: 다카20235555, 만기일: 2024년 3월 19일, 지급은행: 신한은행)을 발행하여 지급하고, 잔액은 현금으로 지급하다.

전자세금계산서 (공급받는자 보관용) 승인번호 20231203-XXXX0115

공급자				
등록번호	106-81-33278			
상호	(주)수원가방	성명(대표자)	오수기	
사업장주소	경기도 수원시 영통구 덕영대로 1513			
업태	제조	종사업장번호		
종목	가방/핸드백/지갑			
E-Mail	suwonbag99@kcci.com			

공급받는자				
등록번호	110-81-12345			
상호	스타가방(주)	성명(대표자)	고조은	
사업장주소	서울특별시 구로구 가마산로 245			
업태	도매 및 상품중개업	종사업장번호		
종목	가방및여행용품			
E-Mail	star65@exam.com			

작성일자	공급가액	세 액
2023.12.03.	61,000,000	6,100,000

비고

월	일	품목명	규격	수량	단가	공급가액	세액	비고
12	03	학생용가방	IRI	250	100,000	25,000,000	2,500,000	
12	03	트렁크	SGT	150	240,000	36,000,000	3,600,000	

합계금액	현금	수표	어음	외상미수금	이 금액을 ● 영수 함 ○ 청구
67,100,000	27,100,000		40,000,000		

2 12월 10일　상품을 매출하고 대금 중 ₩30,000,000은 ㈜동대문가방 발행 당좌수표(하나은행)로 받고, 잔액은 외상으로 하다.

전자세금계산서			(공급자 보관용)		승인번호	20231210-XXXX0137	
공급자	등록번호	110-81-12345		공급받는자	등록번호	204-81-13483	
	상호	스타가방(주)	성명(대표자) 고조은		상호	㈜동대문가방	성명(대표자) 동대문
	사업장주소	서울특별시 구로구 가마산로 245			사업장주소	서울특별시 동대문구 답십리로 200	
	업태	도매 및 상품중개업	종사업장번호		업태	도소매	종사업장번호
	종목	가방및여행용품			종목	가방및여행용품	
	E-Mail	star65@exam.com			E-Mail	ddmbag11@kcci.com	
작성일자	2023.12.10.		공급가액	50,400,000	세 액	5,040,000	
비고							

월	일	품목명	규격	수량	단가	공급가액	세액	비고
12	10	트렁크	SGT	50	480,000	24,000,000	2,400,000	
12	10	브리프케이스	CJR	110	240,000	26,400,000	2,640,000	

합계금액	현금	수표	어음	외상미수금	이 금액을	○ 영수 ⦿ 청구	함
55,440,000	30,000,000			25,440,000			

3 12월 15일　㈜고운여행용품에게 상품을 판매하고 현금영수증을 발행해 주다. 대금은 현금으로 받은 후 보통예금(기업은행)에 입금하다.

현금영수증

● 거래정보

거래일시	2022-12-15
승인번호	12341235
거래구분	승인거래
거래용도	소득공제
발급수단번호	010-5758-8901

● 거래금액

품목	수량	공급가액	부가세	봉사료	총거래금액
트렁크	10	4,800,000	480,000	0	5,280,000
합계					5,280,000

● 가맹점 정보

상호	스타가방(주)
사업자번호	110-81-12345
대표자명	고조은
주소	서울특별시 구로구 가마산로 245

4 12월 20일   장기투자목적으로 토지를 (주)희망건설로부터 구입하고 전자계산서를 발급받다. 매매대금은 보통예금(기업은행) 계좌에서 지급하다.

전자계산서				(공급받는자 보관용)		승인번호	20231220-XXXX0115	
공급자	등록번호	119-86-14291			공급받는자	등록번호	110-81-12345	
	상호	(주)희망건설	성명(대표자)	나희망		상호	스타가방(주)	성명(대표자)	고조은
	사업장주소	서울특별시 마포구 마포대로 85				사업장주소	서울특별시 구로구 가마산로 245	
	업태	부동산업	종사업장번호			업태	도매 및 상품중개업	종사업장번호
	종목	부동산매매				종목	가방및여행용품	
	E-Mail	hope33@exam.com				E-Mail	star65@exam.com	
작성일자	2023.12.20.	공급가액		70,000,000				
비고								

월	일	품목명	규격	수량	단가	공급가액	비고
12	20	토지				70,000,000	

합계금액	현금	수표	어음	외상미수금	이 금액을	● 영수 ○ 청구	함
70,000,000	70,000,000						

03 다음 거래를 일반전표입력 메뉴에 입력하시오. 20점/각4점
(단 채권·채무 및 금융 거래는 거래처 코드를 입력하고 각 문항별 한 개의 전표번호로 입력한다.)

1 12월 3일   주주총회 결의에 따라 자기주식 10,000주(액면금액 @₩5,000, 발행금액 @₩7,000)를 1주당 ₩6,000에 매입하여 소각하고, 대금은 기업은행 보통예금계좌에서 이체하다. 단, 장부상 감자차익이 존재한다.

2 12월 13일   ㈜소원사무기기에서 사무용 소모품 ₩1,500,000을 KB카드로 구입하여 거래처에 증정하다.

3 12월 14일   중원가죽의 부도로 동사에 대한 단기대여금 ₩7,500,000 중 ₩2,500,000은 대손처리하고, 나머지 금액은 2년 후 상환받기로 하다.

4 2월 17일   장기투자를 목적으로 ㈜서울가방의 주식 12,000주(액면금액 @₩10,000)를 1주당 ₩6,000에 취득하고, 거래수수료 ₩400,000을 포함한 대금은 기업은행 보통예금계좌에서 이체하다. 단, 투자의 공정가치 변동을 기타포괄손익으로 표시하기로 하다.

5 112월 28일 직원 윤리의식 교육을 위한 외부 강사료 ₩5,000,000 중 소득세 등 ₩330,000을 차감한 대금을 현금으로 지급하다.

04 다음 기말(12월 31일) 결산 정리 사항을 회계 처리하고 마감하시오. 28점/각4점

1. 화재보험료 선급분을 계상하다. 단, 월할계산에 의한다.

2. 단기 시세 차익을 목적으로 보유중인 주식(10,000주, 액면금액 @₩1,000)의 결산일 현재 공정가액은 ₩18,000,000이다. (답안 작성 시 유의사항의 변경 후 계정과목을 적용할 것)

3. 당기 소모품 사용액은 ₩45,500,000이다.

4. 거래처 국민은행의 장기차입금 중 ₩50,000,000은 2024년 5월 31일 만기예정이다.

5. 매출채권 잔액에 대해 1%의 대손충당금(보충법)을 설정하다.

6. 모든 비유동자산에 대한 감가상각비를 계상하다.

7. 기말상품재고액을 입력하고 결산 처리하다. 단, 재고평가는 선입선출법으로 한다.

04 다음 사항을 조회하여 번호 순서대로 단답형 답안에 등록하시오. 12점/각2점

> ※ CAMP sERP는 [단답형답안작성]메뉴에서 답안을 등록 후 [저장]버튼을 클릭합니다.
> New sPLUS는 [답안수록]메뉴에서 답안을 등록 후 [답안저장]버튼을 클릭합니다.
> ※ 문자 외의 숫자는 ₩, 원, 월, 단위구분자(,) 등을 생략하고 숫자만 입력하되 소수점이 포함되어 있는 숫자의 경우에는 소수점을 입력합니다.
> (예시) 54200(○), 54.251(○), ₩54,200(×), 54,200원(×), 5월(×), 500개(×), 50건(×)

1. 1월 1일부터 5월 31일까지 매입액이 가장 큰 거래처의 매입가액(부가가치세 제외)은 얼마인가?

2. 3월부터 6월까지 판매비와관리비 지출액이 가장 큰 달은 몇 월인가?

3. 3월 1일부터 7월 31일까지 외상매입금 지급총액은 얼마인가?

4. 4월 1일부터 8월 31일까지 보통예금 입금총액은 얼마인가?

5. 12월 31일 현재 한국채택국제회계기준(K-IFRS)에 의한 재무상태표에 표시되는 유동자산의 금액은 얼마인가?

6. 1월 1일부터 12월 31일까지 한국채택국제회계기준(K-IFRS)에 의한 포괄손익계산서(기능별)에 표시되는 기타비용의 금액은 얼마인가?

> ▶ [원가회계] 시작하기
> 실제시험에서는 오른쪽 상단의 [사업장변경]버튼 클릭 → [사업장변경]메뉴에서 해당 사업장 선택 → [사업장변경]버튼 클릭 해야 한다. '교육용'으로 실습할 때는 오른쪽 상단의 [종료 또는 로그아웃]버튼 클릭 → 답안파일 자동 저장하고 원가회계는 새로운 기초자료를 불러온 후 진행합니다.

문제 02 원가회계

▶ 지시사항

'(주)대한전자'의 거래 자료이며 회계년도는 2023. 1. 1 ~ 2023. 12. 31이다. CAMP sERP 프로그램을 '교육용로그인'할 때 불러오기를 클릭하고 [멘토르스쿨_2급(2023)] → [제3장 모의고사] → [2급_원가회계] → [제7회 모의고사]_(주)대한전자.zip를 불러온 후 진행합니다. [사용자번호 : (12345678), 성명 : (김갑수)]

---

01 다음의 7월 원가계산 과정을 순서대로 처리하시오. 단, 임금 및 제조경비는 주어진 기초자료에 이미 처리되어 있다.   20점/각4점

1 7월 17일   다음의 작업지시서를 발행하고, 같은 날 주요자재를 출고하다.

① 작업지시서 내용

지시일자	제품명	작업장	작업지시량	작업기간
7월 17일	갑제품	제1작업장	800	7월 17일 ~ 7월 31일
7월 17일	을제품	제2작업장	2,400	7월 17일 ~ 8월 07일

② 자재사용(출고)등록

갑제품 작업지시서	자재X 1,600단위 (제1작업장)
을제품 작업지시서	자재Y 4,800단위 (제2작업장)

※ CAMP sERP 는 자재사용출고등록을 (2)생산자료등록에서 같이 처리함.

2 7월 31일   작업지시서(7월 17일 발행)에 대해 다음과 같이 생산자료를 등록하다.

| 품목 | 완성량 | 재공품 | | 작업(투입) 시간 | 작업장 |
		월말 수량	작업진행률 (완성도)		
갑제품	800	–	–	400	제1작업장
을제품	1,200	1,200	50%	600	제2작업장

※ New sPLUS는 완성도(작업진행률등록)를 (3)의 원가기준정보에서 처리함.

3 7월의 원가기준정보를 다음과 같이 등록하다.

① 노무비배부기준등록(총근무시간)

관련부문	생산1부	생산2부
총근무시간	500	800

② 보조부문비배부기준등록

관련부문	생산1부	생산2부
동력부문	60	40
수선부문	80	20

③ 작업진행률등록   [을제품 : 50%]   ※ New sPLUS에서만 적용함

4 7월의 실제원가계산을 실시하다.

① 기초재공품등록

② 직접재료비계산

③ 직접노무비계산

④ 제조간접비계산

⑤ 보조부문비배부

⑥ 제조부문비배부(작업시간기준)

⑦ 개별원가계산

⑧ 종합원가계산(평균법)

5 7월의 원가계산 마감한 후 제조원가명세서를 조회하시오. 단, 원미만은 반올림 하시오.

▶ 답안저장하기 : 오른쪽 상단의 [종료 또는 로그아웃]버튼 클릭 → 답안파일 제출

국가기술자격검정 모의고사

제8회 전산회계운용사 실기모의고사

※ 무 단 전 재 금 함	프로그램	제한시간	수험번호	성 명
	CAMP sERP	80분		

2급	B형

답안 작성시 유의사항

- ▶ 인적사항 누락 및 작성 오류로 인한 불이익은 수험자 책임으로 합니다.
- ▶ 시험은 반드시 주어진 문제의 순서대로 진행하여야 합니다.
- ▶ 반드시 지시사항에 따라 기초기업자료를 확인하고, 해당 기초기업자료가 나타나지 않는 경우는 감독관에게 문의하시기 바랍니다.
- ▶ 기초기업자료를 선택하여 해당 문제를 풀이한 후 프로그램 종료 전 반드시 답안을 저장해야 합니다.
- ▶ 각종 코드는 문제에서 제시된 코드로 입력하여야 하며, 수험자가 임의로 부여한 코드는 오답으로 처리합니다. 단, 문제에 코드가 없는 경우에는 그러하지 아니합니다.
- ▶ 계정과목을 입력할 때는 반드시 [검색] 기능이나 [조회] 기능을 이용하여 계정과목을 등록하되 다음의 자산은 변경 후 계정과목(평가손익, 처분손익)을 적용합니다.

변경 전	변경 후
계정과목	계정과목
단기매매금융자산	당기손익–공정가치측정금융자산
매도가능금융자산	기타포괄손익–공정가치측정금융자산
만기보유금융자산	상각후원가측정금융자산

- ▶ 답안파일명은 자동으로 부여되므로 별도 답안파일을 작성할 필요가 없습니다. 또한, 답안 저장 및 제출 시간은 별도로 주어지지 아니하므로 제한 시간 내에 답안 저장 및 제출을 완료해야 합니다.

합격마법사 | 전산회계운용사 실기 모의고사
문제 01 재무회계

▶ **지시사항**
공주거울(주)'의 거래 자료이며 회계년도는 2023. 1. 1 ~ 2023. 12. 31이다. CAMP sERP 프로그램을 '교육용로그인'할 때 불러오기를 클릭하고 [멘토르스쿨_2급(2023)] → [제3장 모의고사]→[2급_재무회계]→[제8회 모의고사]_공주거울(주).zip를 불러온 후 진행합니다. [사용자번호 : (12345678), 성명 : (김갑수)]

---

01 **다음 제시되는 기준정보를 입력하시오.** 4점

1 다음의 일반 거래처(매입거래처, 매출거래처)를 등록하시오. 각1점

거래처명	분류	거래처코드	대표자명	사업자등록번호	업태/종목
(주)오목거울	매입처	02008	공문도	109-81-12345	제조/유리및거울
(주)수지거울	매출처	03008	이수지	110-86-62909	도소매/거울

2 다음의 신규 상품(품목)을 등록하시오. 2점

품목코드	품목/규격	(상세)규격	품목구분	기준단위
404	LED조명거울	DSM	상품	EA

02 **다음 거래를 매입매출전표입력 메뉴에 입력하시오.** 16점/각4점
(단 채권·채무 및 금융 거래는 거래처 코드를 입력하고 각 문항별 한 개의 전표번호로 입력한다.)

1 12월 13일 상품을 매입하고 대금 중 ₩10,000,000은 신한은행 당좌수표로 지급하고, 잔액은 현금으로 하다.

전자세금계산서 (공급받는자 보관용) 승인번호 20231213-XXXX0115

공급자				공급받는자			
등록번호	110-81-55742			등록번호	110-81-12345		
상호	(주)정밀거울	성명(대표자)	김연민	상호	공주거울(주)	성명(대표자)	백설희
사업장주소	대구광역시 달서구 달서대로 11			사업장주소	서울특별시 강서구 공항대로 519		
업태	도소매	종사업장번호		업태	도매 및 상품중개업	종사업장번호	
종목	유리/거울			종목	거울/미용기구		
E-Mail	wjdalf753@kcci.com			E-Mail	pretty33@exam.com		

작성일자	2023.12.13.	공급가액	10,500,000	세 액	1,050,000
비고					

월	일	품목명	규격	수량	단가	공급가액	세액	비고
12	13	전신거울	BM	150	50,000	7,500,000	750,000	
12	13	벽걸이거울	TRM	100	30,000	3,000,000	300,000	

합계금액	현금	수표	어음	외상미수금	이 금액을	● 영수 / ○ 청구	함
11,550,000	1,550,000	10,000,000					

2 12월 21일   상품을 매출하고 대금 중 ₩10,000,000은 기업은행 보통예금 계좌로 입금받고, 잔액은 외상으로 하다.

전자세금계산서				(공급자 보관용)		승인번호	20231221-XXXX0137	
공급자	등록번호	110-81-12345			공급받는자	등록번호	110-81-77557	
	상호	공주거울(주)	성명(대표자)	백설희		상호	(주)고려거울	성명(대표자) 최진수
	사업장주소	서울특별시 강서구 공항대로 519				사업장주소	서울특별시 관악구 관악로 1	
	업태	도매 및 상품중개업		종사업장번호		업태	도소매	종사업장번호
	종목	거울/미용기구				종목	거울	
	E-Mail	pretty33@exam.com				E-Mail	rhfu66@kcci.com	

작성일자	2023.12.21.	공급가액	27,000,000	세 액	2,700,000
비고					

월	일	품목명	규격	수량	단가	공급가액	세액	비고
12	21	전신거울	BM	200	90,000	18,000,000	1,800,000	
12	21	벽걸이거울	TRM	150	60,000	9,000,000	900,000	

합계금액	현금	수표	어음	외상미수금	이 금액을	○ 영수 ● 청구	함
29,700,000	10,000,000			19,700,000			

3 12월 23일   (주)공주자동차에서 트럭(1대)을 구입하고, 취득세 ₩560,000을 포함한 대금은 기업은행 보통예금 계좌에서 이체하다. 단, 고정자산을 등록하시오.

자산코드	자산명	수량	내용연수	상각방법
202	트럭	1대	5년	정률법

전자세금계산서				(공급받는자 보관용)		승인번호	20231223-XXXX0115	
공급자	등록번호	610-81-25675			공급받는자	등록번호	110-81-12345	
	상호	(주)공주자동차	성명(대표자)	이충기		상호	공주거울(주)	성명(대표자) 백설희
	사업장주소	서울특별시 강남구 강남대로 587				사업장주소	서울특별시 강서구 공항대로 519	
	업태	제조		종사업장번호		업태	도매 및 상품중개업	종사업장번호
	종목	자동차				종목	거울/미용기구	
	E-Mail	good86@kcci.com				E-Mail	pretty33@exam.com	

작성일자	2023.12.23.	공급가액	15,000,000	세 액	1,500,000
비고					

월	일	품목명	규격	수량	단가	공급가액	세액	비고
12	23	트럭				15,000,000	1,500,000	

합계금액	현금	수표	어음	외상미수금	이 금액을	● 영수 ○ 청구	함
16,500,000	16,500,000						

4 12월 27일   12월 27일 직원 식당에 사용할 쌀을 (주)한국마트에서 구입하다.

전자계산서			(공급받는자 보관용)		승인번호	20231227-XXXX0115
공급자	등록번호	217-81-24249		공급받는자	등록번호	110-81-12345
	상호	(주)한국마트	성명(대표자) 국도양		상호	공주거울(주) 성명(대표자) 백설희
	사업장주소	경기도 광명시 광명로 105			사업장주소	서울특별시 강서구 공항대로 519
	업태	도소매	종사업장번호		업태	도매 및 상품중개업 종사업장번호
	종목	잡화			종목	거울/미용기구
	E-Mail	korea815@hanmail.net			E-Mail	pretty33@exam.com
작성일자	2023.12.27.		공급가액		70,000,000	
비고						

월	일	품목명	규격	수량	단가	공급가액	비고
12	27	쌀		7	50,000	350,000	

합계금액	현금	수표	어음	외상미수금	이 금액을	○ 영수 / ⊙ 청구 함
350,000				350,000		

03 다음 거래를 일반전표입력 메뉴에 입력하시오. 20점/각4점
(단 채권·채무 및 금융 거래는 거래처 코드를 입력하고 각 문항별 한 개의 전표번호로 입력한다.)

1 12월 3일   이자수익 획득을 위해 만기까지 보유할 목적으로 ㈜건강약품에서 발행한 회사채 500좌 (액면 @₩10,000, 만기일: 2025년 11월 30일, 표시이자율: 4%)를 ₩4,850,000에 취득하고, 거래수수료 ₩15,000을 포함한 대금은 기업은행 보통예금계좌에서 이체하다.

2 12월 6일   가지급금 전액은 당사 창고 증축 목적으로 (주)강동건설에 지급한 계약금이다.

3 12월 14일   매출처 (주)구로상사의 파산으로 동사에 대한 외상매출금 ₩4,000,000과 미지급금 ₩2,000,000을 상계처리하고, 잔액은 대손처리하다.

4 12월 17일   기업은행 보통예금계좌에 세금 ₩30,800을 제외한 ₩169,200의 이자가 입금되다.

5️⃣ 12월 19일　보유중인 ㈜고려거울 발행의 약속어음(어음번호: 자차20232233, 만기일: 2024년 2월 20일, 발행일: 2023년 11월 20일, 지급은행: 신한은행)을 신한은행에서 할인하고, 수수료 ₩50,000을 제외한 대금은 신한은행 당좌예금계좌에 입금받다. 단, 매각거래로 처리한다.

약 속 어 음

공주거울㈜ 귀하　　　　　　　　자차20232233

금　칠백칠십만원정　　　　　　　　7,700,000원

위의 금액을 귀하 또는 귀하의 지시인에게 이 약속어음과 상환하여 지급하겠습니다.

지급기일	2022년 2월 20일	발행일	2023년 11월 20일
지 급 지	신한은행	발행지	서울시 관악구 관악로 1
지급장소	○○지점	주　소	
		발행인	㈜고려거울

04　다음 기말(12월 31일) 결산 정리 사항을 회계 처리하고 마감하시오.　　28점/각4점

1️⃣ 화재보험료 선급분을 계상하다. 단, 월할계산에 의한다.

2️⃣ 가수금은 회사의 대표이사(거래처명: 백설희)가 개인 자금을 일시적으로 회사에 대여한 금액이다.

3️⃣ 당기 소모품 사용액은 ₩8,000,000이다.

4️⃣ 기타포괄손익-공정가치측정금융자산으로 계상된 주식의 당기말 현재 공정가액은 ₩6,500,000이다. (단, 보유중인 주식은 직전년도 결산시 평가손익이 존재하며, 답안작성 시 유의사항의 변경후 계정과목을 적용할 것)

5️⃣ 매출채권 잔액에 대해 1%의 대손충당금(보충법)을 설정하다.

6️⃣ 모든 비유동자산에 대한 감가상각비를 계상하다.

7️⃣ 기말상품재고액을 입력하고 결산 처리하다. 단, 재고평가는 선입선출법으로 한다.

05 다음 사항을 조회하여 번호 순서대로 단답형 답안에 등록하시오. 12점

> ※ CAMP sERP는 [단답형답안작성]메뉴에서 답안을 등록 후 [저장]버튼을 클릭합니다.
> New sPLUS는 [답안수록]메뉴에서 답안을 등록 후 [답안저장]버튼을 클릭합니다.
> ※ 문자 외의 숫자는 ₩, 원, 월, 단위구분자(,) 등을 생략하고 숫자만 입력하되 소수점이 포함되어 있는 숫자의 경우에는 소수점을 입력합니다.
> (예시) 54200(○), 54.251(○), ₩54,200(×), 54,200원(×), 5월(×), 500개(×), 50건(×)

① 1월 1일부터 4월 30일까지 손거울을 가장 많이 판매한 달의 공급가액(부가가치세 제외)은 얼마인가?

② 3월부터 7월까지 현금의 지출총액은 얼마인가?

③ 4월부터 8월 중 외상매출금 회수액이 가장 많은 달은 언제인가?

④ 2023년 제2기 부가가치세 예정신고 시 매입세액은 얼마인가?

⑤ 12월 31일 현재 한국채택국제회계기준(K-IFRS)에 의한 재무상태표에 표시되는 비유동부채의 금액은 얼마인가?

⑥ 1월 1일부터 12월 31일까지 한국채택국제회계기준(K-IFRS)에 의한 포괄손익계산서(기능별)에 표시되는 기타비용 금액은 얼마인가?

▶ [원가회계] 시작하기
실제시험에서는 오른쪽 상단의 [사업장변경]버튼 클릭 → [사업장변경]메뉴에서 해당 사업장 선택 → [사업장변경]버튼 클릭 해야 한다. '교육용'으로 실습할 때는 오른쪽 상단의 [종료 또는 로그아웃]버튼 클릭 → 답안파일 자동 저장하고 원가회계는 새로운 기초자료를 불러온 후 진행합니다.

문제 02 원가회계

▶ 지시사항

(주)중앙정밀'의 거래 자료이며 회계년도는 2023. 1. 1 ~ 2023. 12. 31이다. CAMP sERP프로그램을 '교육용로그인'할 때 불러오기를 클릭하고 [멘토르스쿨_2급(2023)] → [제3장 모의고사] → [2급_원가회계] → [제8회 모의고사]_(주)중앙정밀.zip를 불러온 후 진행합니다. [사용자번호 : (12345678), 성명 : (김갑수)]

---

01 다음의 11월 원가계산 과정을 순서대로 처리하시오. 단, 임금 및 제조경비는 주어진 기초자료에 이미 처리되어 있다. 20점/각4점

1 11월 23일   다음의 작업지시서를 발행하고, 같은 날 주요자재를 출고하다.
① 작업지시서 내용

지시일자	제품명	작업장	작업지시량	작업기간
11월 23일	갑제품	제1작업장	240	11월 23일 ~ 11월 30일
11월 23일	을제품	제2작업장	200	11월 23일 ~ 12월 09일

② 자재사용(출고)등록
    갑제품 작업지시서 : 자재X 1,200단위, 자재Y 1,200 (제1작업장)
    을제품 작업지시서 : 자재Y 2,400단위 (제2작업장)
※ CAMP sERP는 자재사용출고등록을 (2)생산자료등록에서, New sPLUS는 자재출고입력에서 처리

2 11월 30일   작업지시서(11월 23일 발행)에 대해 다음과 같이 생산자료를 등록하다.

품목	완성량	재공품 월말 수량	재공품 작업진행률 (완성도)	작업(투입)시간	작업장
갑제품	240	–	–	400	제1작업장
을제품	160	40	80%	200	제2작업장

※ New sPLUS는 완성도(작업진행률등록)를 (3)원가기준정보에서 처리함.

3 11월의 원가기준정보를 다음과 같이 등록하다.
① 노무비배부기준등록(총근무시간)

관련부문	생산1부	생산2부
총근무시간	400	320

② 보조부문비배부기준등록

관련부문	생산1부	생산2부
동력부문	20	80
수선부문	50	50

③ 작업진행률등록   [을제품 : 80%]   ※ New sPLUS에서만 적용함

4 11월의 실제원가계산을 작업하시오.

① 기초재공품등록

② 직접재료비계산

③ 직접노무비계산

④ 제조간접비계산

⑤ 보조부문비배부

⑥ 제조부문비배부(작업시간기준)

⑦ 개별원가계산

⑧ 종합원가계산(평균법)

5 11월의 원가계산 마감한 후 제조원가명세서를 조회하시오. 단, 원미만은 반올림 하시오.

▶ 답안저장하기 : 오른쪽 상단의 [종료 또는 로그아웃]버튼 클릭 → 답안파일 제출

국가기술자격검정 모의고사

제9회 전산회계운용사 실기모의고사

※ 무 단 전 재 금 함	프로그램	제한시간	수험번호	성 명
	CAMP sERP	80분		

| 2급 | C형 |

답안 작성시 유의사항

- ▶ 인적사항 누락 및 작성 오류로 인한 불이익은 수험자 책임으로 합니다.
- ▶ 시험은 반드시 주어진 문제의 순서대로 진행하여야 합니다.
- ▶ 반드시 지시사항에 따라 기초기업자료를 확인하고, 해당 기초기업자료가 나타나지 않는 경우는 감독관에게 문의하시기 바랍니다.
- ▶ 기초기업자료를 선택하여 해당 문제를 풀이한 후 프로그램 종료 전 반드시 답안을 저장해야 합니다.
- ▶ 각종 코드는 문제에서 제시된 코드로 입력하여야 하며, 수험자가 임의로 부여한 코드는 오답으로 처리합니다. 단, 문제에 코드가 없는 경우에는 그러하지 아니합니다.
- ▶ 계정과목을 입력할 때는 반드시 [검색] 기능이나 [조회] 기능을 이용하여 계정과목을 등록하되 다음의 자산은 변경 후 계정과목(평가손익, 처분손익)을 적용합니다.

변경 전	변경 후
계정과목	계정과목
단기매매금융자산	당기손익-공정가치측정금융자산
매도가능금융자산	기타포괄손익-공정가치측정금융자산
만기보유금융자산	상각후원가측정금융자산

- ▶ 답안파일명은 자동으로 부여되므로 별도 답안파일을 작성할 필요가 없습니다. 또한, 답안 저장 및 제출 시간은 별도로 주어지지 아니하므로 제한 시간 내에 답안 저장 및 제출을 완료해야 합니다.

반드시 아래 지시사항에 따라 기초기업자료를 선택 및 확인하고, 해당 기업자료가 나타나지 않는 경우는 감독관에게 문의하시기 바랍니다.

합격마법사 | 전산회계운용사 실기 모의고사

문제 01 재무회계

▶ 지시사항

'코참스포츠(주)'의 거래 자료이며 회계년도는 2023. 1. 1 ~ 2023. 12. 31이다. CAMP sERP 프로그램을 '교육용로그인' 할 때 불러오기를 클릭하고 [멘토르스쿨_2급(2023)] → [제3장 모의고사] → [2급_재무회계] → [제9회 모의고사]_코참스포츠(주).zip를 불러온 후 진행합니다. [사용자번호 : (12345678), 성명 : (김갑수)]

---

01 다음 제시되는 기준정보를 입력하시오. 4점

1 다음의 일반 거래처(매입거래처, 매출거래처)를 등록하시오. 각1점

거래처명	분류	거래처코드	대표자명	사업자등록번호	업태/종목
헬스랜드스포츠(주)	매입처	03004	신만호	305-81-34568	제조/스포츠용품
대전스포츠(주)	매출처	04004	주현미	610-81-24695	도소매/스포츠용품

2 다음의 신규 상품(품목)을 등록하시오. 2점

품목코드	품목/규격	(상세)규격	품목구분	기준단위	기준매입(구매)단가	기준매출(판매)단가
1003	M상품	3호	상품	EA	₩200,000	₩300,000

02 다음 거래를 매입매출전표입력 메뉴에 입력하시오. 16점/각4점
(단 채권·채무 및 금융 거래는 거래처 코드를 입력하고 각 문항별 한 개의 전표번호로 입력한다.)

1 12월 5일 상품을 매출하고 세금계산서를 발급하다. 주문시 받은 계약금(11월 30일)을 차감한 대금 중 ₩30,000,000은 동사 발행의 약속어음(어음번호: 바카11112345, 만기일 : 2024.02.05, 지급은행: 국민은행)으로 받고, 잔액은 신용카드(비씨카드사)로 결제받다.

전자세금계산서 (공급자 보관용)

승인번호: 20231205-XXXX0127

	공급자				공급받는자		
등록번호	104-81-56784			등록번호	211-81-34564		
상호	코참스포츠(주)	성명(대표자)	김대한	상호	강남스포츠(주)	성명(대표자)	김강남
사업장주소	서울특별시 중구 남대문로 112			사업장주소	서울특별시 강남구 강남대로 302		
업태	도매 및 상품중개업	종사업장번호		업태	도,소매	종사업장번호	
종목	스포츠용품			종목	스포츠용품		
E-Mail	zhcka51@exam.com			E-Mail	gnsports99@kcci.com		

작성일자	2023.12.05.	공급가액	35,000,000	세액	3,500,000
비고					

월	일	품목명	규격	수량	단가	공급가액	세액	비고
12	5	A상품	a1	50	100,000	5,000,000	500,000	
12	5	B상품	b1	150	200,000	30,000,000	3,000,000	

합계금액	현금	수표	어음	외상미수금	이 금액을	○ 영수 / ● 청구	함
38,500,000	2,000,000		30,000,000	6,500,000			

2 12월 13일   상품을 매입하고 세금계산서를 발급받다. 대금 중 ₩30,000,000은 약속어음을 발행(어음번호: 나다22221234, 만기일: 2024.02.13. 지급은행: 국민은행)하여 지급하고, 잔액은 신용카드(국민카드)로 결제하다. 그리고 매입 운임 ₩200,000(부가가치세 별도)을 현금으로 지급하다.

전자세금계산서				(공급받는자 보관용)		승인번호	20231213-XXXX0128	
공급자	등록번호	305-81-34568			공급받는자	등록번호	104-81-56784	
	상호	헬스랜드스포츠(주)	성명(대표자)	박동우		상호 코참스포츠(주)	성명(대표자)	김대한
	사업장주소	대전광역시 서구 동서대로 1000				사업장주소	서울특별시 중구 남대문로 112	
	업태	제조	종사업장번호			업태 도매 및 상품중개업	종사업장번호	
	종목	스포츠용품				종목 스포츠용품		
	E-Mail	gpftm984@kcci.com				E-Mail zhcka51@exam.com		
작성일자	2023.12.13.	공급가액	30,200,000		세 액	3,020,000		
비고								

월	일	품목명	규격	수량	단가	공급가액	세액	비고
12	13	M상품	3호	200	151,000	30,200,000	3,020,000	

합계금액	현금	수표	어음	외상미수금	이 금액을	○ 영수 / ● 청구 함
33,220,000	220,000		30,000,000	3,000,000		

3 12월 20일   청주스포츠(주)에게 상품(B상품, 10EA)을 판매하고 신용카드매출전표를 발행해 주다.

단말기번호	4523188309	전표번호	
카드종류	비씨카드		
회원번호	1234-1234-1234-1234		
유효기간		거 래 일 시	취소시당초거래일
		2023.12.20	
거래유형	승인	품명	B상품
결제방법	일시불	금 액 AMOUNT	2 000 000
매장명		부가세 VAT	200 000
판매자		봉사료 S/C	
대표자	김대한	합 계 TOTAL	2 200 000
알림/NOTICE		승인번호	34452311
가맹점주소	서울특별시 중구 남대문로 112		
가맹점번호	10718234562		
사업자등록번호	104-81-56784		
가맹점명	코참스포츠(주)		
문의전화/HELP DESK TEL:1544-4700 (회원용)		서명/SIGNATURE 청주스포츠	

4 12월 23일   경영지원팀 직원들과 회식하고 회식비는 현금으로 지급하고 현금영수증을 발급받다.

현금영수증

● 거래정보

거래일시	2023-12-20
승인번호	12341234
거래구분	승인거래
거래용도	지출증빙
발급수단번호	104-81-56784

● 거래금액

품목	공급가액	부가세	봉사료	총거래금액
식대	500,000	50,000	0	550,000

● 가맹점 정보

상호	서울식당
사업자번호	104-34-12346
대표자명	한상욱
주소	인천광역시 계양구 효서로 58

03 다음 거래를 일반전표입력 메뉴에 입력하시오.   20점/각4점
(단 채권·채무 및 금융 거래는 거래처 코드를 입력하고 각 문항별 한 개의 전표번호로 입력한다.)

1 12월 1일   관련 법률에 의하여 액면 금액 @₩10,000인 보통주 5,000주를 액면 발행하다. 납입금은 보통예금(국민은행) 계좌로 납입받고, 신주발행비 ₩300,000은 현금으로 지급하다.

2 12월 13일   만기보유목적으로 취득하였던 백두유통(주) 사채 2,000좌(액면 @₩10,000)의 만기가 도래하여 원금과 이자 ₩800,000을 보통예금(국민은행) 계좌로 입금받다.

보통예금 통장 거래 내역
국민은행

번호	날짜	내용	출금액	입금액	잔액	거래점
		계좌번호 107-18-23456-2 코참스포츠(주)				
1	20231206	백두유통(주)		20,800,000	***	***
		이 하 생 략				

3 12월 10일   11월 24일에 급여 지급 시 공제한 소득세, 건강보험료, 국민연금과 회사부담분을 다음과 같이 현금으로 납부하다.

소득세	건강보험료		국민연금		합계
	종업원 부담분	회사 부담분	종업원 부담분	회사 부담분	
₩300,000	₩80,000	₩80,000	₩120,000	₩120,000	₩700,000

4 12월 19일   외화장기차입금(도이치은행) 중 US$10,000를 현금으로 중도 상환하다. 단, 전기 말 기준 환율은 US$1 당 ₩1,000이었으며, 상환 시점의 US$1 당 환율은 ₩980이다.

5 12월 21일 11월 20일 취득한 자기주식 1,000주 중 400주를 1주당 ₩8,000에 처분하고, 수수료 ₩20,000을 차감한 금액을 보통예금(국민은행) 계좌에 입금하다.

04 다음 기말(12월 31일) 결산 정리 사항을 회계 처리하고 마감하시오. 28점/각4점

1 당기 소모품 미사용액은 ₩500,000이다.

2 보험료 미경과분을 월할 계산하여 정리하다.

3 외화장기차입금(도이치은행, 상환기일: 2024.06.30) 계정을 재분류하다.

4 단기 시세 차익 목적으로 보유 중인 (주)상공통신의 1주당 공정가치는 ₩18,000으로 평가되다.

5 매출채권 잔액에 대해 1%의 대손충당금(보충법)을 설정하다.

6 모든 비유동자산에 대한 감가상각비를 계상하다.

7 기말상품재고액을 입력하고 결산 처리하다. 단, 재고평가는 선입선출법으로 한다.

05 다음 사항을 조회하여 번호 순서대로 단답형 답안에 등록하시오. 12점/각2점

> ※ CAMP sERP는 [단답형답안작성]메뉴에서 답안을 등록 후 [저장]버튼을 클릭합니다.
> New sPLUS는 [답안수록]메뉴에서 답안을 등록 후 [답안저장]버튼을 클릭합니다.
> ※ 문자 외의 숫자는 ₩, 원, 월, 단위구분자(,) 등을 생략하고 숫자만 입력하되 소수점이 포함되어 있는 숫자의 경우에는 소수점을 입력합니다.
> (예시) 54200(○), 54.251(○), ₩54,200(×), 54,200원(×), 5월(×), 500개(×), 50건(×)

1 3월 31일 현재 경기블루웨어(주)의 지급어음 미결제액은 얼마인가?

2 1월 1일부터 6월 30일까지 매입한 A상품의 공급가액은 얼마인가?

3 4월 1일부터 9월 30일까지 강남스포츠(주)에 매출한 외상매출금 총액은 얼마인가?

4 제2기 부가가치세 확정신고시 매출세액은 얼마인가?

5 1월 1일부터 12월 31일까지 한국채택국제회계기준(K-IFRS)에 의한 포괄손익계산서(기능별)에 표시되는 기타비용은 얼마인가?

6 12월 31일 현재 한국채택국제회계기준(K-IFRS)에 의한 재무상태표에 표시되는 유동부채는 얼마인가?

> ▶ [원가회계] 시작하기
> 실제시험에서는 오른쪽 상단의 [사업장변경]버튼 클릭 → [사업장변경]메뉴에서 해당 사업장 선택 → [사업장변경]버튼 클릭 해야 한다. '교육용'으로 실습할 때는 오른쪽 상단의 [종료 또는 로그아웃]버튼 클릭 → 답안파일 자동 저장하고 원가회계는 새로운 기초자료를 불러온 후 진행합니다.

합격마법사 | 전산회계운용사 실기 모의고사

문제 02 원가회계

▶ 지시사항
'(주)구일공업'의 거래 자료이며 회계년도는 2020. 1. 1 ~ 2020 12. 31이다. CAMP sERP 프로그램을 '교육용로그인'할 때 불러오기를 클릭하고 [멘토르스쿨_2급(2023)] → [제3장 모의고사] → [2급_원가회계] → [제9회 모의고사]_(주)구일공업.zip를 불러온 후 진행합니다. [사용자번호 : (12345678), 성명 : (김갑수)]

---

01 다음의 4월 원가계산 과정을 순서대로 처리하시오. 단, 임금 및 제조경비는 주어진 기초자료에 이미 처리되어 있다.
20점/각4점

1 4월 7일 다음의 작업지시서를 발행하고, 같은 날 주요자재를 출고하였다.
① 작업지시서 내용

지시일자	제품명	작업장	작업지시량	작업기간
4월 7일	갑제품	제1작업장	800개(EA)	4월 7일 ~ 4월 30일
4월 7일	을제품	제2작업장	600개(EA)	4월 7일 ~ 5월 6일

② 자재사용(출고)등록

갑제품 작업지시서	자재X 1,500단위(제1작업장)
을제품 작업지시서	자재Y 1,000단위(제2작업장)

※ CAMP sERP는 생산자료등록에서 같이 처리한다.

2 4월 30일 작업지시서(4월 11일 발행)에 대해 다음과 같이 생산 자료를 등록하다.

| 품목 | 완성량 | 재공품 | | 작업(투입)시간 | 작업장 |
		월말 수량	작업진행률(완성도)		
갑제품	800개(EA)	–	–	400	제1작업장
을제품	500개(EA)	100개	60%	500	제2작업장

※ New sPLUS는 완성도(작업진행률등록)를 (3)원가기준정보에서 처리한다.

3 4월의 원가기준정보를 다음과 같이 등록하다.
① 노무비배부기준등록(총근무시간)

관련부문	생산1부	생산2부
총근무시간	500	500

② 보조부문비배부기준등록

관련부문	생산1부	생산2부
동력부문	60	40
수선부문	50	50
공장사무부문	70	30

③ 작업진행률등록 [을제품 : 60%] ※ New sPLUS만 처리함.

4 4월의 실제원가계산을 작업하시오.

① 기초재공품계산

② 직접재료비계산

③ 직접노무비계산

④ 제조간접비계산

⑤ 보조부문비배부

⑥ 제조부문비배부(투입시간기준)

⑦ 개별원가계산

⑧ 종합원가계산(평균법)

⑨ 원가반영작업

5 4월의 원가계산 마감한 후 제조원가명세서를 조회하시오.(단, 소수점 미만은 반올림)

▶ 답안저장하기 : 오른쪽 상단의 [종료 또는 로그아웃]버튼 클릭 → 답안파일 제출

국가기술자격검정 모의고사

제10회 전산회계운용사 실기모의고사

※ 무 단 전 재 금 함	프로그램	제한시간	수험번호	성 명
	CAMP sERP	80분		

2급   B형

답안 작성시 유의사항

- ▶ 인적사항 누락 및 작성 오류로 인한 불이익은 수험자 책임으로 합니다.
- ▶ 시험은 반드시 주어진 문제의 순서대로 진행하여야 합니다.
- ▶ 반드시 지시사항에 따라 기초기업자료를 확인하고, 해당 기초기업자료가 나타나지 않는 경우는 감독관에게 문의하시기 바랍니다.
- ▶ 기초기업자료를 선택하여 해당 문제를 풀이한 후 프로그램 종료 전 반드시 답안을 저장해야 합니다.
- ▶ 각종 코드는 문제에서 제시된 코드로 입력하여야 하며, 수험자가 임의로 부여한 코드는 오답으로 처리합니다. 단, 문제에 코드가 없는 경우에는 그러하지 아니합니다.
- ▶ 계정과목을 입력할 때는 반드시 [검색] 기능이나 [조회] 기능을 이용하여 계정과목을 등록하되 다음의 자산은 변경 후 계정과목(평가손익, 처분손익)을 적용합니다.

변경 전	변경 후
계정과목	계정과목
단기매매금융자산	당기손익-공정가치측정금융자산
매도가능금융자산	기타포괄손익-공정가치측정금융자산
만기보유금융자산	상각후원가측정금융자산

- ▶ 답안파일명은 자동으로 부여되므로 별도 답안파일을 작성할 필요가 없습니다. 또한, 답안 저장 및 제출 시간은 별도로 주어지지 아니하므로 제한 시간 내에 답안 저장 및 제출을 완료해야 합니다.

대한상공회의소

합격마법사 | 전산회계운용사 실기 모의고사

문제 01 재무회계

▶ **지시사항**

'쌍용가구(주)'의 거래 자료이며 회계년도는 2023. 1. 1 ~ 2023. 12. 31이다. CAMP sERP 프로그램을 '교육용로그인'할 때 불러오기를 클릭하고 [멘토르스쿨_2급(2023)] → [제3장 모의고사] → [2급_재무회계] → [제10회 모의고사]_쌍용가구(주).zip를 불러온 후 진행합니다. [사용자번호 : (12345678), 성명 : (김갑수)]

---

01 다음 제시되는 기준정보를 입력하시오. 4점

1 다음의 일반 거래처(매입거래처, 매출거래처)를 등록하시오. 각1점

거래처명	분류	거래처코드	대표자명	사업자등록번호	업태/종목
㈜백두가구	매출처	3007	김백두	204-81-02346	도소매/사무용가구
독도가구(주)	매입처	2005	유독도	301-81-87651	제조업/플라스틱가구

2 다음의 신규 상품(품목)을 등록하시오. 2점

품목코드	품목/규격	(상세)규격	품목구분	기준단위
404	5단책장	GLS	상품	EA

02 다음 거래를 매입매출전표입력 메뉴에 입력하시오. 16점/각4점
(단 채권·채무 및 금융 거래는 거래처 코드를 입력하고 각 문항별 한 개의 전표번호로 입력한다.)

1 12월 11일 상품을 매입하고 전자세금계산서를 발급받다. 대금 중 ₩10,000,000은 약속어음(어음번호: 가차90210001, 만기일: 2024년 2월 22일, 지급은행: 신한은행)을 발행하여 지급하고, 잔액은 외상으로 하다.

전자세금계산서 (공급받는자 보관용) 승인번호 20231211-XXXX0128

공급자				공급받는자			
등록번호	128-81-45677			등록번호	110,81-12345		
상호	(주)다산가구	성명(대표자)	정다산	상호	쌍용가구(주)	성명(대표자)	김경영
사업장주소	경기도 고양시 덕양구 중앙로 110			사업장주소	서울특별시 구로구 가마산로 134		
업태	제조	종사업장번호		업태	도매 및 상품중개업	종사업장번호	
종목	가구			종목	캐비넷/일반가구		
E-Mail	avc123@exam.com			E-Mail	abc123@kcci.com		

작성일자	2023.12.11.	공급가액	16,000,000	세 액	1,600,000
비고					

월	일	품목명	규격	수량	단가	공급가액	세액	비고
12	11	철재캐비넷	IRI	200	80,000	16,000,000	1,600,000	

합계금액	현금	수표	어음	외상미수금	이 금액을	○ 영수 / ● 청구	함
17,600,000			10,000,000	7,600,000			

2 12월 16일　상품을 매출하고 전자세금계산서를 발급하다. 대금은 외상으로 하다.

전자세금계산서				(공급자 보관용)		승인번호	20231216-XXXX0127	
공급자	등록번호	110-81-123456			공급받는자	등록번호	137-81-24263	
	상호	쌍용가구(주)	성명(대표자)	김경영		상호	(주)고운가구	성명(대표자)	나고운
	사업장주소	서울특별시 구로구 가마산로 134				사업장주소	인천광역시 서구 백범로 780	
	업태	도매 및 상품중개업		종사업장번호		업태	도소매	종사업장번호
	종목	캐비넷/일반가구				종목	가구	
	E-Mail	abc123@exam.com				E-Mail	aabbcc@exam.com	
작성일자	2023.12.16.		공급가액	36,000,000		세 액	3,600,000	

월	일	품목명	규격	수량	단가	공급가액	세액	비고
12	16	중역용의자	CJR	50	240,000	12,000,000	1,200,000	
12	16	철재캐비넷	IRI	150	160,000	24,000,000	2,400,000	

합계금액	현금	수표	어음	외상미수금	이 금액을	○ 영수	함
39,600,000				39,600,000		● 청구	

3 12월 20일　구매부 직원 결혼식에 화환을 보내고 대금은 현금으로 지급하다.

현금영수증

● 거래정보

거래일시	2022-12-20
승인번호	12341235
거래구분	승인거래
거래용도	지출증빙
발급수단번호	110-81-12345

● 거래금액

품목	공급가액	부가세	봉사료	총거래금액
화환	70,000	0	0	70,000

● 가맹점 정보

상호	꽃사랑
사업자번호	123-81-23421
대표자명	강애신
주소	서울특별시 성북구 서소문로 2

4 12월 11일   프로그래밍 개발 관련 서적를 구입하고 대금은 현금으로 지급하다.

현금영수증

● 거래정보

거래일시	2022-12-21
승인번호	12341235
거래구분	승인거래
거래용도	지출증빙
발급수단번호	110-81-12345

● 거래금액

품목	공급가액	부가세	봉사료	총거래금액
도서	40,000	0	0	40,000

● 가맹점 정보

상호	김포컴퓨터(주)
사업자번호	109-01-44662
대표자명	오인영
주소	경기도 김포시 운곡로 7

---

03 다음 거래를 일반전표입력 메뉴에 입력하시오.   20점/각4점
(단 채권·채무 및 금융 거래는 거래처 코드를 입력하고 각 문항별 한 개의 전표번호로 입력한다.)

1 12월 4일   견적서에 따라 상품을 매출하기로 하고 계약금 ₩5,000,000을 기업은행 보통예금계좌에 입금 받다.

견 적 서

2023 년 12 월 4 일
공주가구   귀하

공급자:
- 등록번호: 110-81-12345
- 상호(법인명): 쌍용가구(주)   성명: 김경영 ㊞
- 사업장주소: 서울특별시 구로구 가마산로 134
- 업태: 도매 및 상품중개업   종목: 캐비넷/일반가구
- 전화번호:

아래와 같이 견적합니다.

합계금액: 칠천사백이십오만원整(₩74,250,000)

품 명	규격	수량	단 가	공급가액	세액
강화유리책상	SGT	150EA	450,000	67,500,000	6,750,000

이 하 생 략

2 12월 6일   대륙부동산(주)에서 창고 건물 ₩15,000,000을 외상으로 구입하고, 취득세 1,500,000은 현금으로 지급하다. 단, 유형자산을 등록하시오.

자산코드	자산(명)	내용연수	상각방법	취득수량
102	창고건물	20년	정액법	1

3 12월 15일   단기 투자 목적으로 보유하고 있는 주식 전체 2,000주 중 1,000주를 1주당 ₩6,000에 처분하고, 거래수수료 ₩40,000을 제외한 대금은 기업은행 보통예금 계좌로 납입 받다.

4 12월 22일   (주)고운가구의 어음(어음번호: 다카10292222, 발행일: 2023년 11월 15일, 만기일: 2022년 3월 15일, 지급은행: 신한은행)을 신한은행에서 할인하고, 할인료 ₩200,000을 제외한 대금은 신한은행 당좌예금 계좌에 입금 받다. 단, 매각거래로 처리한다.

5 12월 27일   일시 소유의 목적으로 자기주식 500주를 1주당 ₩10,000에 구입하고 수수료 ₩50,000을 포함한 대금은 보통예금(기업은행)계좌에서 이체하여 지급하다.

04 다음 기말(12월 31일) 결산 정리 사항을 회계 처리하고 마감하시오.   28점/각4점

1 기말 현재 소모품 사용액은 ₩41,000,000이다.

2 장기대여금에 대한 이자 미수분 ₩300,000을 계상하다.

3 11월 1일에 지급한 임차료 선급분을 계상하다. 단, 월할계산 한다.

4 단기 시세 차익 목적으로 보유중인 주식의 결산일 현재 공정가치는 ₩8,000,000이다.

5 매출채권 잔액에 대해 1%의 대손충당금(보충법)을 설정하다.

6 모든 비유동자산에 대한 감가상각비를 계상하다.

7 기말상품재고액을 입력하고 결산 처리하다. 단, 재고평가는 선입선출법으로 한다.

05 다음 사항을 조회하여 번호 순서대로 단답형 답안에 등록하시오. 12점/각2점

※ CAMP sERP는 [단답형답안작성]메뉴에서 답안을 등록 후 [저장]버튼을 클릭합니다.
New sPLUS는 [답안수록]메뉴에서 답안을 등록 후 [답안저장]버튼을 클릭합니다.
※ 문자 외의 숫자는 ₩, 원, 월, 단위구분자(,) 등을 생략하고 숫자만 입력하되 소수점이 포함되어 있는 숫자의 경우에는 소수점을 입력합니다.
(예시) 54200(○), 54.251(○), ₩54,200(×), 54,200원(×), 5월(×), 500개(×), 50건(×)

1 4월 30일 현재 철재캐비넷의 재고 수량은 몇 개(EA)인가?

2 8월 31일 현재 행운가구(주)의 외상매입금 잔액은 얼마인가?

3 10월 31일 현재 현금의 잔액은 얼마인가?

4 2024년 제2기 부가가치세 확정신고 시 과세표준은 얼마인가?

5 12월 31일 현재 한국채택국제회계기준(K-IFRS)에 의한 재무상태표에 표시되는 유동자산의 금액은 얼마인가?

6 1월 1일부터 12월 31일까지 한국채택국제회계기준(K-IFRS)에 의한 포괄손익계산서(기능별)에 표시되는 매출원가는 얼마인가?

▶ [원가회계] 시작하기
실제시험에서는 오른쪽 상단의 [사업장변경]버튼 클릭 → [사업장변경]메뉴에서 해당 사업장 선택 → [사업장변경]버튼 클릭 해야 한다. '교육용'으로 실습할 때는 오른쪽 상단의 [종료 또는 로그아웃]버튼 클릭 → 답안파일 자동 저장하고 원가회계는 새로운 기초자료를 불러온 후 진행합니다.

문제 02 원가회계

▶ 지시사항

'(주)비장공업'의 거래 자료이며 회계년도는 2023. 1. 1 ~ 2023. 12. 31이다. CAMP sERP 프로그램을 '교육용로그인'할 때 불러오기를 클릭하고 [멘토르스쿨_2급(2023)] → [제3장 모의고사] → [2급_원가회계] → [제10회 모의고사]_(주)비장공업.zip를 불러온 후 진행합니다. [사용자번호 : (12345678), 성명 : (김갑수)]

---

01 다음의 7월 원가계산 과정을 순서대로 처리하시오. 단, 임금 및 제조경비는 주어진 기초자료에 이미 처리되어 있다.   20점/각4점

1 7월 14일 다음의 작업지시서를 발행하고, 같은 날 주요자재를 출고하다.

① 작업지시서 내용

지시일자	제품명	작업장	작업지시량	작업기간
7월 14일	갑제품	제1작업장	160개(EA)	7월 14일 ~ 7월 31일
7월 14일	을제품	제2작업장	200개(EA)	7월 14일 ~ 8월 21일

② 자재사용(출고)등록

갑제품 작업지시서	자재A 160단위 (제1작업장)
을제품 작업지시서	자재B 200단위 (제2작업장)

※ CAMP sERP는 자재사용출고등록을 (2)생산자료등록에서, New sPLUS는 자재출고입력에서 처리

2 7월 31일 작업지시서(7월 14일 발행)에 대해 다음과 같이 생산자료를 등록하다.

품목	완성량	재공품 월말 수량	재공품 작업진행률(완성도)	작업(투입)시간	작업장
갑제품	160개(EA)	-	-	240	제1작업장
을제품	160개(EA)	40개	60%	200	제2작업장

※ New sPLUS는 완성도(작업진행률등록)를 (3)원가기준정보에서 처리함.

3 7월의 원가기준정보를 다음과 같이 등록하다.

① 노무비배부기준등록(총근무시간)

관련부문	생산1부	생산2부
총근무시간	400	200

② 보조부문비배부기준등록

관련부문	생산1부	생산2부
동력부	20	80
수선부	50	50

③ 작업진행률등록 [을제품 : 60%] ※ New sPLUS만 처리함.

4 7월의 실제원가계산을 작업하시오.

　① 기초재공품등록

　② 직접재료비계산

　③ 직접노무비계산

　④ 제조간접비계산

　⑤ 보조부문비배부

　⑥ 제조부문비배부(작업시간기준)

　⑦ 개별원가계산

　⑧ 종합원가계산(평균법)

5 7월의 원가계산 마감한 후 제조원가명세서를 조회하시오. 단, 원미만은 반올림으로 처리한다.

▶ 답안저장하기 : 오른쪽 상단의 [종료 또는 로그아웃]버튼 클릭 → 답안파일 제출

국가기술자격검정 모의고사

제11회 전산회계운용사 실기모의고사

※ 무 단 전 재 금 함	프로그램	제한시간	수험번호	성 명
	CAMP sERP	80분		

2급	C형

답안 작성시 유의사항

- ▶ 인적사항 누락 및 작성 오류로 인한 불이익은 수험자 책임으로 합니다.
- ▶ 시험은 반드시 주어진 문제의 순서대로 진행하여야 합니다.
- ▶ 반드시 지시사항에 따라 기초기업자료를 확인하고, 해당 기초기업자료가 나타나지 않는 경우는 감독관에게 문의하시기 바랍니다.
- ▶ 기초기업자료를 선택하여 해당 문제를 풀이한 후 프로그램 종료 전 반드시 답안을 저장해야 합니다.
- ▶ 각종 코드는 문제에서 제시된 코드로 입력하여야 하며, 수험자가 임의로 부여한 코드는 오답으로 처리합니다. 단, 문제에 코드가 없는 경우에는 그러하지 아니합니다.
- ▶ 계정과목을 입력할 때는 반드시 [검색] 기능이나 [조회] 기능을 이용하여 계정과목을 등록하되 다음의 자산은 변경 후 계정과목(평가손익, 처분손익)을 적용합니다.

변경 전	변경 후
계정과목	계정과목
단기매매금융자산	당기손익-공정가치측정금융자산
매도가능금융자산	기타포괄손익-공정가치측정금융자산
만기보유금융자산	상각후원가측정금융자산

- ▶ 답안파일명은 자동으로 부여되므로 별도 답안파일을 작성할 필요가 없습니다. 또한, 답안 저장 및 제출 시간은 별도로 주어지지 아니하므로 제한 시간 내에 답안 저장 및 제출을 완료해야 합니다.

반드시 아래 지시사항에 따라 기초기업자료를 선택 및 확인하고, 해당 기업자료가 나타나지 않는 경우는 감독관에게 문의하시기 바랍니다.

합격마법사 | 전산회계운용사 실기 모의고사

문제 01 재무회계

▶ **지시사항**

'튼튼가방(주)'의 거래 자료이며 회계년도는 2023. 1. 1 ~ 2023. 12. 31이다. CAMP sERP 프로그램을 '교육용로그인'할 때 불러오기를 클릭하고 [멘토르스쿨_2급(2023)] → [제3장 모의고사] → [2급_재무회계] → [제11회 모의고사]_튼튼가방(주).zip를 불러온 후 진행합니다. [사용자번호 : (12345678), 성명 : (김갑수)]

---

01 다음 제시되는 기준정보를 입력하시오. (4점)

1 다음의 일반 거래처(매출거래처, 매입거래처)를 등록하시오. (각1점)

거래처명	분류	거래처코드	대표자명	사업자등록번호	업태/종목
(주)현일가방	매출처	02006	강현일	109-81-12345	제조/가방및여행용
(주)서울가방	매입처	03006	박상현	110-86-62909	도소매/가방및여행용

2 다음의 신규 상품(품목)을 등록하시오. (2점)

품목코드	품목/규격	(상세)규격	품목구분	기준단위
404	숄더백	SJB	상품	EA

02 다음 거래를 매입매출전표입력 메뉴에 입력하시오. (16점/각4점)
(단 채권·채무 및 금융 거래는 거래처 코드를 입력하고 각 문항별 한 개의 전표번호로 입력한다.)

1 12월 19일 상품을 매입하고 전자세금계산서를 발급받다. 대금 중 ₩50,000,000은 약속어음(어음번호: 다카20235555, 만기일: 2024년 3월 19일, 지급은행: 신한은행)을 발행하여 지급하고, 잔액은 보유중인 자기앞수표로 지급하다.

전자세금계산서 (공급받는자 보관용) 승인번호 20231219-XXXX0128

공급자				공급받는자			
등록번호	106-8133278			등록번호	110-81-12345		
상호	(주)수원가방	성명(대표자)	오수기	상호	튼튼가방(주)	성명(대표자)	고조은
사업장주소	경기도 수원시 팔달구 정조로 751			사업장주소	서울특별시 구로구 가마산로 245		
업태	제조	종사업장번호		업태	도매 및 상품중개업	종사업장번호	
종목	타가방/핸드백/지갑/보호용케이스			종목	가방 및 여행용품		
E-Mail	tndnjs54@kcci.com			E-Mail	goodbak11@naver.com		

작성일자	2023.12.19.	공급가액	60,000,000	세 액	6,000,000

비고

월	일	품목명	규격	수량	단가	공급가액	세액	비고
12	19	트렁크	SGT	150	240,000	36,000,000	3,600,000	
12	19	브리프케이스	CJR	200	120,000	24,000,000	2,400,000	

합계금액	현금	수표	어음	외상미수금	이 금액을	● 영수 / ○ 청구	함
66,000,000	16,000,000		50,000,000				

2 12월 21일   상품을 매출하고 전자세금계산서를 발급하다. 대금은 전액 외상으로 하다.

전자세금계산서				(공급자 보관용)		승인번호		20231221-XXXX0128	
공급자	등록번호	110-81-12345			공급받는자	등록번호	204-81-13483		
	상호	튼튼가방(주)	성명(대표자)	고조은		상호	(주)동대문가방	성명(대표자)	동대문
	사업장주소	서울특별시 구로구 가마산로 245				사업장주소	서울특별시 동대문구 휘경로 15		
	업태	도매 및 상품중개업	종사업장번호			업태	도소매	종사업장번호	
	종목	가방 및 여행용품				종목	가방및여행용품		
	E-Mail	goodbak11@naver.com				E-Mail	ehdeoans78@kcci.com		
작성일자	2023.12.21.		공급가액	78,800,000		세 액	7,880,000		
비고									

월	일	품목명	규격	수량	단가	공급가액	세액	비고
12	21	학생용가방	IRI	250	200,000	50,000,000	5,000,000	
12	21	브리프케이스	CJR	120	240,000	28,800,000	2,880,000	

합계금액	현금	수표	어음	외상미수금	이 금액을	○ 영수	함
86,680,000				86,680,000		● 청구	

3 12월 22일   (주)현대상점에게 상품(학생용가방, 30EA)을 판매하고 신용카드매출전표를 발행해 주다.

단말기번호	4523188309	전표번호	
카드종류	우리카드		
회원번호	1234-1234-9874-4567		
유효기간		거 래 일 시	취소시당초거래일
		2023.12.22	
거래유형	승인	품명	학생용가방
결제방법	일시불	금 액 AMOUNT	6,000,000
매장명		부가세 VAT	600,000
판매자		봉사료 S/C	
대표자	고조은	합 계 TOTAL	6,600,000
알림/NOTICE		승인번호	34452311
가맹점주소	서울특별시 구로구 가마산로 245		
가맹점번호	5678999		
사업자등록번호	110-81-12345		
가맹점명	튼튼가방(주)		
문의전화/HELP DESK TEL:1544-4700 (회원용)		서명/SIGNATURE 현대상점	

4 12월 26일   직원들 유니폼을 현금으로 구입하고 현금영수증을 발급받다

현금영수증

● 거래정보

거래일시	2022-12-26
승인번호	12341235
거래구분	승인거래
거래용도	지출증빙
발급수단번호	110-81-12345

● 거래금액

품목	공급가액	부가세	봉사료	총거래금액
의류	300,000	30,000	0	330,000

● 가맹점 정보

상호	아이마트
사업자번호	119-81-52719
대표자명	데이빗
주소	서울시 강남구 도산대로 100

03 다음 거래를 일반전표입력 메뉴에 입력하시오.   20점/각4점
(단 채권·채무 및 금융 거래는 거래처 코드를 입력하고 각 문항별 한 개의 전표번호로 입력한다.)

1 12월 6일   ㈜고운여행용품에 다음 상품을 매출하기로 하고, 계약금 ₩4,000,000을 기업은행 보통예금계좌에 입금받다.

학생용가방   100EA   @₩200,000 (부가가치세 별도)

보통예금 통장 거래 내역   기업은행

번호	날짜	내용	출금액	입금액	잔액	거래점
		계좌번호 999789-01-9998877 튼튼가방(주)				
1	20231206	(주)고운여행용품		4,000,000	***	***
		이 하 생 략				

2 12월 13일   가지급금 전액은 대표이사에 대한 일시적인 대여금으로, 12월 13일에 원금 전액과 이자 ₩77,000을 기업은행 보통예금계좌에 입금받다.

3 12월 14일   거래처 부도로 인해 3년 전 대손처리 한 공주가방의 외상매출금 ₩1,000,000이 현금으로 회수되다. 단, 부가가치세는 고려하지 않는다.

4 12월 17일   단기투자를 목적으로 유가증권시장에 상장된 ㈜제주의 주식 2,000주(액면금액 @ ₩5,000)를 1주당 ₩7,000에 취득하다. 거래수수료 ₩180,000을 포함한 대금은 기업은행 보통예금계좌에서 이체하다.
(답안 작성 시 유의사항의 변경 후 계정과목을 적용할 것)

5 12월 28일   보유중인 ㈜아동가방 발행의 약속어음(어음번호: 가타20231115, 만기일: 2024년 2월 15일, 발행일: 2023년 11월 15일, 지급은행: 신한은행)을 신한은행에서 할인하고, 수수료 ₩240,000을 제외한 대금은 신한은행 당좌예금계좌에 입금받다. 단, 매각거래로 처리한다.

04 다음 기말(12월 31일) 결산 정리 사항을 회계 처리하고 마감하시오. 　　28점/각4점

1 장기차입금(농협은행)의 만기는 2022년 12월 31일이다.

2 보험료 미경과분을 계상하다. 단, 월할계산 한다.

3 장기대여금((주)전주바게트)에 대한 1년분 이자(이자율 연 2%) 미수액을 계상하다.

4 토지를 ₩3,050,000,000으로 재평가하다.

5 매출채권 잔액에 대해 1%의 대손충당금(보충법)을 설정하다.

6 모든 비유동자산에 대한 감가상각비를 계상하다.

7 기말상품재고액을 입력하고 결산 처리하다. 단, 재고평가는 선입선출법으로 한다.

04 **다음 사항을 조회하여 번호 순서대로 단답형 답안에 등록하시오.** 12점/각2점

※ CAMP sERP는 [단답형답안작성]메뉴에서 답안을 등록 후 [저장]버튼을 클릭합니다.
  New sPLUS는 [답안수록]메뉴에서 답안을 등록 후 [답안저장]버튼을 클릭합니다.
※ 문자 외의 숫자는 ₩, 원, 월, 단위구분자(,) 등을 생략하고 숫자만 입력하되 소수점이 포함되어 있는 숫자의 경우에는 소수점을 입력합니다.
  (예시) 54200(○), 54.251(○), ₩54,200(×), 54,200원(×), 5월(×), 500개(×), 50건(×)

1 1월 1일부터 5월 31일까지 매출액이 가장 큰 거래처의 공급가액(부가가치세 제외)은 얼마인가?

2 5월 25일 현재 재고수량이 가장 많은 상품의 재고는 몇 개인가?

3 6월 1일부터 9월 30일까지 보통예금의 인출총액은 얼마인가?

4 2023년 제1기 부가가치세 확정신고 시 매입세액은 얼마인가?

5 12월 31일 현재 한국채택국제회계기준(K-IFRS)에 의한 재무상태표에 표시되는 유동부채의 금액은 얼마인가?

6 1월 1일부터 12월 31일까지 한국채택국제회계기준(K-IFRS)에 의한 포괄손익계산서(기능별)에 표시되는 매출총이익의 금액은 얼마인가?

▶ [원가회계] 시작하기
실제시험에서는 오른쪽 상단의 [사업장변경]버튼 클릭 → [사업장변경]메뉴에서 해당 사업장 선택 → [사업장변경]버튼 클릭 해야 한다. '교육용'으로 실습할 때는 오른쪽 상단의 [종료 또는 로그아웃]버튼 클릭 → 답안파일 자동 저장하고 원가회계는 새로운 기초자료를 불러온 후 진행합니다.

문제 02 원가회계

▶ **지시사항**

'(주)정환금속'의 거래 자료이며 회계년도는 2023. 1. 1 ~ 2023. 12. 31이다. CAMP sERP 프7로그램을 '교육용로그인'할 때 불러오기를 클릭하고 [멘토르스쿨_2급(2023)] → [제3장 모의고사] → [2급_원가회계] → [제11회 모의고사]_(주)정환금속.zip를 불러온 후 진행합니다. [사용자번호 : (12345678), 성명 : (김갑수)]

---

01 다음의 11월 원가계산 과정을 순서대로 처리하시오. 단, 임금 및 제조경비는 주어진 기초자료에 이미 처리되어 있다. 20점/각4점

1 11월 2일 다음의 작업지시서를 발행하고, 같은 날 주요자재를 출고하였다.

① 작업지시서 내용

지시일자	제품명	작업장	작업지시량(EA)	작업기간
11월 2일	갑제품	제1작업장	400	11월 2일 ~ 11월 30일
11월 2일	을제품	제2작업장	400	11월 2일 ~ 12월 5일

② 자재사용(출고)등록

갑제품 작업지시서	자재A 150단위 (제1작업장) @₩400,000
을제품 작업지시서	자재B 150단위 (제2작업장) @₩500,000

※ 자재사용출고등록을 CAMP sERP는 생산자료등록에서, New sPLUS는 자재출고입력에서 처리

2 11월 30일 작업지시서(11월 2일 발행)에 대해 다음과 같이 생산자료를 등록하다.

품목	완성량 (EA)	재공품		작업(투입)시간	작업장
		월말 수량 (EA)	작업진행률 (완성도, %)		
갑제품	400	–	–	250	제1작업장
을제품	240	160	60	250	제2작업장

3 11월의 원가기준정보를 다음과 같이 등록하다.

① 노무비배부기준등록(총근무시간)

관련부문	생산1부	생산2부
총근무시간	400	400

② 보조부문비배부기준등록

관련부문	생산1부	생산2부
동력부	50	50
수선부	60	40

③ 작업진행률등록 [을제품 : 60%] ※ New sPLUS에서만 적용함

4 11월의 실제원가계산을 작업하시오.

 ① 기초재공품등록

 ② 직접재료비계산

 ③ 직접노무비계산

 ④ 제조간접비계산

 ⑤ 보조부문비배부

 ⑥ 제조부문비배부(작업시간기준)

 ⑦ 개별원가계산

 ⑧ 종합원가계산(평균법)

5 11월의 원가계산 마감한 후 제조원가명세서를 조회하시오. 단, 원미만은 반올림 처리한다.

▶ 답안저장하기 : 오른쪽 상단의 [종료 또는 로그아웃]버튼 클릭 → 답안파일 제출

MEMO

CAMP sERP 프로그램에 의한
합격마법사

PART 04

최신기출문제

제 1 회	최신기출문제	화홍판넬(주)	(주)펜톤
제 2 회	최신기출문제	송무산업(주)	(주)영동케미컬
제 3 회	최신기출문제	라인가구(주)	(주)피스영
제 4 회	최신기출문제	체어몰(주)	(주)윈터
제 5 회	최신기출문제	홈센터(주)	(주)원영산업
제 6 회	최신기출문제	리빙퍼니쳐(주)	(주)산은가구
제 7 회	최신기출문제	데코디자인(주)	(주)명인칠기
제 8 회	최신기출문제	천일공방(주)	(주)블랙우드

캠프(CAMP sERP)1.0.1.2버전과 기초데이터를 멘토르스쿨 홈페이지(http://www.mtrschool.co.kr)-[자료실]에서 다운받고 시작 합니다.

국가기술자격검정

제1회 전산회계운용사 최신기출문제

※ 무 단 전 재 금 함	프로그램	제한시간	수험번호	성 명
	CAMP sERP	80분		

2급   A형

답안 작성시 유의사항

- ▶ 인적사항 누락 및 작성 오류로 인한 불이익은 수험자 책임으로 합니다.
- ▶ 시험은 반드시 주어진 문제의 순서대로 진행하여야 합니다.
- ▶ 반드시 지시사항에 따라 기초기업자료를 확인하고, 해당 기초기업자료가 나타나지 않는 경우는 감독관에게 문의하시기 바랍니다.
- ▶ 기초기업자료를 선택하여 해당 문제를 풀이한 후 프로그램 종료 전 반드시 답안을 저장해야 합니다.
- ▶ 각종 코드는 문제에서 제시된 코드로 입력하여야 하며, 수험자가 임의로 부여한 코드는 오답으로 처리합니다. 단, 문제에 코드가 없는 경우에는 그러하지 아니합니다.
- ▶ 계정과목을 입력할 때는 반드시 [검색] 기능이나 [조회] 기능을 이용하여 계정과목을 등록하되 다음의 자산은 변경 후 계정과목(평가손익, 처분손익)을 적용합니다.

변경 전	변경 후
계정과목	계정과목
단기매매금융자산	당기손익-공정가치측정금융자산
매도가능금융자산	기타포괄손익-공정가치측정금융자산
만기보유금융자산	상각후원가측정금융자산

- ▶ 답안파일명은 자동으로 부여되므로 별도 답안파일을 작성할 필요가 없습니다. 또한, 답안 저장 및 제출 시간은 별도로 주어지지 아니하므로 제한 시간 내에 답안 저장 및 제출을 완료해야 합니다.

합격마법사 | 전산회계운용사 실기 **최신기출문제**

문제 01 재무회계

국가기술자격검정
제1회 전산회계운용사 최신기출문제

※ 무 단 전 재 금 함	프로그램	제한시간	수험번호	성 명
	CAMP sERP	80분		

2급   A형

답안 작성시 유의사항

- ▶ 인적사항 누락 및 작성 오류로 인한 불이익은 수험자 책임으로 합니다.
- ▶ 시험은 반드시 주어진 문제의 순서대로 진행하여야 합니다.
- ▶ 반드시 지시사항에 따라 기초기업자료를 확인하고, 해당 기초기업자료가 나타나지 않는 경우는 감독관에게 문의하시기 바랍니다.
- ▶ 기초기업자료를 선택하여 해당 문제를 풀이한 후 프로그램 종료 전 반드시 답안을 저장해야 합니다.
- ▶ 각종 코드는 문제에서 제시된 코드로 입력하여야 하며, 수험자가 임의로 부여한 코드는 오답으로 처리합니다. 단, 문제에 코드가 없는 경우에는 그러하지 아니합니다.
- ▶ 계정과목을 입력할 때는 반드시 [검색] 기능이나 [조회] 기능을 이용하여 계정과목을 등록하되 다음의 자산은 변경 후 계정과목(평가손익, 처분손익)을 적용합니다.

변경 전	변경 후
계정과목	계정과목
단기매매금융자산	당기손익-공정가치측정금융자산
매도가능금융자산	기타포괄손익-공정가치측정금융자산
만기보유금융자산	상각후원가측정금융자산

- ▶ 답안파일명은 자동으로 부여되므로 별도 답안파일을 작성할 필요가 없습니다. 또한, 답안 저장 및 제출 시간은 별도로 주어지지 아니하므로 제한 시간 내에 답안 저장 및 제출을 완료해야 합니다.

반드시 아래 지시사항에 따라 기초기업자료를 선택 및 확인하고, 해당 기업자료가 나타나지 않는 경우는 감독관에게 문의하시기 바랍니다.

합격마법사 | 전산회계운용사 실기 최신기출문제

문제 01 재무회계

▶ **지시사항**

'화홍판넬(주)'의 거래 자료이며 회계년도는 2023. 1. 1 ~ 2023. 12. 31이다. CAMP sERP 프로그램을 '교육용로그인'할 때 불러오기를 클릭하고 [멘토르스쿨_2급(2023)] → [제4장 최신기출문제]→[2급_재무회계]→[제1회 최신기출문제]_ 화홍판넬(주).zip를 불러온 후 진행합니다. [사용자번호 : (12345678), 성명 : (김갑수)]

---

01 **다음 제시되는 기준정보를 입력하시오.** 4점

1 다음의 신규 거래처를 등록하시오.. 각1점

거래처(명)	거래처분류(구분)	거래처코드	대표자	사업자등록번호	업태/종목
(주)금호판넬	매입처	00109	김인호	124-81-31002	도소매/판넬
(주)용건자재	매출처	00209	조용건	113-81-14527	도소매/건축자재

2 다음의 신규 상품(품목)을 등록하시오. 2점

품목코드	품목(품명)	(상세)규격	품목종류(자산)	기본단위(단위명)
104	우레탄판넬	50T	상품	EA

02 **다음 거래를 매입매출전표입력 메뉴에 입력하시오.** 16점/각4점
(단 채권·채무 및 금융 거래는 거래처 코드를 입력하고 각 문항별 한 개의 전표번호로 입력한다.)

1 12월 6일   상품을 매입하고 대금 중 ₩4,000,000은 약속어음(어음번호: 라마90110002, 만기일: 2024년 2월 6일, 지급은행: 국민은행)을 발행하여 지급하고 잔액은 현금으로 지급하다.

전자세금계산서 (공급받는자 보관용) 승인번호 20231206-XXXX0128

	공급자				공급받는자		
등록번호	102-81-12344			등록번호	143-81-31207		
상호	동우판넬㈜	성명(대표자)	박동우	상호	화홍판넬㈜	성명(대표자)	이상호
사업장주소	서울특별시 은평구 은평로 10			사업장주소	경기도 화성시 송산면 개매기길 103		
업태	제조	종사업장번호		업태	도매 및 상품중개업	종사업장번호	
종목	판넬			종목	조립식건축물및구조재		
E-Mail	qwe45@kcci.com			E-Mail	abc123@exam.com		

작성일자	2023.12.06	공급가액	6,400,000	세 액	640,000

비고

월	일	품목명	규격	수량	단가	공급가액	세액	비고
12	6	EPS판넬	50T	100	10,000	1,000,000	100,000	
12	6	메탈판넬	50T	200	27,000	5,400,000	540,000	

합계금액	현금	수표	어음	외상미수금	이 금액을	● 영수 함
7,040,000	3,040,000		4,000,000			○ 청구

2 12월 10일 상품을 매출하고 전자세금계산서를 발급하다.

전자세금계산서			(공급자 보관용)		승인번호	20231210-XXXX0127	
공급자	등록번호	143-81-31207		공급받는자	등록번호	220-81-64422	
	상호	화홍판넬㈜	성명(대표자) 이상호		상호	진영산업㈜	성명(대표자) 이제호
	사업장주소	경기도 화성시 송산면 개매기길 103			사업장주소	서울특별시 성동구 고산자로 123	
	업태	도매 및 상품중개업	종사업장번호		업태	도소매	종사업장번호
	종목	조립식건축물및구조재			종목	건축자재	
	E-Mail	abc123@exam.com			E-Mail	panel123@kcci.com	
작성일자	2023.12.10.		공급가액	23,500,000	세 액	2,350,000	
비고							

월	일	품목명	규격	수량	단가	공급가액	세액	비고
12	10	EPS판넬	50T	500	15,000	7,500,000	150,000	
12	10	그라스울판넬	50T	800	20,000	16,000,000	300,000	

합계금액	현금	수표	어음	외상미수금	이 금액을	○ 영수 함
25,850,000				25,850,000		● 청구

3 12월 22일 한성판넬에게 상품을 판매하고 현금영수증을 발행해 주다. 대금은 현금으로 받은 후 보통예금(우리은행)에 입금하다.

현금영수증

● 거래정보

거래일시	2022-12-22
승인번호	12341235
거래구분	승인거래
거래용도	소득공제
발급수단번호	010-4568-3211

● 거래금액

품목	수량	공급가액	부가세	봉사료	총거래금액
EPS판넬	100	1,500,000	150,000		1,650,000
합계					1,650,000

● 가맹점 정보

상호	화홍판넬(주)
사업자번호	143-81-31207
대표자명	이상호
주소	경기도 화성시 개매기길 103

4 12월 26일   신문구독료를 현금으로 지급하고 현금영수증을 발급받다

현금영수증

● 거래정보

거래일시	2022-12-26
승인번호	12341235
거래구분	승인거래
거래용도	지출증빙
발급수단번호	143-81-31207

● 거래금액

품목	공급가액	부가세	봉사료	총거래금액
신문	35,000	0	0	35,000

● 가맹점 정보

상호	한민일보
사업자번호	119-90-46149
대표자명	한민국
주소	서울특별시 마포구 마포대로 120

03 다음 거래를 일반전표입력 메뉴에 입력하시오.   20점/각4점
(단 채권·채무 및 금융 거래는 거래처 코드를 입력하고 각 문항별 한 개의 전표번호로 입력한다.)

1 12월 1일   ㈜민영설비와 본사창고 증축 계약을 체결하고 계약금 ₩2,000,000은 약속어음(만기일: 2024년 3월 2일)을 발행하여 지급하다.

약 속 어 음

㈜민영설비 귀하   라마90110004

금 이백만원정   2,000,000원

위의 금액을 귀하 또는 귀하의 지시인에게 이 약속어음과 상환하여 지급하겠습니다.

지급기일 2024년 3월 2일   발행일 2024년 12월 1일
지 급 지 국민은행   발행지 경기 화성 송산 개매기길 103
지급장소 ○○지점   주 소
                           발행인 화홍판넬㈜

2 12월 4일   기중에 ㈜통일산업에 빌려준 단기대여금이 거래처 파산으로 대손처리하다.

3 12월 5일   단기 투자 목적으로 상장주식인 우리산업㈜의 주식 200주를 @₩12,000에 구입하고 매입제비용 ₩34,000을 포함한 대금은 우리은행 보통예금계좌에서 이체하다.

4 12월 11일 사업 확장 목적으로 주주총회 결의를 통하여 보통주 1,000주(액면 @₩10,000)를 주당 ₩11,000에 발행하고 발행제비용 ₩125,000을 제외한 대금은 우리은행 보통예금계좌에 입금하다.

5 12월 14일 배송용 화물차 1대를 구입하고 대금은 우리은행 보통예금계좌에서 이체하다. 단, 고정자산등록을 하시오.

계정과목(과목명)	자산(코드)	자산(명)	취득금액	내용연수	상각방법
차량운반구	00203	배송용화물차(2)	₩35,000,000	5년	정액법

04 다음 기말(12월 31일) 결산 정리 사항을 회계 처리하고 마감하시오. 28점/각4점

1 신한은행의 장기차입금은 2024년 상반기에 만기가 도래한다.

2 보험료 선급분을 계상하다. 단, 월할계산에 의한다.

3 소모품 미사용액 ₩750,000을 계상하다.

4 장기 투자 목적의 주식은 모두 500주이며 주당 ₩15,000으로 평가되다.(단, 보유중인 주식은 직전년도 결산 시 평가손익이 존재한다.)

5 매출채권 잔액에 대해 1%의 대손충당금(보충법)을 설정하다.

6 모든 비유동자산에 대한 감가상각비를 계상하다.

7 기말상품재고액을 입력하고 결산 처리하다. 단, 재고평가는 선입선출법으로 한다.

05 다음 사항을 조회하여 번호 순서대로 단답형 답안에 등록하시오. 12점/각2점

※ CAMP sERP는 [단답형답안작성]메뉴에서 답안을 등록 후 [저장]버튼을 클릭합니다.
New sPLUS는 [답안수록]메뉴에서 답안을 등록 후 [답안저장]버튼을 클릭합니다.
※ 문자 외의 숫자는 ₩, 원, 월, 단위구분자(,) 등을 생략하고 숫자만 입력하되 소수점이 포함되어 있는 숫자의 경우에는 소수점을 입력합니다.
(예시) 54200(○), 54.251(○), ₩54,200(×), 54,200원(×), 5월(×), 500개(×), 50건(×)

① 월 20일부터 5월 15일까지 예수금 납부액은 얼마인가?

② 4월 20일 현재 그라스울판넬의 재고수량은 몇 개인가?

③ 7월부터 10월까지 외상매출금 발생총액은 얼마인가?

④ 2023년 제2기 부가가치세 예정신고 시 납부(환급)세액은 얼마인가?

⑤ 12월 31일 현재 한국채택국제회계기준(K-IFRS)에 의한 재무상태표에 표시되는 비유동 자산의 금액은 얼마인가?

⑥ 1월 1일부터 12월 31일까지 한국채택국제회계기준(K-IFRS)에 의한 포괄손익계산서(기능별)에 표시되는 매출총이익은 얼마인가?

▶ [원가회계] 시작하기
실제시험에서는 오른쪽 상단의 [사업장변경]버튼 클릭 → [사업장변경]메뉴에서 해당 사업장 선택 → [사업장변경]버튼 클릭 해야 한다. '교육용'으로 실습할 때는 오른쪽 상단의 [종료 또는 로그아웃]버튼 클릭 → 답안파일 자동 저장하고 원가회계는 새로운 기초자료를 불러온 후 진행합니다.

문제 02 원가회계

▶ **지시사항**

'(주)펜톤'의 거래 자료이며 회계년도는 2023. 1. 1 ~ 2023. 12. 31이다. CAMP sERP 프로그램을 '교육용로그인'할 때 불러오기를 클릭하고 [멘토르스쿨_2급(2023)] → [제4장 최신기출문제] → [2급_원가회계] → [제1회 최신기출문제]_(주)펜톤.zip를 불러온 후 진행합니다. [사용자번호 : (12345678), 성명 : (김갑수)]

---

01 다음의 6월 원가계산 과정을 순서대로 처리하시오. 단, 임금 및 제조경비는 주어진 기초자료에 이미 처리되어 있다. 20점/각4점

1 6월 5일 다음의 작업지시서를 발행하고, 같은 날 주요자재를 출고하다.
① 작업지시서 내용

지시일자	제품명	작업장	작업지시량(EA)	작업기간
6월 5일	염화아연	제1작업장	250	6월 5일 ~ 7월 12일
6월 5일	가성소다	제2작업장	1,000	6월 5일 ~ 6월 30일

② 자재사용(출고)등록
염화아연 작업지시서 : A원재료 500(EA) (제1작업장) @₩80,000(부가가치세 별도)
　　　　　　　　　　 B원재료 250(EA) (제1작업장) @₩120,000(부가가치세 별도)
가성소다 작업지시서 : C원재료 1,000(EA) (제2작업장) @₩40,000(부가가치세 별도)
※ CAMP sERP는 자재사용출고등록을 (2)생산자료등록에서, New sPLUS는 자재출고입력에서 처리함.

2 6월 30일 작업지시서(6월 5일 발행)에 대해 다음과 같이 생산자료를 등록하다.

품목	완성량(EA)	재공품 월말 수량(EA)	재공품 작업진행률(완성도, %)	작업(투입)시간	작업장
염화아연	200	50	60%	480	제1작업장
가성소다	1,000	-	-	400	제2작업장

※ New sPLUS는 완성도(작업진행률등록)를 (3)원가기준정보에서 처리한다.

3 6월의 원가기준정보를 다음과 같이 등록하다.
① 노무비배부기준등록(총근무시간)

관련부문	생산1부	생산2부
총근무시간	500	500

② 보조부문비배부기준등록

관련부문	생산1부	생산2부
바이오부문	50	50
설비부문	60	40

③ 작업진행률등록 [염화아연 : 60%] ※ New sPLUS에서만 적용함

4 6월의 실제원가계산을 작업하시오.

　① 기초재공품계산

　② 직접재료비계산

　③ 직접노무비계산

　④ 제조간접비계산

　⑤ 보조부문비배부

　⑥ 제조부문비배부(작업시간기준)

　⑦ 개별원가계산

　⑧ 종합원가계산(평균법)

5 6월의 원가계산 마감한 후 제조원가명세서를 조회하시오. 단, 원미만은 버림으로 처리한다.

▶ 답안저장하기 : 오른쪽 상단의 [종료 또는 로그아웃]버튼 클릭 → 답안파일 제출

국가기술자격검정

제2회 전산회계운용사 최신기출문제

※ 무 단 전 재 금 함	프로그램	제한시간	수험번호	성 명
	CAMP sERP	80분		

| 2급 | A형 |

답안 작성시 유의사항

- ▶ 인적사항 누락 및 작성 오류로 인한 불이익은 수험자 책임으로 합니다.
- ▶ 시험은 반드시 주어진 문제의 순서대로 진행하여야 합니다.
- ▶ 반드시 지시사항에 따라 기초기업자료를 확인하고, 해당 기초기업자료가 나타나지 않는 경우는 감독관에게 문의하시기 바랍니다.
- ▶ 기초기업자료를 선택하여 해당 문제를 풀이한 후 프로그램 종료 전 반드시 답안을 저장해야 합니다.
- ▶ 각종 코드는 문제에서 제시된 코드로 입력하여야 하며, 수험자가 임의로 부여한 코드는 오답으로 처리합니다. 단, 문제에 코드가 없는 경우에는 그러하지 아니합니다.
- ▶ 계정과목을 입력할 때는 반드시 [검색] 기능이나 [조회] 기능을 이용하여 계정과목을 등록하되 다음의 자산은 변경 후 계정과목(평가손익, 처분손익)을 적용합니다.

변경 전	변경 후
계정과목	계정과목
단기매매금융자산	당기손익-공정가치측정금융자산
매도가능금융자산	기타포괄손익-공정가치측정금융자산
만기보유금융자산	상각후원가측정금융자산

- ▶ 답안파일명은 자동으로 부여되므로 별도 답안파일을 작성할 필요가 없습니다. 또한, 답안 저장 및 제출 시간은 별도로 주어지지 아니하므로 제한 시간 내에 답안 저장 및 제출을 완료해야 합니다.

합격마법사 | 전산회계운용사 실기 최신기출문제

문제 01 재무회계

▶ 지시사항

'송무산업(주)'의 거래 자료이며 회계년도는 2023. 1. 1 ~ 2023. 12. 31이다. CAMP sERP 프로그램을 '교육용로그인'할 때 불러오기를 클릭하고 [멘토르스쿨_2급(2023)] → [제4장 최신기출문제]→[2급_재무회계]→[제2회 최신기출문제]_송무산업(주).zip를 불러온 후 진행합니다. [사용자번호 : (12345678), 성명 : (김갑수)]

---

01 다음 제시되는 기준정보를 입력하시오.   4점

1 다음의 신규 거래처를 등록하시오.   각1점

거래처(명)	거래처분류(구분)	거래처코드	대표자	사업자등록번호	업태/종목
(주)세영판넬	매입처	00107	안세영	106-81-11051	제조/건축용판재
한양판넬	매출처	00208	최성민	113-45-45681	도소매/판넬

2 다음의 신규 상품(품목)을 등록하시오.   2점

품목코드	품목(품명)	(상세)규격	품목종류(자산)	기본단위(단위명)
106	불연판넬	50T	상품	EA

02 다음 거래를 매입매출전표입력 메뉴에 입력하시오.   16점/각4점
(단 채권·채무 및 금융 거래는 거래처 코드를 입력하고 각 문항별 한 개의 전표번호로 입력한다.)

1 12월 7일 상품을 매입하고 대금은 전액 약속어음(어음번호: 라마90110002, 만기일: 2024년 3월 7일, 지급은행: 국민은행)을 발행하여 지급하다.

전자세금계산서 (공급받는자 보관용) 승인번호 20231207-XXXX0130

공급자
- 등록번호: 129-81-11113
- 상호: 명성산업㈜ 성명(대표자): 황보민
- 사업장주소: 서울특별시 금천구 독산로 10
- 업태: 도소매 종사업장번호:
- 종목: 판넬
- E-Mail: qwe45@kcci.com

공급받는자
- 등록번호: 143-81-31207
- 상호: 송무산업㈜ 성명(대표자): 박동신
- 사업장주소: 경기도 화성시 송산면 개매기길 103
- 업태: 도매 및 상품중개업 종사업장번호:
- 종목: 조립식건축물및구조재
- E-Mail: abc123@exam.com

작성일자: 2023.12.07 공급가액: 10,500,000 세액: 1,050,000

월	일	품목명	규격	수량	단가	공급가액	세액	비고
12	7	메탈판넬	50T	250	27,000	6,750,000	675,000	
12	7	그라스울판넬	50T	250	15,000	3,750,000	375,000	

합계금액	현금	수표	어음	외상미수금	이 금액을	
11,550,000			11,550,000		● 영수 / ○ 청구	함

2 12월 8일   상품을 매출하고 대금 중 ₩500,000은 현금으로 받다. 나머지는 동사 발행의 약속어음(어음번호: 가마91001254, 만기일: 2024년 3월 8일, 지급은행: 우리은행)으로 받다.

전자세금계산서				(공급자 보관용)		승인번호	20231208-XXXX0128	
공급자	등록번호	143-81-31207			공급받는자	등록번호	107-23-41029	
	상호	송무산업㈜	성명(대표자)	박동신		상호	한성판넬	성명(대표자)	장명희
	사업장주소	경기도 화성시 송산면 개매기길 103				사업장주소	서울특별시 중구 남대문로 10	
	업태	도매 및 상품중개업	종사업장번호			업태	도소매	종사업장번호
	종목	조립식건축물및구조재				종목	건축자재	
	E-Mail	abc123@exam.com				E-Mail	panel123@kcci.com	
작성일자	2023.12.08.		공급가액	5,000,000		세 액	500,000	
비고								

월	일	품목명	규격	수량	단가	공급가액	세액	비고
12	8	그라스울판넬	50T	250	20,000	5,000,000	500,000	

합계금액	현금	수표	어음	외상미수금	이 금액을 ● 영수 / ○ 청구 함
5,500,000	500,000		5,000,000		

3 12월 15일   12월 15일 진영산업(주)에게 상품(EPS판넬, 300EA)을 판매하고 신용카드매출전표를 발행해 주다.

단말기번호	4523188309	전표번호	
카드종류	BC카드		
회원번호	9876-5432-1234-1234		
유효기간	거 래 일 시 2023.12.15	취소시당초거래일	
거래유형	승인	품명	EPS판넬
결제방법	일시불	금 액 AMOUNT	4,500,000
매장명		부가세 VAT	450,000
판매자		봉사료 S/C	
대표자	박동신	합 계 TOTAL	4,950,000
알림/NOTICE		승인번호	34452311
가맹점주소	경기도 화성시 개매기길 103		
가맹점번호	8945612370		
사업자등록번호	143-81-31207		
가맹점명	송무산업(주)		
문의전화/HELP DESK TEL:1544-4700 (회원용)		서명/SIGNATURE 진영산업	

4 12월 23일　일산식당에서 본사 직원 회식을 하고 회식비를 법인신용카드로 결제하다.

단말기번호	4523188309		전표번호	
카드종류	BC카드			
회원번호	4510-3214-5678-9012			
유효기간	거 래 일 시		취소시당초거래일	
	2023.12.23			
거래유형	승인	품명	한식	
결제방법	일시불	금 액 AMOUNT	1,000,000	
매장명		부가세 VAT	100,000	
판매자		봉사료 S/C		
대표자	최고야	합 계 TOTAL	1,100,000	
알림/NOTICE		승인번호	34452311	
가맹점주소	서울특별시 마포구 마포대로 110			
가맹점번호	1234569012			
사업자등록번호	119-90-46123			
가맹점명	일산식당			
문의전화/HELP DESK TEL:1544-4700 (회원용)		서명/SIGNATURE 송무산업		

03 다음 거래를 일반전표입력 메뉴에 입력하시오. 　　　　　　20점/각4점
(단 채권·채무 및 금융 거래는 거래처 코드를 입력하고 각 문항별 한 개의 전표번호로 입력한다.)

1 12월 3일　삼보산업(주)에 다음 상품을 판매하기로 계약을 체결하고 계약금 ₩500,000을 우리은행 보통예금계좌로 이체 받다.

　　　　메탈판넬　　100EA　@₩ 40,000(부가가치세 별도)

보통예금 통장 거래 내역　　　　　　　　　우리은행

번호	날짜	내용	출금액	입금액	잔액	거래점
	계좌번호 503-456789-123 송무산업㈜					
1	20231203	삼보산업㈜		500,000	***	***
	이 하 생 략					

2 12월 10일　새로운 사업영역 등에 진출하기 위한 자금확보를 위하여 액면금액 ₩20,000,000인 사채(액면이자율: 10% , 유효이자율: 12%, 만기: 2026년 12월 9일, 이자지급일: 연2회 5월, 12월)를 ₩19,313,800에 발행하고 대금은 전액 우리은행 보통예금계좌에 입금하다.

3 12월 11일　신규산업 진출을 위하여 임시주주총회를 개최하여 증자를 의결하고, 보통주 5,000주(액면가액 @₩10,000, 발행가액 @₩15,000)를 발행하고 대금은 전액 우리은행 보통예금통장에 입금하다. 발행제비용 ₩128,000은 현금으로 지급하다.

4 12월 16일　서울전자(주) 발행의 회사채(만기일 : 2024년 10월 12일)를 ₩9,678,540에 구입하고 대금은 우리은행 보통예금계좌에서 이체하다. 단, 이자획득을 목적으로만 구입한 것으로 한다.

5 12월 21일　영업부직원들에게 마케팅과 관련한 교육을 실시하고 강사료 ₩1,200,000에 대하여 원천징수분 ₩105,600을 차감한 잔액은 우리은행 보통예금계좌에서 이체하다.

04 다음 기말(12월 31일) 결산 정리 사항을 회계 처리하고 마감하시오. 　　　28점/각4점

1 이자수익 선수분을 계상하다. 단, 월할계산에 의한다.

2 보험료 선급분을 계상하다. 단, 월할계산에 의한다.

3 장기 투자 목적의 주식은 모두 500주이며 1주당 ₩16,000으로 평가되다.(단, 보유중인 주식은 직전년도 결산 시 평가손익이 존재한다.)

4 12월 31일 현재 장부상의 현금잔액보다 실제잔액이 ₩18,000이 부족하며, 원인은 밝혀지지 않았다.

5 매출채권 잔액에 대해 1%의 대손충당금(보충법)을 설정하다.

6 모든 비유동자산에 대한 감가상각비를 계상하다.

7 기말상품재고액을 입력하고 결산 처리하다. 단, 재고평가는 선입선출법으로 한다.

05 다음 사항을 조회하여 번호 순서대로 단답형 답안에 등록하시오. 12점/각2점

> ※ CAMP sERP는 [단답형답안작성]메뉴에서 답안을 등록 후 [저장]버튼을 클릭합니다.
> New sPLUS는 [답안수록]메뉴에서 답안을 등록 후 [답안저장]버튼을 클릭합니다.
> ※ 문자 외의 숫자는 ₩, 원, 월, 단위구분자(,) 등을 생략하고 숫자만 입력하되 소수점이 포함되어 있는 숫자의 경우에는 소수점을 입력합니다.
> (예시) 54200(○), 54.251(○), ₩54,200(×), 54,200원(×), 5월(×), 500개(×), 50건(×)

1 2023년 제1기 부가가치세 예정신고 시 납부(환급)세액은 얼마인가?

2 4월부터 7월 중 매출액이 가장 큰 달은 몇 월인가?

3 9월 10일 현재 삼일판넬(주)의 외상매입금 잔액은 얼마인가?

4 10월 15일 현재 메탈판넬의 재고수량은 몇 개인가?

5 12월 31일 현재 한국채택국제회계기준(K-IFRS)에 의한 재무상태표에 표시되는 유동부채의 금액은 얼마인가?

6 1월 1일부터 12월 31일까지 한국채택국제회계기준(K-IFRS)에 의한 포괄손익계산서(기능별)에 표시되는 기타수익은 얼마인가?

▶ [원가회계] 시작하기
실제시험에서는 오른쪽 상단의 [사업장변경]버튼 클릭 → [사업장변경]메뉴에서 해당 사업장 선택 → [사업장변경]버튼 클릭 해야 한다. '교육용'으로 실습할 때는 오른쪽 상단의 [종료 또는 로그아웃]버튼 클릭 → 답안파일 자동 저장하고 원가회계는 새로운 기초자료를 불러온 후 진행합니다.

문제 02 원가회계

▶ 지시사항

'(주)영동케미컬'의 거래 자료이며 회계년도는 2023. 1. 1 ~ 2023. 12. 31이다. CAMP sERP 프로그램을 '교육용로그인' 할 때 불러오기를 클릭하고 [멘토르스쿨_2급(2023)] → [제4장 최신기출문제] → [2급_원가회계] → [제2회 최신기출문제]_(주)영동케미컬.zip를 불러온 후 진행합니다. [사용자번호 : (12345678), 성명 : (김갑수)]

01 다음의 6월 원가계산 과정을 순서대로 처리하시오. 단, 임금 및 제조경비는 주어진 기초자료에 이미 처리되어 있다.   20점/각4점

1 6월 4일 다음의 작업지시서를 발행하고, 같은 날 주요자재를 출고하다.
① 작업지시서 내용

지시일자	제품명	작업장	작업지시량(EA)	작업기간
6월 4일	A제품	제1작업장	500	6월 4일 ~ 7월 5일
6월 4일	B제품	제2작업장	200	6월 4일 ~ 6월 30일

② 자재사용(출고)등록
A제품 작업지시서 : A원재료   500(EA) (제1작업장) @₩80,000(부가가치세 별도)
　　　　　　　　　C원재료 1,000(EA) (제1작업장) @₩40,000(부가가치세 별도)
B제품 작업지시서 : B원재료   400(EA) (제2작업장) @₩120,000(부가가치세 별도)
※ CAMP sERP는 자재사용출고등록을 (2)생산자료등록에서, New sPLUS는 자재출고입력에서 처리함.

2 6월 30일 작업지시서(6월 4일 발행)에 대해 다음과 같이 생산자료를 등록하다.

품목	완성량(EA)	재공품		작업(투입)시간	작업장
		월말 수량(EA)	작업진행률(완성도, %)		
A제품	400	100	80%	200	제1작업장
B제품	200	-	-	400	제2작업장

※ New sPLUS는 완성도(작업진행률등록)을 (3)의 원가기준정보에서 처리한다.

3 6월의 원가기준정보를 다음과 같이 등록하다.
① 노무비배부기준등록(총근무시간)

관련부문	생산1부	생산2부
총근무시간	250	500

② 보조부문비배부기준등록

관련부문	생산1부	생산2부
바이오부문	20	80
설비부문	60	40

③ 작업진행률등록   [A제품 : 80%]   ※ New sPLUS에서만 적용함.

4 6월의 실제원가계산을 실시하다.

    ① 기초재공품계산

    ② 직접재료비계산

    ③ 직접노무비계산

    ④ 제조간접비계산

    ⑤ 보조부문비배부

    ⑥ 제조부문비배부(작업시간기준)

    ⑦ 개별원가계산

    ⑧ 종합원가계산(평균법)

5 6월의 원가계산 마감한 후 제조원가명세서를 조회하시오. 단, 원미만은 버림으로 처리한다.

▶ 답안저장하기 : 오른쪽 상단의 [종료 또는 로그아웃]버튼 클릭 → 답안파일 제출

국가기술자격검정

제3회 전산회계운용사 최신기출문제

※ 무 단 전 재 금 함	프로그램	제한시간	수험번호	성 명
	CAMP sERP	80분		

| 2급 | A형 |

답안 작성시 유의사항

▶ 인적사항 누락 및 작성 오류로 인한 불이익은 수험자 책임으로 합니다.

▶ 시험은 반드시 주어진 문제의 순서대로 진행하여야 합니다.

▶ 반드시 지시사항에 따라 기초기업자료를 확인하고, 해당 기초기업자료가 나타나지 않는 경우는 감독관에게 문의하시기 바랍니다.

▶ 기초기업자료를 선택하여 해당 문제를 풀이한 후 프로그램 종료 전 반드시 답안을 저장해야 합니다.

▶ 각종 코드는 문제에서 제시된 코드로 입력하여야 하며, 수험자가 임의로 부여한 코드는 오답으로 처리합니다. 단, 문제에 코드가 없는 경우에는 그러하지 아니합니다.

▶ 계정과목을 입력할 때는 반드시 [검색] 기능이나 [조회] 기능을 이용하여 계정과목을 등록하되 다음의 자산은 변경 후 계정과목(평가손익, 처분손익)을 적용합니다.

변경 전	변경 후
계정과목	계정과목
단기매매금융자산	당기손익-공정가치측정금융자산
매도가능금융자산	기타포괄손익-공정가치측정금융자산
만기보유금융자산	상각후원가측정금융자산

▶ 답안파일명은 자동으로 부여되므로 별도 답안파일을 작성할 필요가 없습니다. 또한, 답안 저장 및 제출 시간은 별도로 주어지지 아니하므로 제한 시간 내에 답안 저장 및 제출을 완료해야 합니다.

문제 01 재무회계

▶ **지시사항**

'라인가구(주)'의 거래 자료이며 회계년도는 2023. 1. 1 ~ 2023. 12. 31이다. CAMP sERP 프로그램을 '교육용로그인'할 때 불러오기를 클릭하고 [멘토르스쿨_2급(2023)] → [제4장 최신기출문제] → [2급_재무회계] → [제3회 최신기출문제]_라인가구(주).zip를 불러온 후 진행합니다. [사용자번호 : (12345678), 성명 : (김갑수)]

---

01 다음 제시되는 기준정보를 입력하시오. 4점

1 다음의 일반 거래처(매입거래처, 매출거래처)를 등록하시오. 각1점

거래처명	분류	거래처코드	대표자명	사업자등록번호	업태/종목
소방가구(주)	매출처	3007	김소방	120-81-63007	도소매/사무용가구
정직책상(주)	매입처	2005	고정직	126-81-98765	제조/목재가구

2 다음의 신규 상품(품목)을 등록하시오. 2점

품목코드	품목/규격	(상세)규격	품목구분	기준단위
404	회의용탁자	TAS	상품	EA

02 다음 거래를 매입매출전표입력 메뉴에 입력하시오. 16점/각4점
(단 채권·채무 및 금융 거래는 거래처 코드를 입력하고 각 문항별 한 개의 전표번호로 입력한다.)

1 12월 123일 상품을 매입하고 전자세금계산서를 발급받다. 대금 중 ₩55,000,000은 약속어음(어음번호: 가차90210001, 만기일: 2024년 2월 12일, 지급은행: 신한은행)을 발행하여 지급하다.

전자세금계산서(공급받는자 보관용) 승인번호 20231212-XXXX02111

공급자				공급받는자			
등록번호	113-81-27279			등록번호	110-81-12345		
상호	한국가구㈜	성명(대표자)	김한국	상호	라인가구(주)	성명(대표자)	김경영
사업장주소	서울특별시 구로구 구로동로 10			사업장주소	서울특별시 구로구 가마산로 134		
업태	제조	종사업장번호		업태	도매 및 상품중개업	종사업장번호	
종목	가구			종목	캐비넷/일반가구		
E-Mail	avc123@kcci.com			E-Mail	abc123@exam.com		

작성일자	2023.12.12.	공급가액	99,000,000	세액	9,900,000
비고					

월	일	품목명	규격	수량	단가	공급가액	세액	비고
12	12	강화유리책상	SGT	300	250,000	75,000,000	7,500,000	
12	12	중역용의자	CJR	200	120,000	24,000,000	2,400,000	

합계금액	현금	수표	어음	외상미수금	이 금액을	○ 영수 / ● 청구	함
108,900,000			55,000,000	53,900,000			

2 12월 15일　상품을 매출하고 전자세금계산서를 발급하다. 대금 중 현금으로 받은 부분은 즉시 기업은행 보통예금계좌에 입금하다.

전자세금계산서(공급자 보관용)					승인번호	20231215-XXXX0125		
공급자	등록번호	110-81-12345			공급받는자	등록번호	137-81-24263	
	상호	라인가구(주)	성명(대표자)	김경영		상호	㈜고운가구	성명(대표자)	나고운
	사업장주소	서울특별시 구로구 가마산로 134				사업장주소	인천광역시 서구 백범로 780	
	업태	도매 및 상품중개업	종사업장번호			업태	도소매	종사업장번호
	종목	캐비넷/일반가구				종목	가구	
	E-Mail	abc123@exam.com				E-Mail	aabbcc@kcci.COM	
작성일자	2023.12.15.		공급가액	78,300,000		세액	7,830,000	
비고								

월	일	품목명	규격	수량	단가	공급가액	세액	비고
12	15	철재캐비넷	IRI	180	160,000	28,800,000	2,880,000	
12	15	강화유리책상	SGT	110	450,000	49,500,000	4,950,000	

합계금액	현금	수표	어음	외상미수금	이 금액을	○ 영수 함
86,130,000	30,000,000			56,130,000		● 청구

3 12월 18일　행운가구(주)로부터 상품(회의용탁자 20개)을 법인신용카드로 구입하고 신용카드 매출전표를 발급받다.

단말기번호	4523188309　　　전표번호
카드종류	KB카드
회원번호	1234-4567-9012-3456
유효기간	거 래 일 시　　취소시당초거래일
	2023.12.18
거래유형	승인　　품명　　회의용탁자
결제방법	일시불　　금액 AMOUNT　　4,000,000
매장명	부가세 VAT　　400,000
판매자	봉사료 S/C
대표자	이행운　　합계 TOTAL　　4,400,000
알림/NOTICE	승인번호　34452311
가맹점주소	서울특별시 서대문구 가좌로 111
가맹점번호	1234569012
사업자등록번호	110-81-55742
가맹점명	행운가구(주)
문의전화/HELP DESK TEL:1544-4700 (회원용)	서명/SIGNATURE 라인가구

4 12월 20일 투자목적으로 대륙부동산(주)에서 토지 ₩30,000,000을 외상으로 취득하다. 단, 유형자산등록은 생략한다.

전자계산서			(공급받는자 보관용)		승인번호	20231220-XXXX0115	
공급자	등록번호	201-81-36361		공급받는자	등록번호	110-81-12345	
	상호	대륙부동산(주)	성명(대표자) 김대륙		상호	라인가구(주)	성명(대표자) 김경영
	사업장주소	경기도 광명시 광명로 145			사업장주소	서울특별시 구로구 가마산로 134	
	업태	부동산업	종사업장번호		업태	도매 및 상품중개업	종사업장번호
	종목	부동산매매			종목	캐비넷/일반가구	
	E-Mail	bigland111@exam.com			E-Mail	abc123@exam.com	
작성일자	2023.12.20.	공급가액		30,000,000			
비고							

월	일	품목명	규격	수량	단가	공급가액	비고
12	20	토지				30,000,000	

합계금액	현금	수표	어음	외상미수금	이 금액을	○ 영수 / ⦿ 청구	함
30,000,000				30,000,000			

03 다음 거래를 일반전표입력 메뉴에 입력하시오. 20점/각4점
(단 채권·채무 및 금융 거래는 거래처 코드를 입력하고 각 문항별 한 개의 전표번호로 입력한다.)

1 12월 3일 임시 주주총회 결의에 따라 유상증자를 실시하다. 보통주 15,000주(액면금액 @₩5,000, 발행금액 @₩8,000)를 발행하고, 주식발행 제비용 ₩800,000을 제외한 대금은 기업은행 보통예금계좌로 납입 받다.

2 12월 5일 단기 매매 차익을 목적으로 보유하고 있는 주식 전체 2,000주 중 1,000주를 1주당 ₩4,000에 처분하고, 거래수수료 ₩45,000을 제외한 대금은 기업은행 보통예금계좌로 입금 받다.

3 12월 14일 전기에 대손 처리하였던 (주)회생의 외상매출금 ₩1,200,000이 기업은행 보통예금계좌로 입금되다. 단, 부가가치세는 고려하지 않는다.

4 12월 18일   견적서에 따라 상품을 매입하기로 하고 계약금 ₩5,000,000을 자기앞수표로 지급하다.

No.		견 적 서			
2023 년 12 월 18 일		등록번호	128-81-45677		
라인가구(주)	귀하	상호(법인명)	㈜다산가구	성명	정 다 산 ㊞
		사업장주소	경기도 고양시 덕양구 중앙로 110		
아래와 같이 견적합니다.		업 태	제조	종목	가구
		전화번호			
합 계 금 액			오천오백만원整(₩55,000,000)		
품 명	규 격	수 량	단 가	공급가액	세액
강화유리책상	SGT	200EA	250,000	50,000,000	5,000,000
		이 하 생 략			

6 12월 27일   연말 불우이웃돕기 성금 ₩1,800,000을 현금으로 지급하다.

04 다음 기말(12월 31일) 결산 정리 사항을 회계 처리하고 마감하시오.   28점/각4점

1 소모품 사용액은 ₩35,510,000이다.

2 화재보험료 선급분을 계상하다. 단, 월할계산에 의한다.

3 결산일 현재 단기 시세 차익 목적으로 보유중인 주식의 공정가치는 ₩5,750,000이다.

4 12월 31일 현재 현금의 장부잔액보다 실제잔액이 ₩50,000 부족하며, 그 원인은 밝혀지지 않았다.

5 매출채권 잔액에 대해 1%의 대손충당금(보충법)을 설정하다.

6 모든 비유동자산에 대한 감가상각비를 계상하다.

7 기말상품재고액을 입력하고 결산 처리하다. 단, 재고평가는 선입선출법으로 한다.

05 다음 사항을 조회하여 번호 순서대로 단답형 답안에 등록하시오. 12점/각2점

※ CAMP sERP는 [단답형답안작성]메뉴에서 답안을 등록 후 [저장]버튼을 클릭합니다.
New sPLUS는 [답안수록]메뉴에서 답안을 등록 후 [답안저장]버튼을 클릭합니다.
※ 문자 외의 숫자는 ₩, 원, 월, 단위구분자(,) 등을 생략하고 숫자만 입력하되 소수점이 포함되어 있는 숫자의 경우에는 소수점을 입력합니다.
(예시) 54200(○), 54.251(○), ₩54,200(×), 54,200원(×), 5월(×), 500개(×), 50건(×)

1 1월 1일부터 4월 30일까지 중 판매관리비가 가장 많이 발생한 월은 몇 월인가?

2 1월 1일부터 5월 31일까지 철재캐비넷의 매입금액(부가가치세 제외)은 얼마인가?

3 4월 1일부터 7월 31일까지 보통예금 인출총액은 얼마인가?

4 6월 30일 현재 재고수량이 가장 많은 상품의 재고수량은 몇 개인가?

5 12월 31일 현재 한국채택국제회계기준(K-IFRS)에 의한 재무상태표에 표시되는 현금및현금성자산의 금액은 얼마인가?

6 1월 1일부터 12월 31일까지 한국채택국제회계기준(K-IFRS)에 의한 포괄손익계산서(기능별)에 표시되는 기타비용의 금액은 얼마인가?

▶ [원가회계] 시작하기
실제시험에서는 오른쪽 상단의 [사업장변경]버튼 클릭 → [사업장변경]메뉴에서 해당 사업장 선택 → [사업장변경]버튼 클릭 해야 한다. '교육용'으로 실습할 때는 오른쪽 상단의 [종료 또는 로그아웃]버튼 클릭 → 답안파일 자동 저장하고 원가회계는 새로운 기초자료를 불러온 후 진행합니다.

문제 02 원가회계

▶ 지시사항

'(주)피스영'의 거래 자료이며 회계년도는 2023. 1. 1 ~ 2023. 12. 31이다. CAMP sERP 프로그램을 '교육용로그인'할 때 불러오기를 클릭하고 [멘토르스쿨_2급(2023)] → [제4장 최신기출문제] → [2급_원가회계] → [제3회 최신기출문제]_(주)피스영.zip를 불러온 후 진행합니다. [사용자번호 : (12345678), 성명 : (김갑수)]

01 **다음의 11월 원가계산 과정을 순서대로 처리하시오. 단, 임금 및 제조경비는 주어진 기초자료에 이미 처리되어 있다.** 20점/각4점

1 11월 8일 다음의 작업지시서를 발행하고, 같은 날 주요자재를 출고하였다.

① 작업지시서 내용

지시일자	제품명	작업장	작업지시량	작업기간
11월 08일	갑제품	제1작업장	120(BOX)	11월 08일 ~ 11월 30일
11월 08일	을제품	제2작업장	200(BOX)	11월 08일 ~ 12월 07일

② 자재사용(출고)등록

갑제품 작업지시서	재료X 200Kg, 재료Y 240Kg(제1작업장)
을제품 작업지시서	재료X 160Kg, 재료Z 160Kg(제2작업장)

※ CAMP sERP는 자재사용출고등록을 (2)생산자료등록에서, New sPLUS는 자재출고입력에서 처리

2 11월 30일 작업지시서(11월 8일 발행)에 대해 다음과 같이 생산자료를 등록하다.

품목	완성량(EA)	재공품 월말 수량(EA)	재공품 작업진행률 (완성도, %)	작업(투입)시간	작업장
갑제품	120	-	-	200	제1작업장
을제품	100	100	40%	160	제2작업장

※ New sPLUS는 완성도(작업진행률등록)를 (3)원가기준정보에서 처리함.

3 11월의 원가기준정보를 다음과 같이 등록하다.

① 노무비배부기준등록(총근무시간)

관련부문	생산1부	생산2부
총근무시간	240	200

② 보조부문비배부기준등록

관련부문	생산1부	생산2부
동력부	60	40
절단부	50	50

③ 작업진행률등록 [을제품 : 80%] ※ New sPLUS만 적용한다.

4 11월의 실제원가계산을 작업하시오.

　　① 기초재공품등록

　　② 직접재료비계산

　　③ 직접노무비계산

　　④ 제조간접비계산(제조부문비배부기준 : 투입시간)

　　⑤ 개별원가계산

　　⑥ 종합원가계산(평균법)

　　⑦ 원가반영작업

5 11월의 원가계산 마감한 후 제조원가명세서를 조회하시오. 단, 원미만은 버림으로 처리한다.

▶ 답안저장하기 : 오른쪽 상단의 [종료 또는 로그아웃]버튼 클릭 → 답안파일 제출

국가기술자격검정

제4회 전산회계운용사 최신기출문제

※ 무 단 전 재 금 함	프로그램	제한시간	수험번호	성 명
	CAMP sERP	80분		

| 2급 | A형 |

답안 작성시 유의사항

- ▶ 인적사항 누락 및 작성 오류로 인한 불이익은 수험자 책임으로 합니다.
- ▶ 시험은 반드시 주어진 문제의 순서대로 진행하여야 합니다.
- ▶ 반드시 지시사항에 따라 기초기업자료를 확인하고, 해당 기초기업자료가 나타나지 않는 경우는 감독관에게 문의하시기 바랍니다.
- ▶ 기초기업자료를 선택하여 해당 문제를 풀이한 후 프로그램 종료 전 반드시 답안을 저장해야 합니다.
- ▶ 각종 코드는 문제에서 제시된 코드로 입력하여야 하며, 수험자가 임의로 부여한 코드는 오답으로 처리합니다. 단, 문제에 코드가 없는 경우에는 그러하지 아니합니다.
- ▶ 계정과목을 입력할 때는 반드시 [검색] 기능이나 [조회] 기능을 이용하여 계정과목을 등록하되 다음의 자산은 변경 후 계정과목(평가손익, 처분손익)을 적용합니다.

변경 전	변경 후
계정과목	계정과목
단기매매금융자산	당기손익-공정가치측정금융자산
매도가능금융자산	기타포괄손익-공정가치측정금융자산
만기보유금융자산	상각후원가측정금융자산

- ▶ 답안파일명은 자동으로 부여되므로 별도 답안파일을 작성할 필요가 없습니다. 또한, 답안 저장 및 제출 시간은 별도로 주어지지 아니하므로 제한 시간 내에 답안 저장 및 제출을 완료해야 합니다.

반드시 아래 지시사항에 따라 기초기업자료를 선택 및 확인하고, 해당 기업자료가 나타나지 않는 경우는 감독관에게 문의하시기 바랍니다.

합격마법사 | 전산회계운용사 실기 최신기출문제

문제 01 재무회계

▶ **지시사항**

'체어몰(주)'의 거래 자료이며 회계년도는 2023. 1. 1 ~ 2023. 12. 31이다. CAMP sERP 프로그램을 '교육용로그인'할 때 불러오기를 클릭하고 [멘토르스쿨_2급(2023)] → [제4장 최신기출문제] → [2급_재무회계] → [제4회 최신기출문제]_체어몰(주).zip를 불러온 후 진행합니다. [사용자번호 : (12345678), 성명 : (김갑수)]

---

01 다음 제시되는 기준정보를 입력하시오. 4점

1 다음의 신규 거래처를 등록하시오. 각1점

거래처명	분류	거래처코드	대표자명	사업자등록번호	업태/종목
스마트가구(주)	매출처	3007	김천석	109-81-11652	도소매/사무용가구
웨스턴가구(주)	매입처	2005	강구영	214-81-54327	제조/금속가구

2 다음의 신규 상품(품목)을 등록하시오. 2점

품목코드	품목/규격	(상세)규격	품목구분	기준단위
404	식당용의자	STS	상품	EA

02 다음 거래를 매입매출전표입력 메뉴에 입력하시오. 16점/각4점
(단, 채권·채무 및 금융 거래는 거래처 코드를 입력하고 각 문항별 한 개의 전표번호로 입력한다.)

1 12월 20일   상품을 매입하고 전자세금계산서를 발급받다. 대금 중 ₩40,000,000은 보관중인 ㈜고운가구 발행의 약속어음(어음번호: 다카10292222, 발행일: 2023년 11월 15일, 만기일: 2024년 3월 15일, 지급은행: 신한은행)을 배서 양도하고, 잔액은 기업은행 보통예금 계좌에서 현금으로 인출하여 지급하다.

전자세금계산서(공급받는자 보관용)   승인번호 20231220-XXXX02111

	공급자				공급받는자		
등록번호	128-81-45677			등록번호	110-81-12345		
상호	(주)다산가구	성명(대표자)	정다산	상호	체어몰(주)	성명(대표자)	김경영
사업장주소	경기도 고양시 덕양구 중앙로 110			사업장주소	서울특별시 구로구 가마산로 134		
업태	제조	종사업장번호		업태	도매 및 상품중개업	종사업장번호	
종목	가구			종목	캐비넷/일반가구		
E-Mail	avc123@kcci.com			E-Mail	abc123@exam.com		

작성일자	2023.12.20.	공급가액	44,000,000	세액	4,400,000
비고					

월	일	품목명	규격	수량	단가	공급가액	세액	비고
12	20	중역용의자	CJR	200	120,000	24,000,000	2,400,000	
12	20	철재캐비넷	IRI	250	80,000	20,000,000	2,000,000	

합계금액	현금	수표	어음	외상미수금	이 금액을	● 영수 / ○ 청구	함
48,400,000	8,400,000		40,000,000				

2 12월 27일　　상품을 매출하고 전자세금계산서를 발급하다. 대금 중 ₩45,000,000은 현금으로 받아 신한은행 당좌예금 계좌에 입금하다.

전자세금계산서(공급자 보관용)					승인번호		20231227-XXXX0128	
공급자	등록번호	110-81-12345			공급받는자	등록번호	109-14-45432	
	상호	체어몰(주)	성명(대표자)	김경영		상호	공주가구	성명(대표자)	이공주
	사업장주소	서울특별시 구로구 가마산로 134				사업장주소	서울특별시 은평구 은평로 10	
	업태	도매 및 상품중개업	종사업장번호			업태	소매	종사업장번호
	종목	캐비넷/일반가구				종목	가구	
	E-Mail	abc123@exam.com				E-Mail	aabbcc@kcci.com	
작성일자	2023.12.27.		공급가액	93,000,000		세 액	9,300,000	
비고								

월	일	품목명	규격	수량	단가	공급가액	세액	비고
12	27	강화유리책상	SGT	100	450,000	45,000,000	4,500,000	
12	27	중역용의자	CJR	200	240,000	48,000,000	4,800,000	

합계금액	현금	수표	어음	외상미수금	이 금액을	○ 영수 / ● 청구	함
102,300,000	45,000,000			57,300,000			

3 12월 28일　　사무실에서 사용하는 냉방기를 수리하고 수리비는 현금으로 지급하고 현금영수증을 발급 받다.

현금영수증

● 거래정보

거래일시	2022-12-28
승인번호	12341235
거래구분	승인거래
거래용도	지출증빙
발급수단번호	110-81-12345

● 거래금액

품목	공급가액	부가세	봉사료	총거래금액
수리비	85,000	8,500	0	93,500

● 가맹점 정보

상호	현길(주)
사업자번호	111-81-78525
대표자명	김현길
주소	인천광역시 서구 가정로 150

4 12월 30일 거래처 직원 결혼식에 화환을 보내고 대금은 현금으로 지급하다.

현금영수증

● 거래정보

거래일시	2022-12-24
승인번호	12341235
거래구분	승인거래
거래용도	지출증빙
발급수단번호	010-5787-8901

● 거래금액

품목	공급가액	부가세	봉사료	총거래금액
화환	60,000	0	0	60,000

● 가맹점 정보

상호	꽃사랑
사업자번호	123-81-23421
대표자명	강애신
주소	서울특별시 성북구 서소문로 2

03 다음 거래를 일반전표입력 메뉴에 입력하시오. 20점/각4점
(단 채권·채무 및 금융 거래는 거래처 코드를 입력하고 각 문항별 한 개의 전표번호로 입력한다.)

1 12월 4일 상법에서 정하는 절차에 따라 자기주식 3,000주(액면금액 @₩5,000)를 1주당 ₩7,000에 매입하고, 신한은행 당좌예금계좌에서 이체하다.

2 12월 6일 단기 투자를 목적으로 코스닥시장에 상장된 (주)대박의 주식 3,000주(액면금액 @₩1,000)를 1주당 ₩4,000에 취득하다. 거래수수료 ₩50,000을 포함한 대금은 기업은행 보통예금계좌에서 이체하다.

3 12월 10일 지출결의서에 따라 해당 금액을 기업은행 보통예금계좌에서 납부하다.

지출결의서

2023년 12월 10일

결재	계장	과장	부장
	대한	상공	회의

번호	내역	금액(원)	비고
1	11월분 소득세 등 원천 징수분	4,420,000	기업은행(보통) 인출
2	11월분 회사부담 건강보험료	1,600,000	기업은행(보통) 인출
	계	6,020,000	-

④ 12월 14일 대륙부동산(주)로부터 물류창고 부지를 구입하기로 하고 계약금을 기업은행 보통예금계좌에서 이체하다.

보통예금 통장 거래 내역

기업은행

번호	날짜	내용	출금액	입금액	잔액	거래점
		계좌번호 999-789-01-998877 체어몰㈜				
1	2023-12-14	대륙부동산㈜	25,000,000		***	***
		이 하 생 략				

⑤ 12월 28일 김포컴퓨터(주)에서 업무용 컴퓨터 1대를 ₩1,000,000에 구입하고, 대금은 법인 KB카드로 결제하다. 단, 유형자산을 등록하시오.

자산코드	자산(명)	내용연수	상각방법	취득수량
302	데스크탑	5년	정률법	1대

04 다음 기말(12월 31일) 결산 정리 사항을 회계 처리하고 마감하시오. 28점/각4점

① 소모품 미사용액 ₩950,000을 계상하다.

② 임차료 선급분을 계상하다. 단, 월할계산에 의한다.

③ 결산일 현재 장기 투자 목적으로 보유중인 주식의 공정가치는 ₩42,000,000이다.

④ 당해 연도 법인세등 총액 ₩8,800,000을 계상하다. 단, 이연법인세는 고려하지 않는다.

⑤ 매출채권 잔액에 대해 1%의 대손충당금(보충법)을 설정하다.

⑥ 모든 비유동자산에 대한 감가상각비를 계상하다.

⑦ 기말상품재고액을 입력하고 결산 처리하다. 단, 재고평가는 선입선출법으로 한다.

05 다음 사항을 조회하여 번호 순서대로 단답형 답안에 등록하시오. 12점/각2점

> ※ CAMP sERP는 [단답형답안작성]메뉴에서 답안을 등록 후 [저장]버튼을 클릭합니다.
> New sPLUS는 [답안수록]메뉴에서 답안을 등록 후 [답안저장]버튼을 클릭합니다.
> ※ 문자 외의 숫자는 ₩, 원, 월, 단위구분자(,) 등을 생략하고 숫자만 입력하되 소수점이 포함되어 있는 숫자의 경우에는 소수점을 입력합니다.
> (예시) 54200(○), 54.251(○), ₩54,200(×), 54,200원(×), 5월(×), 500개(×), 50건(×)

1 1월 1일부터 6월 30일까지 매출액이 가장 큰 거래처의 공급가액은 얼마인가?

2 2월 1일부터 5월 31일까지 중역용의자의 매입 수량이 가장 많은 월은 몇 월인가?

3 2023년 1기 부가가치세 확정신고 시 납부(환급)세액은 얼마인가?

4 4월 1일부터 7월 31일까지 현금으로 지출한 판매관리비가 가장 많은 월은 몇 월인가?

5 12월 31일 현재 한국채택국제회계기준(K-IFRS)에 의한 재무상태표에 표시되는 유동부채의 금액은 얼마인가?

6 1월 1일부터 12월 31일까지 한국채택국제회계기준(K-IFRS)에 의한 포괄손익계산서(기능별)에 표시되는 매출총이익의 금액은 얼마인가?

▶ [원가회계] 시작하기
실제시험에서는 오른쪽 상단의 [사업장변경]버튼 클릭 → [사업장변경]메뉴에서 해당 사업장 선택 → [사업장변경]버튼 클릭 해야 한다. '교육용'으로 실습할 때는 오른쪽 상단의 [종료 또는 로그아웃]버튼 클릭 → 답안파일 자동 저장하고 원가회계는 새로운 기초자료를 불러온 후 진행합니다.

문제 02 원가회계

▶ **지시사항**

'(주)윈터'의 거래 자료이며 회계년도는 2023. 1. 1 ~ 2023. 12. 31이다. CAMP sERP 프로그램을 '교육용로그인'할 때 불러오기를 클릭하고 [멘토르스쿨_2급(2023)] → [제4장 최신기출문제] → [2급_원가회계] → [제7회 최신기출문제]_(주)윈터.zip를 불러온 후 진행합니다. [사용자번호 : (12345678), 성명 : (김갑수)]

---

01 다음의 11월 원가계산 과정을 순서대로 처리하시오. 단, 임금 및 제조경비는 주어진 기초자료에 이미 처리되어 있다. 20점/각4점

1 11월 11일   다음의 작업지시서를 발행하고, 같은 날 주요자재를 출고하였다..

① 작업지시서 내용

지시일자	제품명	작업장	작업지시량(EA)	작업기간
11월 11일	갑제품	제1작업장	400(BOX)	11월 11일 ~ 11월 30일
11월 11일	을제품	제2작업장	160(BOX)	11월 11일 ~ 12월 06일

② 자재사용(출고)등록

갑제품 작업지시서	재료X 360Kg(제1작업장)
을제품 작업지시서	재료Y 200Kg, 재료Z 240Kg(제2작업장)

※ CAMP sERP는 자재사용출고등록을 (2)생산자료등록에서, New sPLUS는 자재출고입력에서 처리함.

2 11월 30일   작업지시서(11월 11일 발행)에 대해 다음과 같이 생산자료를 등록하다.

품목	완성량 (EA)	재공품 월말 수량 (EA)	재공품 작업진행률 (완성도, %)	작업(투입)시간	작업장
갑제품	400	–	–	160	제1작업장
을제품	120	40	50%	200	제2작업장

※ New sPLUS는 완성도(작업진행률등록)를 (3)원가기준정보에서 처리함.

3 11월의 원가기준정보를 다음과 같이 등록하다.

① 노무비배부기준등록(총근무시간)

관련부문	생산1부	생산2부
총근무시간	200	240

② 보조부문비배부기준등록

관련부문	생산1부	생산2부
동력부	60	40
절단부	80	20

③ 작업진행률등록   [을제품 : 50%]   ※ New sPLUS에서만 적용함

4 11월의 실제원가계산을 작업하시오.

    ① 기초재공품계산

    ② 직접재료비계산

    ③ 직접노무비계산

    ④ 제조간접비계산(제조부문비배부기준 : 투입시간)

    ⑤ 개별원가계산

    ⑥ 종합원가계산(평균법)

    ⑦ 원가반영작업

5 11월의 원가계산 마감한 후 제조원가명세서를 조회하시오. 단, 원미만은 반올림 처리한다.

▶ 답안저장하기 : 오른쪽 상단의 [종료 또는 로그아웃]버튼 클릭 → 답안파일 제출

국가기술자격검정

제5회 전산회계운용사 최신기출문제

※ 무 단 전 재 금 함	프로그램	제한시간	수험번호	성 명
	CAMP sERP	80분		

2급 A형

답안 작성시 유의사항

- ▶ 인적사항 누락 및 작성 오류로 인한 불이익은 수험자 책임으로 합니다.
- ▶ 시험은 반드시 주어진 문제의 순서대로 진행하여야 합니다.
- ▶ 반드시 지시사항에 따라 기초기업자료를 확인하고, 해당 기초기업자료가 나타나지 않는 경우는 감독관에게 문의하시기 바랍니다.
- ▶ 기초기업자료를 선택하여 해당 문제를 풀이한 후 프로그램 종료 전 반드시 답안을 저장해야 합니다.
- ▶ 각종 코드는 문제에서 제시된 코드로 입력하여야 하며, 수험자가 임의로 부여한 코드는 오답으로 처리합니다. 단, 문제에 코드가 없는 경우에는 그러하지 아니합니다.
- ▶ 계정과목을 입력할 때는 반드시 [검색] 기능이나 [조회] 기능을 이용하여 계정과목을 등록하되 다음의 자산은 변경 후 계정과목(평가손익, 처분손익)을 적용합니다.

변경 전	변경 후
계정과목	계정과목
단기매매금융자산	당기손익-공정가치측정금융자산
매도가능금융자산	기타포괄손익-공정가치측정금융자산
만기보유금융자산	상각후원가측정금융자산

- ▶ 답안파일명은 자동으로 부여되므로 별도 답안파일을 작성할 필요가 없습니다. 또한, 답안 저장 및 제출 시간은 별도로 주어지지 아니하므로 제한 시간 내에 답안 저장 및 제출을 완료해야 합니다.

문제 01 재무회계

▶ **지시사항**

'홈센터(주)'의 거래 자료이며 회계년도는 2023. 1. 1 ~ 2023. 12. 31이다. CAMP sERP 프로그램을 '교육용로그인'할 때 불러오기를 클릭하고 [멘토르스쿨_2급(2023)] → [제4장 최신기출문제]→[2급_재무회계]→[제5회 최신기출문제]_ 홈센터(주.zip를 불러온 후 진행합니다. [사용자번호 : (12345678), 성명 : (김갑수)]

---

01 다음 제시되는 기준정보를 입력하시오. 4점

1 다음의 일반 거래처(매입거래처, 매출거래처)를 등록하시오. 각1점

거래처(명)	거래처분류(구분)	거래처코드	대표자	사업자등록번호	업태/종목
울릉가구(주)	매출처	3007	김정민	129-81-67897	도소매/사무용가구
파주가구(주)	매입처	2005	박동수	110-81-00664	제조/플라스틱가구

2 다음의 신규 상품(품목)을 등록하시오. 2점

품목코드	품목(품명)	(상세)규격	품목종류(자산)	기본단위(단위명)
404	3단책장	GLS	상품	EA

02 다음 거래를 매입매출전표입력 메뉴에 입력하시오. 16점/각4점
(단 채권·채무 및 금융 거래는 거래처 코드를 입력하고 각 문항별 한 개의 전표번호로 입력한다.)

1 12월 13일   상품을 매입하고 전자세금계산서를 발급받다. 대금 중 ₩45,000,000은 약속어음(어음번호: 가차90210001, 만기일: 2024년 2월 22일, 지급은행: 신한은행)을 발행하여 지급하고, 잔액은 외상으로 하다.

전자세금계산서(공급받는자 보관용) 승인번호 20231213-XXXX02111

	공급자				공급받는자		
등록번호	110-81-55742			등록번호	110-81-12345		
상호	행운가구㈜	성명(대표자)	이행운	상호	홈센터(주)	성명(대표자)	김경영
사업장주소	서울특별시 서대문구 가좌로 111			사업장주소	서울특별시 구로구 가마산로 134		
업태	제조	종사업장번호		업태	도매 및 상품중개업	종사업장번호	
종목	가구			종목	캐비넷/일반가구		
E-Mail	avc123@kcci.com			E-Mail	abc123@exam.com		

작성일자	2023.12.13.	공급가액	54,500,000	세 액	5,450,000
비고					

월	일	품목명	규격	수량	단가	공급가액	세액	비고
12	13	강화유리책상	SGT	170	250,000	42,500,000	4,250,000	
12	13	철재캐비넷	IRI	150	80,000	12,000,000	1,200,000	

합계금액	현금	수표	어음	외상미수금	이 금액을	○ 영수 / ⦿ 청구	함
59,950,000			45,000,000	14,950,000			

2 12월 22일   상품을 매출하고 전자세금계산서를 발급하다. 대금은 하나카드로 결제 받다.

전자세금계산서(공급자 보관용)						승인번호		20231222-XXXX0128	
공급자	등록번호	110-81-12345			공급받는자	등록번호	204-81-13483		
	상호	홈센터(주)	성명(대표자)	김경영		상호	㈜용산사무가구	성명(대표자)	안용산
	사업장주소	서울특별시 구로구 가마산로 134				사업장주소	서울특별시 동대문구 왕산로 26		
	업태	도매 및 상품중개업	종사업장번호			업태	도소매	종사업장번호	
	종목	캐비넷/일반가구				종목	가구		
	E-Mail	abc123@exam.com				E-Mail	aabbcc@kcci.com		
작성일자	2023.12.22.		공급가액	37,600,000		세 액	3,760,000		
비고									
월	일	품목명	규격	수량	단가	공급가액	세액	비고	
12	22	중역용의자	CJR	90	240,000	21,600,000	2,160,000		
12	22	철재캐비넷	IRI	100	160,000	16,000,000	1,600,000		
합계금액		현금	수표	어음	외상미수금	이 금액을	○ 영수 ● 청구	함	
41,360,000					41,360,000				

3 12월 23일   고운가구에게 상품을 판매하고 현금영수증을 발행해 주다. 대금은 현금으로 받은 후 보통예금(기업은행)에 입금하다.

현금영수증

● 거래정보

거래일시	2022-12-23
승인번호	12341235
거래구분	승인거래
거래용도	소득공제
발급수단번호	010-4567-8901

● 거래금액

품목	수량	공급가액	부가세	총거래금액
중역용의자	3	720,000	72,000	792,000
철재캐비넷	3	480,000	48,000	528,000
합계				1,320,000

● 가맹점 정보

상호	홈센터(주)
사업자번호	110-81-12345
대표자명	김경영
주소	서울특별시 구로구 가마산로 134

4 12월 28일   회계부 업무용 참고도서를 외상으로 구입하고 발급받은 전자계산서이다.

전자계산서				(공급받는자 보관용)		승인번호	20231228-XXXX0115
공급자	등록번호	119-86-14291		공급받는자	등록번호	110-81-12345	
	상호	(주)고양	성명(대표자) 고영희		상호	홈센터(주)	성명(대표자) 김경영
	사업장주소	서울특별시 강남구 도산대로 57길 3			사업장주소	서울특별시 구로구 가마산로 134	
	업태	도소매	종사업장번호		업태	도매 및 상품중개업	종사업장번호
	종목	문구, 도서			종목	캐비넷/일반가구	
	E-Mail	goyang55@exam.com			E-Mail	abc123@exam.com	
작성일자	2023.12.28.		공급가액	50,000			
비고							

월	일	품목명	규격	수량	단가	공급가액	비고
12	28	도서		2	25,000	50,000	

합계금액	현금	수표	어음	외상미수금	이 금액을	○ 영수 / ● 청구	함
50,000				50,000			

03 다음 거래를 일반전표입력 메뉴에 입력하시오. 20점/각4점
(단 채권·채무 및 금융 거래는 거래처 코드를 입력하고 각 문항별 한 개의 전표번호로 입력한다.)

1 12월 5일   주주총회 결의에 따라 보통주 5,000주(액면금액 @₩5,000)를 1주당 ₩7,000에 매입하여 소각하고 대금은 기업은행 보통예금계좌에서 이체하다.

2 12월 6일   장기 투자를 목적으로 유가증권시장에 상장된 (주)네오의 주식 8,000주(액면금액 @₩5,000)를 1주당 ₩4,000에 취득하고, 거래수수료 ₩200,000을 포함한 대금은 기업은행 보통예금계좌에서 이체하다. 단, 공정가치 변동은 기타포괄손익으로 표시한다.

3 12월 14일   (주)그림가구의 어음(어음번호: 다카91025555, 발행일: 2023년 11월 12일, 만기일: 2022년 3월 12일, 지급은행: 신한은행)을 신한은행에서 할인하고, 할인료 ₩150,000을 제외한 대금은 신한은행 당좌예금계좌에 입금 받다. 단, 매각거래로 처리한다.

4 12월 19일   상품을 매출하기로 하고 계약금 ₩6,000,000을 기업은행 보통예금계좌에 입금 받다.

No. _____	견 적 서		
2023 년 12 월 19 일	등록번호	110-81-12345	
기쁨가구(주) **귀하**	공급자 상호(법인명)	홈센터㈜	성명 김 경 영 ㉑
	사업장주소	서울특별시 구로구 가마산로 134	
아래와 같이 견적합니다.	업 태	도매 및 상품중개업	종목 캐비넷/일반가구
	전 화 번 호		

합 계 금 액			사천구백오십만원整(₩49,500,000)		
품 명	규 격	수 량	단 가	공급가액	세액
강화유리책상	SGT	100EA	450,000	45,000,000	4,500,000
		이 하 생 략			

5 12월 26일 대륙부동산(주)에서 창고 건물 ₩12,000,000을 외상으로 구입하고, 취득세 ₩500,000은 현금으로 지급하다. 단, 유형자산을 등록하시오.

자산(코드)	자산(명)	취득수량	내용연수	상각방법
102	창고건물	1	20년	정액법

04 다음 기말(12월 31일) 결산 정리 사항을 회계 처리하고 마감하시오. 28점/각4점

1 화재보험료 선급분을 계상하다. 단, 월할계산에 의한다.

2 장기대여금에 대한 이자 미수분 ₩250,000을 계상하다.

3 단기 시세 차익을 목적으로 보유중인 주식의 결산일 현재 공정가치는 ₩12,500,000이다.

4 퇴직급여부채를 계상하다. 전체 임직원 퇴직 시 필요한 퇴직금은 ₩53,000,000이며, 퇴직연금에 가입하지 않았다.

5 매출채권 잔액에 대해 1%의 대손충당금(보충법)을 설정하다.

6 모든 비유동자산에 대한 감가상각비를 계상하다.

7 기말상품재고액을 입력하고 결산 처리하다. 단, 재고평가는 선입선출법으로 한다.

05 다음 사항을 조회하여 번호 순서대로 단답형 답안에 등록하시오. 12점/각2점

> ※ CAMP sERP는 [단답형답안작성]메뉴에서 답안을 등록 후 [저장]버튼을 클릭합니다.
> New sPLUS는 [답안수록]메뉴에서 답안을 등록 후 [답안저장]버튼을 클릭합니다.
> ※ 문자 외의 숫자는 ₩, 원, 월, 단위구분자(,) 등을 생략하고 숫자만 입력하되 소수점이 포함되어 있는 숫자의 경우에는 소수점을 입력합니다.
> (예시) 54200(○), 54.251(○), ₩54,200(×), 54,200원(×), 5월(×), 500개(×), 50건(×)

1 1월 1일부터 4월 30일까지 외상매입금 상환액은 얼마인가?

2 1월 1일부터 6월 30일까지 출고수량이 가장 많은 상품의 출고수량은 몇 개인가?

3 4월 1일부터 7월 31일까지 영업외비용이 가장 큰 월은 몇 월인가?

4 5월 31일 현재 전체 상품의 재고수량 합계는 몇 개인가?

5 12월 31일 현재 한국채택국제회계기준(K-IFRS)에 의한 재무상태표에 표시되는 비유동자산의 금액은 얼마인가?

6 1월 1일부터 12월 31일까지 한국채택국제회계기준(K-IFRS)에 의한 포괄손익계산서(기능별)에 표시되는 기타비용의 금액은 얼마인가?

▶ [원가회계] 시작하기
실제시험에서는 오른쪽 상단의 [사업장변경]버튼 클릭 → [사업장변경]메뉴에서 해당 사업장 선택 → [사업장변경]버튼 클릭 해야 한다. '교육용'으로 실습할 때는 오른쪽 상단의 [종료 또는 로그아웃]버튼 클릭 → 답안파일 자동 저장하고 원가회계는 새로운 기초자료를 불러온 후 진행합니다.

문제 02 원가회계

▶ **지시사항**

'(주)원영산업'의 거래 자료이며 회계년도는 2023. 1. 1 ~ 2023. 12. 31이다. CAMP sERP 프로그램을 '교육용로그인'할 때 불러오기를 클릭하고 [멘토르스쿨_2급(2023)] → [제4장 최신기출문제] → [2급_원가회계] → [제5회 최신기출문제]_(주)원영산업.zip를 불러온 후 진행합니다. [사용자번호 : (12345678), 성명 : (김갑수)]

01 **다음의 11월 원가계산 과정을 순서대로 처리하시오. 단, 임금 및 제조경비는 주어진 기초자료에 이미 처리되어 있다.** 20점/각4점

1 11월 10일 다음의 작업지시서를 발행하고, 같은 날 주요자재를 출고하였다.

① 작업지시서 내용

지시일자	제품명	작업장	작업지시량	작업기간
11월 10일	갑제품	제1작업장	240(BOX)	11월 10일 ~ 11월 30일
11월 10일	을제품	제2작업장	300(BOX)	11월 10일 ~ 12월 11일

② 자재사용(출고)등록

갑제품 작업지시서 : 재료X 100Kg, 재료Y 160Kg(제1작업장)

을제품 작업지시서 : 재료X 240Kg, 재료Z 160Kg(제2작업장)

※ CAMP sERP는 자재사용출고등록을 (2)생산자료등록에서, New sPLUS는 자재출고입력에서 처리함.

2 11월 30일 작업지시서(11월 10일 발행)에 대해 다음과 같이 생산자료를 등록하다.

| 품목 | 완성량(EA) | 재공품 | | 작업(투입)시간 | 작업장 |
		월말 수량(EA)	작업진행률(완성도, %)		
갑제품	240	–	–	240	제1작업장
을제품	200	100	40%	160	제2작업장

※ New sPLUS는 완성도(작업진행률등록)를 (3)원가기준정보에서 처리함.

3 11월의 원가기준정보를 다음과 같이 등록하다.

① 노무비배부기준등록(총근무시간)

관련부문	생산1부	생산2부
총근무시간	320	200

② 보조부문비배부기준등록

관련부문	생산1부	생산2부
동력부	60	40
절단부	50	50

③ 작업진행률등록 [을제품 : 40%] ※ New sPLUS에서만 적용함

4 11월의 실제원가계산을 작업하시오.

　① 기초재공품계산

　② 직접재료비계산

　③ 직접노무비계산

　④ 제조간접비계산(제조부문비배부기준 : 투입시간)

　⑤ 개별원가계산

　⑥ 종합원가계산(평균법)

　⑦ 원가반영작업

5 11월의 원가계산 마감한 후 제조원가명세서를 조회하시오. 단, 원미만은 반올림으로 처리한다.

▶ 답안저장하기 : 오른쪽 상단의 [종료 또는 로그아웃]버튼 클릭 → 답안파일 제출

국가기술자격검정

제6회 전산회계운용사 최신기출문제

※ 무 단 전 재 금 함	프로그램	제한시간	수험번호	성 명
	CAMP sERP	80분		

2급 A형

답안 작성시 유의사항

➤ 인적사항 누락 및 작성 오류로 인한 불이익은 수험자 책임으로 합니다.

➤ 시험은 반드시 주어진 문제의 순서대로 진행하여야 합니다.

➤ 반드시 지시사항에 따라 기초기업자료를 확인하고, 해당 기초기업자료가 나타나지 않는 경우는 감독관에게 문의하시기 바랍니다.

➤ 기초기업자료를 선택하여 해당 문제를 풀이한 후 프로그램 종료 전 반드시 답안을 저장해야 합니다.

➤ 각종 코드는 문제에서 제시된 코드로 입력하여야 하며, 수험자가 임의로 부여한 코드는 오답으로 처리합니다. 단, 문제에 코드가 없는 경우에는 그러하지 아니합니다.

➤ 계정과목을 입력할 때는 반드시 [검색] 기능이나 [조회] 기능을 이용하여 계정과목을 등록하되 다음의 자산은 변경 후 계정과목(평가손익, 처분손익)을 적용합니다.

변경 전	변경 후
계정과목	계정과목
단기매매금융자산	당기손익-공정가치측정금융자산
매도가능금융자산	기타포괄손익-공정가치측정금융자산
만기보유금융자산	상각후원가측정금융자산

➤ 답안파일명은 자동으로 부여되므로 별도 답안파일을 작성할 필요가 없습니다. 또한, 답안 저장 및 제출 시간은 별도로 주어지지 아니하므로 제한 시간 내에 답안 저장 및 제출을 완료해야 합니다.

문제 01 재무회계

▶ **지시사항**

'리빙퍼니처(주)'의 거래 자료이며 회계년도는 2023. 1. 1 ~ 2023. 12. 31이다. CAMP sERP 프로그램을 '교육용로그인' 할 때 불러오기를 클릭하고 [멘토르스쿨_2급(2023)] → [제4장 최신기출문제]→[2급_재무회계]→[제6회 최신기출문제]_리핑퍼니처(주).zip를 불러온 후 진행합니다. [사용자번호 : (12345678), 성명 : (김갑수)]

---

01 다음 제시되는 기준정보를 입력하시오. 4점

1 다음의 일반 거래처(매입거래처, 매출거래처)를 등록하시오. 각1점

거래처(명)	거래처분류(구분)	거래처코드	대표자	사업자등록번호	업태/종목
(주)조타가구	매출처	01004	이조아	123-81-12341	소매업/가구
(주)튼튼목재	매입처	02004	유기술	133-81-12009	제조업/가구

2 다음의 신규 상품(품목)을 등록하시오. 2점

품목코드	품목(품명)	(상세)규격	품목종류(자산)	기본단위(단위명)
3004	탁자	LS-4	상품	EA

02 다음 거래를 매입매출전표입력 메뉴에 입력하시오. 16점/각4점
(단 채권·채무 및 금융 거래는 거래처 코드를 입력하고 각 문항별 한 개의 전표번호로 입력한다.)

1 12월 4일 상품을 매입하고 전자세금계산서를 발급받다. 대금 중 ₩20,000,000은 보통예금(산업은행) 계좌에서 현금으로 인출하여 지급하다.

전자세금계산서(공급받는자 보관용) 승인번호 20231204-XXXX0128

	공급자			공급받는자	
등록번호	102-81-20131		등록번호	105-81-11418	
상호	㈜한성목재	성명(대표자) 장한평	상호	리빙퍼니처㈜	성명(대표자) 강대한
사업장주소	서울특별시 금천구 독산로 10		사업장주소	서울특별시 마포구 마포대로 110-1	
업태	제조업	종사업장번호	업태	도매 및 상품중개업	종사업장번호
종목	목재가구		종목	캐비넷/일반가구	
E-Mail	avc123@kcci.com		E-Mail	abc123@exam.com	

작성일자	2023.12.04.	공급가액	22,000,000	세 액	2,200,000
비고					

월	일	품목명	규격	수량	단가	공급가액	세액	비고
12	4	책상	LS-1	60	200,000	12,000,000	1,200,000	
12	4	의자	LS-2	50	50,000	2,500,000	250,000	
12	4	테이블	LS-3	30	250,000	7,500,000	750,000	

합계금액	현금	수표	어음	외상미수금	이 금액을	○ 영수 / ● 청구	함
24,200,000	20,000,000			4,200,000			

2 12월 18일   상품을 매출하고 전자세금계산서를 발급하다. 대금 중 ₩20,000,000은 현금으로 받아 보통예금(산업은행) 계좌에 입금하다.

전자세금계산서(공급자 보관용)							승인번호	20231218-XXXX0122	
공급자	등록번호	105-81-11418			공급받는자	등록번호	104-81-00669		
	상호	리빙퍼니처㈜	성명(대표자)	강대한		상호	㈜모던하우스	성명(대표자)	이민수
	사업장주소	서울특별시 마포구 마포대로 110-1				사업장주소	서울특별시 중구 남대문로 10		
	업태	도매 및 상품중개업	종사업장번호			업태	소매업	종사업장번호	
	종목	캐비넷/일반가구				종목	가구		
	E-Mail	abc123@exam.com				E-Mail	aabbcc@kcci.com		
작성일자	2023.12.18.		공급가액	44,000,000		세 액	4,400,000		
비고									

월	일	품목명	규격	수량	단가	공급가액	세액	비고
12	18	책상	LS-1	120	300,000	36,000,000	3,600,000	
12	18	의자	LS-2	100	80,000	8,000,000	800,000	

합계금액	현금	수표	어음	외상미수금	이 금액을	○ 영수 ● 청구	함
48,400,000	20,000,000			28,400,000			

3 12월 24일   직원들 유니폼을 현금으로 구입하고 현금영수증을 발급받다.

현금영수증

● 거래정보

거래일시	2023-12-24
승인번호	12341234
거래구분	승인거래
거래용도	지출증빙
발급수단번호	105-81-11418

● 거래금액

품목	공급가액	부가세	봉사료	총거래금액
유니폼	200,000	20,000	0	220,000

● 가맹점 정보

상호	엘마트㈜
사업자번호	119-81-52719
대표자명	다니엘
주소	서울특별시 마포구 고산11길 1

4 12월 30일   정민우에게 상품을 판매하고 현금영수증을 발행해 주다. 대금은 현금으로 받은 후 보통예금(산업은행)에 입금하다.

현금영수증

● 거래정보

거래일시	2023-12-30
승인번호	12341235
거래구분	승인거래
거래용도	소득공제
발급수단번호	010-1234-1234

● 거래금액

품목	수량	공급가액	부가세	봉사료	총거래금액
책상	1	300,000	30,000	0	330,000
의자	1	80,000	8,000		88,000
합계					418,000

● 가맹점 정보

상호	리빙퍼니처(주)
사업자번호	105-81-11418
대표자명	강대한
주소	서울특별시 마포구 마포대로 110-1

03 다음 거래를 일반전표입력 메뉴에 입력하시오.   20점/각4점

(단, 채권·채무 및 금융 거래는 거래처 코드를 입력하고 각 문항별 한 개의 전표번호로 입력한다.)

1 12월 10일   전월 급여 지급시 원천징수한 소득세 등 금액 ₩24,400,000과 회사부담 건강보험료 ₩5,800,000을 당좌예금(우리은행) 계좌에서 지급하다.

2 12월 11일   (주)제일퍼니처의 외상매출금을 약속어음으로 받다.

약 속 어 음

리빙퍼니처(주) 귀하   자차12341234

금 삼천만원정   30,000,000원

위의 금액을 귀하 또는 귀하의 지시인에게 이 약속어음과 상환하여 지급하겠습니다.

지급기일	2024년 3월 11일	발행일	2023년 12월 11일
지 급 지	하나은행	발행지	서울시 송파구 동남로 100
지급장소	○○지점	주 소	
		발행인	㈜제일퍼니처

3 12월 22일   단기투자 목적으로 보유하고 있던 주식 전부(1,000주, 액면금액 @₩5,000, 취득금액 @₩12,000)를 1주당 ₩15,000에 처분하고 대금은 보통예금(산업은행) 계좌로 입금 받다.

4 12월 27일   하이로전자(주)로부터 복사기 1대를 6개월간 렌트하고, 월 렌탈료 ₩400,000을 현금으로 지급하다. 단, 비용으로 처리한다.

⑤ 12월 30일 업무와 관련하여 다음에 해당하는 비용을 현금으로 지출하다.

	지출결의서		결재	계 대한	과장 상공	부장 회의

2023년 12월 30일

번호	적요	금액(원)	비고
1	도서구입비	200,000	현금 지급
2	직원 유니폼구입비	50,000	현금 지급
3	거래처 선물구입비	150,000	현금 지급
	합 계	400,000	

이 하 생 략

04 다음 기말(12월 31일) 결산 정리 사항을 회계 처리하고 마감하시오.

28점/각4점

① 소모품 미사용액은 ₩350,000이다. .

② 화재보험료 미경과분을 계상하다. 단, 월할계산 한다.

③ 하나은행에 대한 장기차입금의 만기일은 2024년 11월 30일이다.

④ 기말 현재 장기 투자 목적으로 보유중인 주식의 공정가치는 ₩15,000,000이다.

⑤ 매출채권 잔액에 대해 1%의 대손충당금(보충법)을 설정하다.

⑥ 모든 비유동자산에 대한 감가상각비를 계상하다.

⑦ 기말상품재고액을 입력하고 결산 처리하다. 단, 재고평가는 선입선출법으로 한다.

05 다음 사항을 조회하여 번호 순서대로 단답형 답안에 등록하시오. 12점/각2점

※ CAMP sERP는 [단답형답안작성]메뉴에서 답안을 등록 후 [저장]버튼을 클릭합니다.
New sPLUS는 [답안수록]메뉴에서 답안을 등록 후 [답안저장]버튼을 클릭합니다.
※ 문자 외의 숫자는 ₩, 원, 월, 단위구분자(,) 등을 생략하고 숫자만 입력하되 소수점이 포함되어 있는 숫자의 경우에는 소수점을 입력합니다.
(예시) 54200(○), 54.251(○), ₩54,200(×), 54,200원(×), 5월(×), 500개(×), 50건(×)

1 1월 1일부터 6월 30일까지 현금지출액이 가장 많은 월은 몇월인가?

2 6월 30일 현재 책상의 재고수량은 몇 개인가?

3 7월 15일 현재 (주)모던하우스에 대한 외상매출금 잔액은 얼마인가?

4 9월 30일 현재 (주)청주목재에 대한 외상매입금 잔액은 얼마인가?

5 12월 31일 현재 한국채택국제회계기준(K-IFRS)에 의한 재무상태표에 표시되는 납입자본의 금액은 얼마인가?

6 1월 1일부터 12월 31일까지 한국채택국제회계기준(K-IFRS)에 의한 포괄손익계산서(기능별)에 표시되는 법인세비용차감전(순)이익은 얼마인가?

▶ [원가회계] 시작하기
실제시험에서는 오른쪽 상단의 [사업장변경] 버튼 클릭 → [사업장변경]메뉴에서 해당 사업장 선택 → [사업장변경] 버튼 클릭 해야 한다. '교육용'으로 실습할 때는 오른쪽 상단의 [종료 또는 로그아웃] 버튼 클릭 → 답안파일 자동 저장하고 원가회계는 새로운 기초자료를 불러온 후 진행합니다.

문제 02 원가회계

▶ **지시사항**

'(주)산은가구'의 거래 자료이며 회계년도는 2023. 1. 1 ~ 2023. 12. 31이다. CAMP sERP 프로그램을 '교육용로그인'할 때 불러오기를 클릭하고 [멘토르스쿨_2급(2023)] → [제4장 최신기출문제] → [2급_원가회계] → [제6회 최신기출문제]_(주)산은가구.zip를 불러온 후 진행합니다. [사용자번호 : (12345678), 성명 : (김갑수)]

---

01 다음의 11월 원가계산 과정을 순서대로 처리하시오. 단, 임금 및 제조경비는 주어진 기초자료에 이미 처리되어 있다.

20점/각4점

1 6월 1일 다음의 작업지시서를 발행하고, 같은 날 주요자재를 출고하였다.

① 작업지시서 내용

지시일자	제품명	작업장	작업지시량	작업기간
6월 01일	갑제품	제1작업장	800개(EA)	6월 01일 ~ 6월 30일
6월 01일	을제품	제2작업장	800개(EA)	6월 01일 ~ 7월 05일

② 자재사용(출고)등록

갑제품 작업지시서 : 자재A   400단위 (제1작업장)

을제품 작업지시서 : 자재B   400단위 (제2작업장)

※ CAMP sERP는 자재사용출고등록을 (2)생산자료등록에서, New sPLUS는 자재출고입력에서 처리함.

2 6월 30일 작업지시서(6월 1일 발행)에 대해 다음과 같이 생산자료를 등록하다.

| 품목 | 완성량(EA) | 재공품 | | 작업(투입)시간 | 작업장 |
		월말 수량(EA)	작업진행률 (완성도, %)		
갑제품	800	-	-	400	제1작업장
을제품	720	80	90%	400	제2작업장

※ New sPLUS는 완성도(작업진행률등록)를 (3)원가기준정보에서 처리함.

3 11월의 원가기준정보를 다음과 같이 등록하다.

① 노무비배부기준등록(총근무시간)

관련부문	생산1부	생산2부
총근무시간	500	500

② 보조부문비배부기준등록

관련부문	생산1부	생산2부
동력부	40	60
절단부	60	40

③ 작업진행률등록   [을제품 : 40%]   ※ New sPLUS에서만 적용함

4 11월의 실제원가계산을 작업하시오.

　① 기초재공품계산

　② 직접재료비계산

　③ 직접노무비계산

　④ 제조간접비계산(제조부문비배부기준 : 투입시간)

　⑤ 개별원가계산

　⑥ 종합원가계산(평균법)

　⑦ 원가반영작업

5 6월의 원가계산 마감한 후 제조원가명세서를 조회하시오. 단, 원미만은 반올림으로 처리한다.

▶ 답안저장하기 : 오른쪽 상단의 [종료 또는 로그아웃]버튼 클릭 → 답안파일 제출

국가기술자격검정

제7회 전산회계운용사 최신기출문제

※ 무단전재금함	프로그램	제한시간	수험번호	성 명
	CAMP sERP	80분		

| 2급 | A형 |

답안 작성시 유의사항

➤ 인적사항 누락 및 작성 오류로 인한 불이익은 수험자 책임으로 합니다.

➤ 시험은 반드시 주어진 문제의 순서대로 진행하여야 합니다.

➤ 반드시 지시사항에 따라 기초기업자료를 확인하고, 해당 기초기업자료가 나타나지 않는 경우는 감독관에게 문의하시기 바랍니다.

➤ 기초기업자료를 선택하여 해당 문제를 풀이한 후 프로그램 종료 전 반드시 답안을 저장해야 합니다.

➤ 각종 코드는 문제에서 제시된 코드로 입력하여야 하며, 수험자가 임의로 부여한 코드는 오답으로 처리합니다. 단, 문제에 코드가 없는 경우에는 그러하지 아니합니다.

➤ 계정과목을 입력할 때는 반드시 [검색] 기능이나 [조회] 기능을 이용하여 계정과목을 등록하되 다음의 자산은 변경 후 계정과목(평가손익, 처분손익)을 적용합니다.

변경 전	변경 후
계정과목	계정과목
단기매매금융자산	당기손익-공정가치측정금융자산
매도가능금융자산	기타포괄손익-공정가치측정금융자산
만기보유금융자산	상각후원가측정금융자산

➤ 답안파일명은 자동으로 부여되므로 별도 답안파일을 작성할 필요가 없습니다. 또한, 답안 저장 및 제출 시간은 별도로 주어지지 아니하므로 제한 시간 내에 답안 저장 및 제출을 완료해야 합니다.

문제 01 재무회계

▶ **지시사항**

'데코디자인(주)'의 거래 자료이며 회계년도는 2023. 1. 1 ~ 2023. 12. 31이다. CAMP sERP 프로그램을 '교육용로그인' 할 때 불러오기를 클릭하고 [멘토르스쿨_2급(2023)] → [제4장 최신기출문제] → [2급_재무회계] → [제7회 최신기출문제]_데코디자인(주).zip를 불러온 후 진행합니다. [사용자번호 : (12345678), 성명 : (김갑수)]

---

01 **다음 제시되는 기준정보를 입력하시오.** 4점

1 다음의 일반 거래처(매입거래처, 매출거래처)를 등록하시오. 각1점

거래처(명)	거래처분류(구분)	거래처코드	대표자	사업자등록번호	업태/종목
㈜현대하우스	매출처	01004	김근석	123-81-12341	소매업/가구
(주)진심목재	매입처	02004	서성진	133-86-62902	제조업/가구

2 다음의 신규 상품(품목)을 등록하시오. 2점

품목코드	품목(품명)	(상세)규격	품목종류(자산)	기본단위(단위명)
3004	공간박스	LS-4	상품	EA

02 **다음 거래를 매입매출전표입력 메뉴에 입력하시오.** 16점/각4점
(단 채권·채무 및 금융 거래는 거래처 코드를 입력하고 각 문항별 한 개의 전표번호로 입력한다.)

1 12월 4일 상품을 매입하고 전자세금계산서를 발급받다. 대금 중 ₩14,225,000은 보통예금(산업은행) 계좌에서 현금으로 인출하여 지급하고, 잔액은 약속어음(어음번호: 가다25256612, 만기일: 2024년 3월 4일, 지급은행: 우리은행)을 발행하여 지급하다.

전자세금계산서(공급받는자 보관용) 승인번호 20231204-XXXX0128

	공급자				공급받는자		
등록번호	101-81-00146			등록번호	105-81-11418		
상호	㈜대성목재	성명(대표자)	박대성	상호	데코디자인㈜	성명(대표자)	강대한
사업장주소	서울특별시 서초구 강남대로 156-1			사업장주소	서울특별시 마포구 마포대로 110-1		
업태	제조업	종사업장번호		업태	도매 및 상품중개업	종사업장번호	
종목	목재가구			종목	캐비넷/일반가구		
E-Mail	avc123@kcci.com			E-Mail	abc123@exam.com		

작성일자	2023.12.04.	공급가액	44,750,000	세 액	4,475,000
비고					

월	일	품목명	규격	수량	단가	공급가액	세액	비고
12	4	책상	LS-1	80	200,000	16,000,000	1,600,000	
12	4	테이블	LS-3	115	250,000	28,750,000	2,875,000	

합계금액	현금	수표	어음	외상미수금	이 금액을	● 영수 / ○ 청구	함
49,225,000	14,225,000		35,000,000				

2 12월 18일 상품을 매출하고 전자세금계산서를 발급하다. 대금은 전액 현금으로 받아 이 중 ₩15,300,000은 당좌예금(우리은행) 계좌로 입금하다.

전자세금계산서(공급자 보관용)

승인번호: 20231218-XXXX0122

공급자
- 등록번호: 105-81-11418
- 상호: 데코디자인㈜
- 성명(대표자): 강대한
- 사업장주소: 서울특별시 마포구 마포대로 110-1
- 업태: 도매 및 상품중개업
- 종목: 캐비넷/일반가구
- E-Mail: abc123@exam.com

공급받는자
- 등록번호: 103-81-00119
- 상호: ㈜제일퍼니쳐
- 성명(대표자): 성진영
- 사업장주소: 서울특별시 송파구 동남로 100
- 업태: 소매업
- 종목: 가구
- E-Mail: aabbcc@kcci.com

작성일자	공급가액	세액
2023.12.18.	53,000,000	5,300,000

월	일	품목명	규격	수량	단가	공급가액	세액	비고
12	18	책상	LS-1	150	300,000	45,000,000	4,500,000	
12	18	의자	LS-2	100	80,000	8,000,000	800,000	

합계금액	현금	수표	어음	외상미수금	이 금액을 ● 영수 함
58,300,000	58,300,000				○ 청구

3 12월 20일 신문구독료를 법인신용카드로 결제하다.

단말기번호	4523188307	전표번호	
카드종류	삼성카드		
회원번호	6184-8874-1154-6633		
유효기간		거 래 일 시	취소시당초거래일
		2023.12.20	
거래유형	승인	품명	구독료

결제방법	일시불	금액 AMOUNT	150,000
매장명		부가세 VAT	
판매자		봉사료 S/C	
대표자	김대한	합계 TOTAL	150,000

알림/NOTICE   승인번호 34452311
가맹점주소 서울특별시 마포구 마포대로 108
가맹점번호 7012345881
사업자등록번호 119-90-46145
가맹점명   대한신문

문의전화/HELP DESK
TEL:1544-4700
(회원용)

서명/SIGNATURE
데코디자인(주)

4 2월 30일   정민우에게 상품(책상 2개)을 판매하고 신용카드매출전표를 발행해 주다.

단말기번호	4523188308	전표번호	
카드종류	현대카드		
회원번호	1234-1234-1234-1234		
유효기간		거 래 일 시	취소시당초거래일
		2023.12.30	
거래유형	승인	품명	책상
결제방법	일시불	금 액 AMOUNT	600,000
매장명		부가세 VAT	60,000
판매자		봉사료 S/C	
대표자	강대한	합 계 TOTAL	660,000
알림/NOTICE		승인번호	34452311
가맹점주소	서울특별시 마포구 마포대로 110-1		
가맹점번호	1234560215		
사업자등록번호	105-81-11418		
가맹점명	데코디자인(주)		
문의전화/HELP DESK TEL:1544-4700 (회원용)		서명/SIGNATURE 정민우	

03 다음 거래를 일반전표입력 메뉴에 입력하시오.   20점/각4점
(단 채권·채무 및 금융 거래는 거래처 코드를 입력하고 각 문항별 한 개의 전표번호로 입력한다.)

1 12월 2일   상품 판매시 받은 어음을 국민은행에서 할인받고, 할인료 ₩300,000을 차감한 실수금을 당좌예금(우리은행) 계좌에 입금 받다. 단, 매각거래로 처리한다.

약 속 어 음

데코디자인(주) 귀하   마바23234545

금 삼천만원정   30,000,000원

위의 금액을 귀하 또는 귀하의 지시인에게 이 약속어음과 상환하여 지급하겠습니다.

지급기일	2024년 2월 15일	발행일	2023년 11월 15일
지 급 지	국민은행	발행지	서울특별시 성동구 고산자로 123
지급장소	○○지점	주 소	
		발행인	㈜화이트퍼니처

2 12월 9일   자기주식(액면금액 @₩5,000, 취득금액 @₩20,000) 1,000주 중 400주를 @₩25,000에 처분하고 대금은 당좌예금(우리은행) 계좌로 입금 받다.

3 12월 22일   12월 15일 정기예금(신한은행)이 만기가 되어 원금과 예금이자가 보통예금(산업은행) 계좌로 이체되다.

보통예금 통장 거래 내역

계좌번호 711-2233-6155-980 데코디자인㈜   산업은행

번호	날짜	내용	출금액	입금액	잔액	거래점
1	2023-12-15	정기예금 원금이자 입금		103,000,000	***	***

이 하 생 략

4 12월 24일   장기 투자 목적으로 하이로전자㈜ 발행의 주식 1,000주(액면 @₩5,000)를 1주당 ₩14,000에 구입하고 취득수수료 ₩75,000을 포함한 대금은 보통예금(산업은행) 계좌에서 이체하다.

5 12월 28일   2024년 1월 1일부터 엘마트㈜에 건물 일부를 2년간 임대하기로 하고 보증금 ₩200,000,000을 보통예금(산업은행) 계좌로 입금 받다.

04 다음 기말(12월 31일) 결산 정리 사항을 회계 처리하고 마감하시오. 28점/각4점

1 외화장기차입금 $100,000에 대하여 평가하다. 단, $1=₩1,140이다.

2 임대료 미경과분을 계상하다. 단, 월할계산 한다.

3 당기말 현재 단기 시세 차익을 목적으로 보유중인 주식의 공정가치는 ₩9,000,000이다.

4 소모품 미사용액은 ₩440,000이다.

5 매출채권 잔액에 대해 1%의 대손충당금(보충법)을 설정하다.

6 모든 비유동자산에 대한 감가상각비를 계상하다.

7 기말상품재고액을 입력하고 결산 처리하다. 단, 재고평가는 선입선출법으로 한다.

05 다음 사항을 조회하여 번호 순서대로 단답형 답안에 등록하시오. 12점/각2점

> ※ CAMP sERP는 [단답형답안작성]메뉴에서 답안을 등록 후 [저장]버튼을 클릭합니다.
> New sPLUS는 [답안수록]메뉴에서 답안을 등록 후 [답안저장]버튼을 클릭합니다.
> ※ 문자 외의 숫자는 ₩, 원, 월, 단위구분자(,) 등을 생략하고 숫자만 입력하되 소수점이 포함되어 있는 숫자의 경우에는 소수점을 입력합니다.
> (예시) 54200(○), 54.251(○), ₩54,200(×), 54,200원(×), 5월(×), 500개(×), 50건(×)

1 1월 1일부터 6월 30일까지 가장 많이 판매된 상품(품목)의 판매수량은 몇 개인가?

2 5월 31일 현재 외상매입금 잔액은 얼마인가?

3 7월 1일부터 9월 30일까지 보통예금 인출액은 얼마인가?

4 2023년 제2기 부가가치세 예정신고 시 납부(환급)세액은 얼마인가?

5 12월 31일 현재 한국채택국제회계기준(K-IFRS)에 의한 재무상태표에 표시되는 유동부채의 금액은 얼마인가?

6 1월 1일부터 12월 31일까지 한국채택국제회계기준(K-IFRS)에 의한 포괄손익계산서(기능별)에 표시되는 판매비와 관리비는 얼마인가?

▶ [원가회계] 시작하기
실제시험에서는 오른쪽 상단의 [사업장변경]버튼 클릭 → [사업장변경]메뉴에서 해당 사업장 선택 → [사업장변경]버튼 클릭 해야 한다. '교육용'으로 실습할 때는 오른쪽 상단의 [종료 또는 로그아웃]버튼 클릭 → 답안파일 자동 저장하고 원가회계는 새로운 기초자료를 불러온 후 진행합니다.

문제 02 원가회계

▶ **지시사항**

'(주)명인칠기'의 거래 자료이며 회계년도는 2023. 1. 1 ~ 2023. 12. 31이다. CAMP sERP 프로그램을 '교육용로그인'할 때 불러오기를 클릭하고 [멘토르스쿨_2급(2023)] → [제4장 최신기출문제] → [2급_원가회계] → [제7회 최신기출문제]_(주)명인칠기.zip를 불러온 후 진행합니다. [사용자번호 : (12345678), 성명 : (김갑수)]

---

01 다음의 11월 원가계산 과정을 순서대로 처리하시오. 단, 임금 및 제조경비는 주어진 기초자료에 이미 처리되어 있다. 20점/각4점

1 6월 1일   다음의 작업지시서를 발행하고, 같은 날 주요자재를 출고하였다.

① 작업지시서 내용

지시일자	제품명	작업장	작업지시량	작업기간
6월 03일	갑제품	제1작업장	800개(EA)	6월 03일 ~ 6월 30일
6월 03일	을제품	제2작업장	800개(EA)	6월 03일 ~ 7월 05일

② 자재사용(출고)등록

갑제품 작업지시서 : 자재A 400단위 (제1작업장)

을제품 작업지시서 : 자재B 200단위 (제2작업장)

※ CAMP sERP는 자재사용출고등록을 (2)생산자료등록에서, New sPLUS는 자재출고입력에서 처리함.

2 6월 30일   작업지시서(6월 3일 발행)에 대해 다음과 같이 생산자료를 등록하다.

| 품목 | 완성량(EA) | 재공품 | | 작업(투입)시간 | 작업장 |
		월말 수량(EA)	작업진행률 (완성도, %)		
갑제품	800	–	–	400	제1작업장
을제품	600	200	75	400	제2작업장

※ New sPLUS는 완성도(작업진행률등록)를 (3)원가기준정보에서 처리함.

3 6월의 원가기준정보를 다음과 같이 등록하다.

① 노무비배부기준등록(총근무시간)

관련부문	생산1부	생산2부
총근무시간	500	500

② 보조부문비배부기준등록

관련부문	생산1부	생산2부
동력부	40	60
절단부	60	40

③ 작업진행률등록   [을제품 : 40%]   ※ New sPLUS에서만 적용함

4 6월의 실제원가계산을 작업하시오.

　　① 기초재공품계산

　　② 직접재료비계산

　　③ 직접노무비계산

　　④ 제조간접비계산(제조부문비배부기준 : 투입시간)

　　⑤ 개별원가계산

　　⑥ 종합원가계산(평균법)

　　⑦ 원가반영작업

5 6월의 원가계산 마감한 후 제조원가명세서를 조회하시오. 단, 원미만은 반올림으로 처리한다.

▶ 답안저장하기 : 오른쪽 상단의 [종료 또는 로그아웃]버튼 클릭 → 답안파일 제출

국가기술자격검정
제8회 전산회계운용사 최신기출문제

※ 무단전재금함	프로그램	제한시간	수험번호	성 명
	CAMP sERP	80분		

2급 A형

답안 작성시 유의사항

- ▶ 인적사항 누락 및 작성 오류로 인한 불이익은 수험자 책임으로 합니다.
- ▶ 시험은 반드시 주어진 문제의 순서대로 진행하여야 합니다.
- ▶ 반드시 지시사항에 따라 기초기업자료를 확인하고, 해당 기초기업자료가 나타나지 않는 경우는 감독관에게 문의하시기 바랍니다.
- ▶ 기초기업자료를 선택하여 해당 문제를 풀이한 후 프로그램 종료 전 반드시 답안을 저장해야 합니다.
- ▶ 각종 코드는 문제에서 제시된 코드로 입력하여야 하며, 수험자가 임의로 부여한 코드는 오답으로 처리합니다. 단, 문제에 코드가 없는 경우에는 그러하지 아니합니다.
- ▶ 계정과목을 입력할 때는 반드시 [검색] 기능이나 [조회] 기능을 이용하여 계정과목을 등록하되 다음의 자산은 변경 후 계정과목(평가손익, 처분손익)을 적용합니다.

변경 전	변경 후
계정과목	계정과목
단기매매금융자산	당기손익-공정가치측정금융자산
매도가능금융자산	기타포괄손익-공정가치측정금융자산
만기보유금융자산	상각후원가측정금융자산

- ▶ 답안파일명은 자동으로 부여되므로 별도 답안파일을 작성할 필요가 없습니다. 또한, 답안 저장 및 제출 시간은 별도로 주어지지 아니하므로 제한 시간 내에 답안 저장 및 제출을 완료해야 합니다.

문제 01 재무회계

▶ 지시사항

'천일공방(주)'의 거래 자료이며 회계년도는 2023. 1. 1 ~ 2023. 12. 31이다. CAMP sERP 프로그램을 '교육용로그인'할 때 불러오기를 클릭하고 [멘토르스쿨_2급(2023)] → [제4장 최신기출문제]→[2급_재무회계]→[제8회 최신기출문제]_천일공방(주).zip를 불러온 후 진행합니다. [사용자번호 : (12345678), 성명 : (김갑수)]

01 다음 제시되는 기준정보를 입력하시오. 4점

1 다음의 일반 거래처(매입거래처, 매출거래처)를 등록하시오. 각1점

거래처(명)	거래처분류(구분)	거래처코드	대표자	사업자등록번호	업태/종목
(주)행복가구	매출처	01004	임송정	123-81-12341	소매업/가구
(주)진심목재	매입처	02004	박정석	133-86-62902	제조업/가구

2 다음의 신규 상품(품목)을 등록하시오. 2점

품목코드	품목(품명)	(상세)규격	품목종류(자산)	기본단위(단위명)
3004	화장대	LS-4	상품	EA

02 다음 거래를 매입매출전표입력 메뉴에 입력하시오. 16점/각4점
(단 채권·채무 및 금융 거래는 거래처 코드를 입력하고 각 문항별 한 개의 전표번호로 입력한다.)

1 12월 4일 상품을 매입하고 전자세금계산서를 발급받다. 대금 중 ₩10,000,000은 현금으로 지급하고 잔액은 약속어음(어음번호: 가다25256612, 만기일: 2024년 3월 4일, 지급은행: 우리은행)을 발행하여 지급하다.

전자세금계산서(공급받는자 보관용)

승인번호 20231204-XXXX0128

공급자
- 등록번호: 401-81-10113
- 상호: ㈜청주목재 / 성명(대표자): 정수길
- 사업장주소: 서울특별시 은평구 은평로 10
- 업태: 제조업 / 종사업장번호:
- 종목: 목재가구
- E-Mail: avc123@kcci.com

공급받는자
- 등록번호: 105-81-11418
- 상호: 천일공방㈜ / 성명(대표자): 강대한
- 사업장주소: 서울특별시 마포구 마포대로 110-1
- 업태: 도매 및 상품중개업 / 종사업장번호:
- 종목: 캐비넷/일반가구
- E-Mail: abc123@exam.com

작성일자: 2023.12.04. 공급가액: 50,000,000 세액: 5,000,000

비고:

월	일	품목명	규격	수량	단가	공급가액	세액	비고
12	4	책상	LS-1	100	200,000	20,000,000	2,000,000	
12	4	의자	LS-2	100	50,000	5,000,000	500,000	
12	4	테이블	LS-3	100	250,000	25,000,000	2,500,000	

합계금액	현금	수표	어음	외상미수금	이 금액을	● 영수 / ○ 청구	함
55,000,000	10,000,000		45,000,000				

2 12월 17일   상품을 매출하고 전자세금계산서를 발급하다. 대금 중 ₩30,000,000은 현금으로 받아 당좌예금(우리은행) 계좌로 입금하고 잔액은 약속어음(어음번호: 마바44751122, 발행일: 2023년 12월 17일, 만기일: 2024년 3월 17일, 발행인: (주)화이트퍼니처, 지급은행: 우리은행)으로 받다.

전자세금계산서(공급자 보관용)

승인번호: 20231217-XXXX0122

공급자
- 등록번호: 105-81-11418
- 상호: 천일공방㈜   성명(대표자): 강대한
- 사업장주소: 서울특별시 마포구 마포대로 110-1
- 업태: 도매 및 상품중개업   종사업장번호:
- 종목: 캐비넷/일반가구
- E-Mail: abc123@exam.com

공급받는자
- 등록번호: 105-81-11494
- 상호: ㈜화이트퍼니처   성명(대표자): 이방원
- 사업장주소: 서울특별시 성동구 고산자로 123
- 업태: 소매업   종사업장번호:
- 종목: 가구
- E-Mail: aabbcc@kcci.com

작성일자	2023.12.17.	공급가액	72,000,000	세액	7,200,000

비고

월	일	품목명	규격	수량	단가	공급가액	세액	비고
12	17	책상	LS-1	200	300,000	60,000,000	6,000,000	
12	17	의자	LS-2	150	80,000	12,000,000	1,200,000	

합계금액	현금	수표	어음	외상미수금	이 금액을 ● 영수 ○ 청구 함
79,200,000	30,000,000		49,200,000		

3 12월 19일   토지를 상지개발(주)로부터 구입하고 전자계산서를 발급받다. 매매대금은 보통예금(산업은행) 계좌에서 지급하다.

전자계산서 (공급받는자 보관용)

승인번호: 20231219-XXXX0154

공급자
- 등록번호: 201-81-01974
- 상호: 상지개발㈜   성명(대표자): 박상현
- 사업장주소: 서울특별시 마포구 대흥로 102
- 업태: 부동산업   종사업장번호:
- 종목: 부동산개발및공급
- E-Mail: qwe45@kcci.com

공급받는자
- 등록번호: 105-81-11418
- 상호: 천일공방㈜   성명(대표자): 강대한
- 사업장주소: 서울특별시 마포구 마포대로 110-1
- 업태: 도매 및 상품중개업   종사업장번호:
- 종목: 캐비넷/일반가구
- E-Mail: abc123@exam.com

작성일자	2023.12.19	공급가액	400,000,000

비고

월	일	품목명	규격	수량	단가	공급가액	비고
12	19	토지				400,000,000	

합계금액	현금	수표	어음	외상미수금	이 금액을 ● 영수 ○ 청구 함
400,000,000	400,000,000				

4 12월 22일   신문구독료를 현금으로 지급하고 현금영수증을 발급받다.

현금영수증

● 거래정보

거래일시	2023-12-22
승인번호	41235634
거래구분	승인거래
거래용도	지출증빙
발급수단번호	105-81-11418

● 거래금액

품목	공급가액	부가세	봉사료	총거래금액
신문	50,000	0	0	50,000

● 가맹점 정보

상호	대한신문
사업자번호	119-90-46145
대표자명	김대한
주소	서울특별시 마포구 마포대로 108

03 다음 거래를 일반전표입력 메뉴에 입력하시오.   20점/각4점
(단 채권·채무 및 금융 거래는 거래처 코드를 입력하고 각 문항별 한 개의 전표번호로 입력한다.)

1 12월 2일   안성산업(주)에 토지와 건물을 매각하는 계약을 하고 계약금 ₩300,000,000을 우리은행 당좌예금 계좌로 입금 받다.

당좌예금 통장 거래 내역

계좌번호 5411-6600-1844-02 천일공방㈜   우리은행

번호	날짜	내용	출금액	입금액	잔액	거래점
1	2023-12-02	토지 건물 매각 계약금		300,000,000	***	***
이 하 생 략						

2 12월 7일   이사회 결의에 의하여 보통주 신주 10,000주(액면금액 @₩5,000, 발행금액 @₩50,000)를 발행하고, 주식발행수수료 ₩1,500,000을 차감한 금액을 우리은행 당좌예금 계좌로 납입 받다.

3 12월 8일   거래처 형제상사(주)가 파산하여 관련 금액을 대손처리하다.

4 12월 23일   장기투자목적으로 샤오땡전자(주) 발행의 주식 1,000주(액면금액 @₩5,000)를 1주당 ₩12,000에 구입하고, 매입수수료 ₩200,000을 포함한 대금은 우리은행 당좌예금 계좌에서 이체하다. 단, 공정가치 변동은 기타포괄손익으로 표시한다.

5 12월 30일   업무와 관련하여 다음에 해당하는 비용을 지출하다.

지출결의서 2023년 12월 30일			결재	계 대한	과장 상공	부장 회의

번호	적요	금액(원)	비고
1	불우이웃돕기 성금	500,000	현금 지급
2	영업용 차량 유류대	150,000	현금 지급
3	사무실 전화요금	180,000	현금 지급
	합 계	830,000	

이 하 생 략

04 다음 기말(12월 31일) 결산 정리 사항을 회계 처리하고 마감하시오.   28점/각4점

1 소모품 미사용액은 ₩2,500,000이다.

2 화재보험료 미경과분을 정리하다. 단, 월할계산에 의한다.

3 단기매매차익 목적으로 보유중인 주식의 공정가치는 ₩9,000,000이다.

4 결산일 현재 현금과부족의 원인은 밝혀지지 않다.

5 매출채권 잔액에 대해 1%의 대손충당금(보충법)을 설정하다.

6 모든 비유동자산에 대한 감가상각비를 계상하다.

7 기말상품재고액을 입력하고 결산 처리하다. 단, 재고평가는 선입선출법으로 한다.

05 다음 사항을 조회하여 번호 순서대로 단답형 답안에 등록하시오. 12점/각2점

※ CAMP sERP는 [단답형답안작성] 메뉴에서 답안을 등록 후 [저장] 버튼을 클릭합니다.
  New sPLUS는 [답안수록] 메뉴에서 답안을 등록 후 [답안저장] 버튼을 클릭합니다.
※ 문자 외의 숫자는 ₩, 원, 월, 단위구분자(,) 등을 생략하고 숫자만 입력하되 소수점이 포함되어 있는 숫자의 경우에는 소수점을 입력합니다.
  (예시) 54200(○), 54.251(○), ₩54,200(×), 54,200원(×), 5월(×), 500개(×), 50건(×)

① 3월 31일 현재 의자의 재고수량은 몇 개인가?

② 2월 1일부터 6월 30일까지 ㈜대성목재로부터의 상품 매입액은 얼마인가?

③ 제1기 부가가치세 확정신고 시 납부(환급)세액은 얼마인가?

④ 1월 1일부터 10월 31일까지 (주)한성목재에 대한 외상매입금 지급액은 얼마인가?

⑤ 12월 31일 현재 한국채택국제회계기준(K-IFRS)에 의한 재무상태표에 표시되는 비유동자산의 금액은 얼마인가?

⑥ 1월 1일부터 12월 31일까지 한국채택국제회계기준(K-IFRS)에 의한 포괄손익계산서(기능별)에 표시되는 기타비용은 얼마인가?

▶ [원가회계] 시작하기
실제시험에서는 오른쪽 상단의 [사업장변경] 버튼 클릭 → [사업장변경] 메뉴에서 해당 사업장 선택 → [사업장변경] 버튼 클릭 해야 한다. '교육용'으로 실습할 때는 오른쪽 상단의 [종료 또는 로그아웃] 버튼 클릭 → 답안파일 자동 저장하고 원가회계는 새로운 기초자료를 불러온 후 진행합니다.

문제 02 원가회계

▶ **지시사항**

'(주)블랙우드'의 거래 자료이며 회계년도는 2023. 1. 1 ~ 2023. 12. 31이다. CAMP sERP 프로그램을 '교육용로그인'할 때 불러오기를 클릭하고 [멘토르스쿨_2급(2023)] → [제4장 최신기출문제] → [2급_원가회계] → [제8회 최신기출문제_(주)블랙우드.zip를 불러온 후 진행합니다. [사용자번호 : (12345678), 성명 : (김갑수)]

---

01 다음의 6월 원가계산 과정을 순서대로 처리하시오. 단, 임금 및 제조경비는 주어진 기초자료에 이미 처리되어 있다.
20점/각4점

1 6월 1일   다음의 작업지시서를 발행하고, 같은 날 주요자재를 출고하였다.

① 작업지시서 내용

지시일자	제품명	작업장	작업지시량	작업기간
6월 03일	갑제품	제1작업장	400개(EA)	6월 03일 ~ 6월 30일
6월 03일	을제품	제2작업장	400개(EA)	6월 03일 ~ 7월 05일

② 자재사용(출고)등록

갑제품 작업지시서 : 자재A   300단위 (제1작업장)

을제품 작업지시서 : 자재B   300단위 (제2작업장)

※ CAMP sERP는 자재사용출고등록을 (2)생산자료등록에서, New sPLUS는 자재출고입력에서 처리함.

2 6월 30일   작업지시서(6월 3일 발행)에 대해 다음과 같이 생산자료를 등록하다.

| 품목 | 완성량(EA) | 재공품 | | 작업(투입)시간 | 작업장 |
		월말 수량(EA)	작업진행률(완성도, %)		
갑제품	400	–	–	500	제1작업장
을제품	320	80	80	400	제2작업장

※ New sPLUS는 완성도(작업진행률등록)를 (3)원가기준정보에서 처리함.

3 6월의 원가기준정보를 다음과 같이 등록하다.

① 노무비배부기준등록(총근무시간)

관련부문	생산1부	생산2부
총근무시간	500	500

② 보조부문비배부기준등록

관련부문	생산1부	생산2부
동력부	50	50
절단부	60	40

③ 작업진행률등록   [을제품 : 40%]   ※ New sPLUS에서만 적용함

4 6월의 실제원가계산을 작업하시오.

　① 기초재공품계산

　② 직접재료비계산

　③ 직접노무비계산

　④ 제조간접비계산(제조부문비배부기준 : 투입시간)

　⑤ 개별원가계산

　⑥ 종합원가계산(평균법)

　⑦ 원가반영작업

5 6월의 원가계산 마감한 후 제조원가명세서를 조회하시오. 단, 원미만은 반올림으로 처리한다.

▶ 답안저장하기 : 오른쪽 상단의 [종료 또는 로그아웃]버튼 클릭 → 답안파일 제출

APPENDIX

부록

해 답

정답화일은 http : mtrschool.co.kr [자료실]에서 다운받아 기초자료 불러오기 하여 확인합니다.

PART 03 모의고사

01회 모의고사_일등자재(주)

기초정보 → 회사(사업장)정보관리 에서 일등자재(주)을 확인한다.

문제 01 기준정보
1 [기초정보] → [거래처정보관리(일반 탭)]
2 [기초정보] → [품목정보관리]

문제 02 매입매출전표입력

1 12월 3일 (차) 상　　　　품　　10,900,000　　(대) 지급어음(삼일)　　5,000,000 ⇒ [구매등록]
　　　　　　　　부가가치세대급금　 1,090,000　　　　 외상매입금(삼일)　6,990,000

2 12월 11일 (차) 보통예금(우리)　　 450,000　　(대) 상　품　매　출　　4,500,000 ⇒ [판매등록]
　　　　　　　　 외상매출금(대양)　4,500,000　　　　 부가가치세예수금　 450,000

3 12월 20일 (차) 복 리 후 생 비　　 200,000　　(대) 현　　　　　금　　 220,000 ⇒ [매입매출전표입력] [61.현과]
　　　　　　　　 부가가치세대급금　　 20,000

4 12월 27일 (차) 도 서 인 쇄 비　　 150,000　　(대) 미지급금(BC카드)　 150,000 ⇒ [매입매출전표입력] [61.카면]

문제 03 일반거래입력

1 12월 5일 (차) 보통주자본금　　8,000,000　　(대) 보통예금(우리)　16,000,000 ⇒ [일반전표입력] [대체전표]
　　　　　　　　 감 자 차 손　　　 8,000,000

2 12월 6일 (차) 단기차입금(흥국)　15,000,000　(대) 보통예금(우리)　15,020,000 ⇒ [일반전표입력] [대체전표]
　　　　　　　　 이 자 비 용　　　　 20,000

※ [회계관리]→[재무회계]→[장부관리]→[분개장]→[6월20일 단기차입금(15,000,000)]을 조회한다.

3 12월 10일 (차) 여 비 교 통 비　　 460,000　　(대) 가 지 급 금　　　 500,000 ⇒ [일반전표입력] [대체전표]
　　　　　　　　 현　　　　　금　　　 40,000

※ [회계관리]→[재무회계]→[장부관리]→[분개장]→[11월30일 가지급금(500,000)]을 조회한다.

4 12월 13일 (차) 기타포괄-공정가
　　　　　　　　 치측정금융자산　　6,370,000　(대) 보통예금(우리)　 6,370,000 ⇒ [일반전표입력] [대체전표]
　　　　　　　　 (비유동)

5 12월 17일 (차) 세 금 과 공 과　　2,800,000　(대) 미 지 급 금　　　 408,000 ⇒ [일반전표입력] [대체전표]
　　　　　　　　 수 도 광 열 비　　　128,000

문제 04 결산작업

1 12월 31일 (차) 당기손익-공정가　 900,000　(대) 당기손익-공정가　 900,000 ⇒ [일반전표입력] [대체전표]
　　　　　　　　 치측정금융자산　　　　　　　　　 치측정금융자산
　　　　　　　　　　　　　　　　　　　　　　　　　 평가이익

※ [회계관리]→[결산관리]→[합계잔액시산표]에서 당기손익-공정가치측정금융자산의 장부금액 3,600,000을 확인한다.
　300주 × 15,000원 = 4,500,0000(평가금액) − 3,600,000(장부금액) = 900,000(평가이익)

2 12월 31일 (차) 선 급 비 용   900,000   (대) 보 험 료   900,000 ⇒ [일반전표입력] [대체전표]
※ 합계잔액시산표의 보험료를 더블클릭하여 4월 1일에 지급된 보험료 3,600,000원(1년분)을 확인한다.
3,600,000 ÷ 12 × 3(선급분) = 900,000원으로 분개한다.

3 12월 31일 (차) 소 모 품   560,000   (대) 소 모 품 비   560,000 ⇒ [일반전표입력] [대체전표]
※ 비용처리법이므로 소모품비 중 미사용액만큼 소모품 계정에 대체한다.

4 12월 6일 (차) 이 자 비 용   1,600,000   (대) 미 지 급 비 용   1,600,000 ⇒ [일반전표입력] [대체전표]

5 [회계관리] → [결산관리] → [결산자료입력] → [조회] → 우측상단 [대손상각]에서 대손율 설정을 확인하고,
[외상매출금 : 1,154,350,000 × 0.01 − 350,000 = 11,193,500 받을어음 : 359,000,000 × 0.01 − 0 = 3,590,000]
단기대여금, 장기대여금 금액은 삭제하고 [결산반영]

6 ① [회계관리] → [재무회계] → [고정자산관리] → [고정(유형/무형)자산등록]에서 모든 비유동자산에 대하여 '감가상각비계산'
이 처리되어 있는지 각 자산명별로 확인하고, 미처리시 하단의 '14.회사계상상각비' 금액이 반영되도록 한 후 [저장]한다.
② [회계관리] → [결산관리] → [결산자료입력] → 우측상단 [감가상각] → [결산반영]

7 ① [영업물류] → [재고/생산관리] → [환경설정] → [재고관리방법설정] → 1.재고평가방법 [선입선출법] → [저장]
② [영업물류] → [재고/생산관리] → [재고수불부관리] → [재고수불부]에서, 조회기간(2023-01-01~2023-12-31) 재고금액
(268,000,000)을 확인한다.
③ [결산자료입력] → [기말상품재고액 입력]후 반드시 [전표추가]버튼을 클릭하여 결산전표를 생성한다.

문제 05 단답형답안

1 영업물류 → 재고/생산관리 → 재고수불부관리 → 재고수불부(또는 품목별재고현황)   🗐 3,000
[조회기간(2023-01-01~2023-03-15), 검색(EPS판넬)]

2 회계관리 → 재무회계 → 장부관리 → 월계표 → 기간합계 탭   🗐 4,743,000
[조회기간(2023-04~2023-06)]

3 회계관리 → 재무회계 → 장부관리 → 거래처원장 → 잔액   🗐 164,000,000
[조회기간(2023-01-01~2023-06-30), 거래처코드(대양건설산업(주)), 계정코드(외상매출금)]

4 회계관리 → 부가세관리 → 부가가치세1 → 부가세신고서작성(일반) → 납부(환급)세액   🗐 36,490,000
[신고기간(2023-04-01~2023-06-30)]

5 회계관리 → 재무회계 → 결산관리 → 재무상태표(IFRS)   🗐 680,331,000
[조회기간(2023-01-01~2023-12-31)]

6 회계관리 → 재무회계 → 결산관리 → 포괄손익계산서(IFRS)   🗐 1,620,000

01회 모의고사_원가회계 정답

■ ① [영업물류] → [재고/생산관리] → [환경설정] → [재고관리방법설정] → 1.재고평가방법에서 [선입선출법]을 확인한다.
② [영업물류] → [재고/생산관리] → [재고수불부관리] → [재고수불부]에서 원재료A : @₩80,000 원재료C : @₩40,000 원재료D : @₩10,000 을 확인한다.

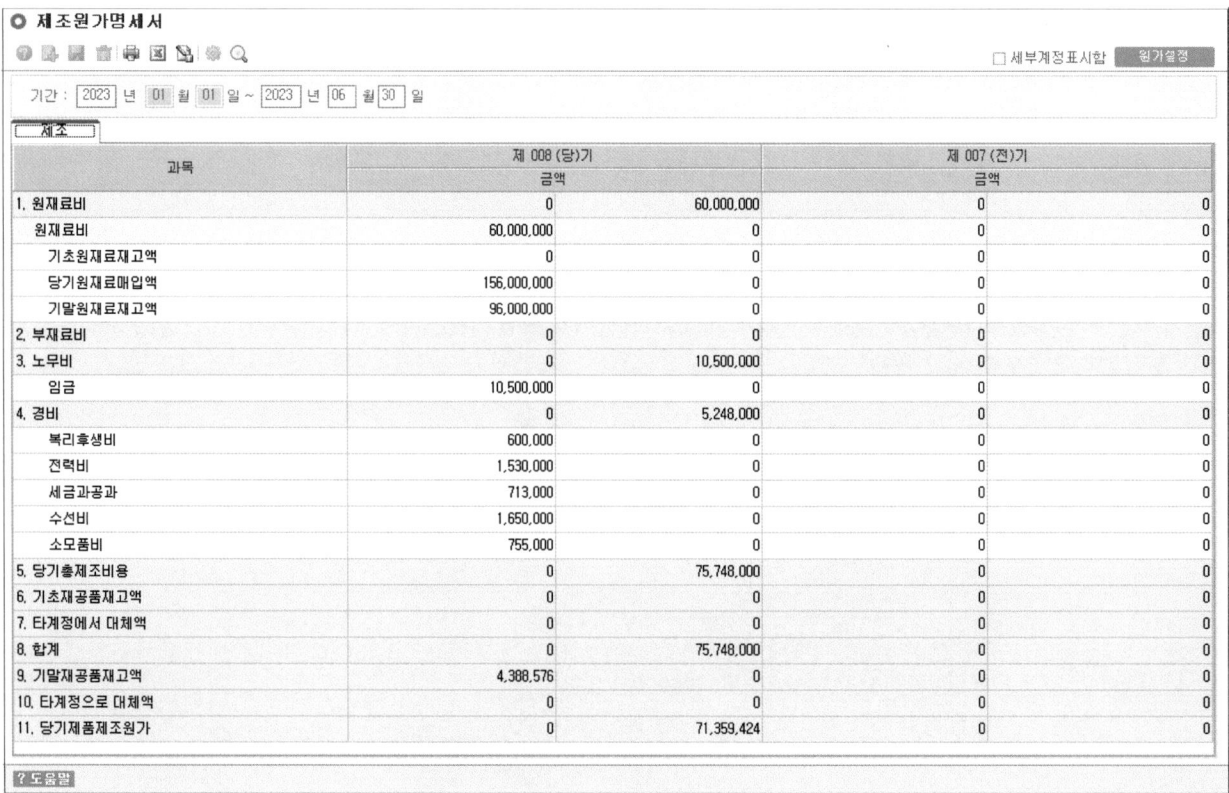

02회 모의고사_태양스포츠(주)

기초정보 → 회사(사업장)정보관리 에서 태양스포츠(주)를 확인한다.

문제 01 기준정보

1 [기초정보] → [거래처정보관리(일반 탭)]
2 [기초정보] → [품목정보관리]

문제 02 매입매출전표입력

1 12월 5일 (차) 선 수 금(강남) 2,000,000 (대) 상 품 매 출 42,000,000 ⇒ [판매등록]
　　　　　　　 받을어음(강남) 30,000,000 　　부가가치세예수금 4,200,000
　　　　　　　 당좌예금(신한) 14,200,000

2 12월 19일 (차) 상　　　　품 40,200,000 (대) 현　　　　　금 10,220,000 ⇒ [구매등록]
　　　　　　　 부가가치세대급금 4,020,000 　　지급어음(포워드) 34,000,000
　　※ 매입 운임(200,000원)을 상품 원가에 가산하여 상품의 단가를 @201,000으로 입력한다.

3 12월 21일 (차) 외상매출금(비씨카드) 1,100,000 (대) 상 품 매 출 1,000,000 ⇒[일반전표입력] [2.신용카드]
　　　　　　　　　　　　　　　　　　　　　　　　부가가치세예수금 100,000
　　※ [회계관리]→[전표입력]→[매입매출전표입력]에서 카드미수금을 외상매출금으로 변경

4 12월 24일 (차) 도 서 인 쇄 비 150,000 (대) 미지급금(팬시) 150,000 ⇒[매입매출전표입력] [53.면세]

문제 03 일반거래입력

1 12월 1일 (차) 당좌예금(신한) 60,000,000 (대) 보통주자본금 40,000,000 ⇒[일반전표입력] [대체전표]
　　　　　　　　　　　　　　　　　　　　　　　　주식발행초과금 19,800,000
　　　　　　　　　　　　　　　　　　　　　　　　현　　　　　금 200,000

2 12월 8일 (차) 보통예금(국민) 4,770,000 (대) 자 기 주 식 6,000,000 ⇒[일반전표입력] [대체전표]
　　　　　　　 자기주식처분손실 1,230,000
　　※ [회계관리]→[결산관리]→[합계잔액시산표]에서 자기주식을 더블클릭하여 취득시 @₩10,000을 확인한다.

3 12월 21일 (차) 보통예금(국민) 16,900,000 (대) 받을어음(청주) 17,000,000 ⇒[일반전표입력] [대체전표]
　　　　　　　 매출채권처분손실 100,000
　　※ [받을어음상태변경]에서 만기일(2024-03-28 ~ 2024-03-28)을 조회하여, 어음 선택하고 처리구분 [할인]으로 변경 후
　　　[상세내역]을 클릭하여 할인료(100,000), 입금액(16,900,000), 할인처(국민은행), 입금구분(현금 또는 당좌예금)을 입력한다.

4 12월 27일 (차) 미지급금(국민카드) 300,000 (대) 보통예금(국민) 300,000 ⇒[일반전표입력] [대체전표]
　　※ [회계관리] → [재무회계] → [장부관리] → [계정별거래처잔액명세서]에서 국민카드 미지급금(300,000원)을 확인한다.

5 12월 28일 (차) 보통예금(국민) 19,608,400 (대) 사　　　　채 20,000,000 ⇒[일반전표입력] [대체전표]
　　　　　　　 사채할인발행차금 391,600

문제 04 결산작업

1 12월 31일 (차) 소 모 품   200,000   (대) 소 모 품 비   200,000 ⇒ [일반전표입력] [대체전표]
※ 비용처리법이므로 소모품비 중 미사용액만큼 소모품 계정에 대체한다.
　　1,900,000(소모품비) − 1,700,000(사용액) = 200,000(미사용액)

2 12월 31일 (차) 선 급 비 용   120,000   (대) 보 험 료   120,000 ⇒ [일반전표입력] [대체전표]
※ 합계잔액시산표의 보험료를 더블클릭하여 5월 1일에 지급한 보험료 360,000원(1년분)을 확인한다.
　　360,000 ÷ 12 × 4(선급분) = 120,000원으로 분개한다.

3 12월 31일 (차) 임 대 료   100,000   (대) 선 수 수 익   100,000 ⇒ [일반전표입력] [대체전표]
※ 합계잔액시산표의 임대료를 더블클릭하여 8월 1일에 받은 임대료 600,000원(6개월분)을 확인한다.
　　600,000 ÷ 6 × 1(선수분) = 100,000원으로 분개한다.

4 12월 31일 (차) 외 화 환 산 손 실 8,000,000   (대) 외화장기차입금(도이치) 8,000,000 ⇒ [일반전표입력] [대체전표]

5 [회계관리] → [결산관리] → [결산자료입력] → [조회] → 우측상단 [대손상각]에서 대손율 설정을 확인하고,
[외상매출금 : 66,720,000 × 0.01 − 250,000 = 417,200 받을어음 : 70,000,000 × 0.01 − 0 = 700,000]
단기대여금 금액은 삭제하고 [결산반영]

6 ① [회계관리] → [재무회계] → [고정자산관리] → [고정(유형/무형)자산등록]에서 모든 비유동자산에 대하여 '감가상각비계산'
이 처리되어 있는지 각 자산명별로 확인하고, 미처리시 하단의 '14.회사계상상각비' 금액이 반영되도록 한 후 [저장]한다.
② [회계관리] → [결산관리] → [결산자료입력] → 우측상단 [감가상각] → [결산반영]

7 ① [영업물류] → [재고/생산관리] → [환경설정] → [재고관리방법설정] → 1.재고평가방법 [선입선출법] → [저장]
② [영업물류] → [재고/생산관리] → [재고수불부관리] → [재고수불부]에서, 조회기간(2023-01-01~2023-12-31) 재고금액 (167,800,000)을 확인한다.
③ [결산자료입력] → [기말상품재고액 입력]후 반드시 [전표추가]버튼을 클릭하여 결산전표를 생성한다.

문제 04 단답형 답안

1 회계관리 → 재무회계 → 장부관리 → 월계표 → 기간합계 탭 → 대변합계　　　　　　　　　　97,050,000
[조회기간(2023-01~2023-04)]

2 영업물류 → 재고/생산관리 → 재고수불부관리 → 재고수불부(또는 판매명세서)　　　　　　　　500
[조회기간(2023-04-01~2023-06-30), 검색(A상품) 조회]

3 회계관리 → 부가세관리 → 부가가치세1 → 부가세신고서작성(일반) → 납부(환급)세액　　　　8,550,000
[신고기간(2023-07-01~2023-09-30) 조회]

4 회계관리 → 재무회계 → 장부관리 → 거래처원장 → 잔액　　　　　　　　　　　　　　　　33,850,000
[신고기간(2023-01-01~2023-12-31), 거래처명(코리아스포츠(주)), 계정코드(외상매입금)]

5 회계관리 → 재무회계 → 결산관리 → 포괄손익계산서(IFRS)　　　　　　　　　　　　　　　2,350,000
[조회기간(2023-01-01~2023-12-31)]

6 회계관리 → 재무회계 → 결산관리 → 재무상태표(IFRS)　　　　　　　　　　　　　　　　　67,608,400
[조회기간(2023-01-01~2023-12-31)]

02회 모의고사_원가회계 정답

① [영업물류] → [재고/생산관리] → [환경설정] → [재고관리방법설정] → 1.재고평가방법에서 [선입선출법]을 확인한다.
② [영업물류] → [재고/생산관리] → [재고수불부관리] → [재고수불부]에서 자재X : @₩30,000 자재Y : @₩20,000 을 확인한다.

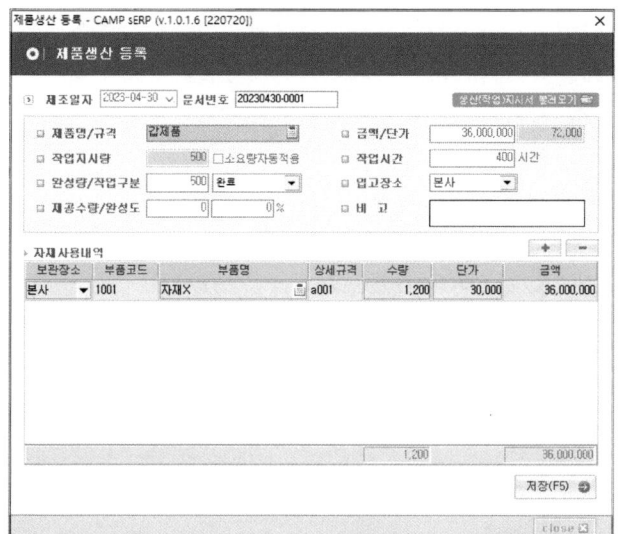

03회 모의고사_화랑가구(주)

기초정보 → 회사(사업장)정보관리 에서 화랑가구(주)를 확인한다.

문제 01 기준정보

1 [기초정보] → [거래처정보관리(일반 탭)]
2 [기초정보] → [품목정보관리]

문제 02 거래입력

1 12월 7일 (차) 상   품   52,000,000   (대) 지급어음(대한)   50,000,000 ⇒ [구매등록]
                부가가치세대급금   5,200,000   외상매입금(가람)   7,200,000

2 12월 11일 (차) 보통예금(기업)   20,000,000   (대) 상 품 매 출   52,800,000 ⇒ [판매등록]
                외상매출금(기쁨)   38,080,000   부가가치세예수금   5,280,000

3 12월 15일 (차) 보통예금(기업)   440,000   (대) 상 품 매 출   400,000 ⇒ [판매등록] [3.현금영수증]
                                                    부가가치세예수금   40,000

    ※ [회계관리]→[전표입력]→[매입매출전표입력]에서 현금을 보통예금(기업)으로 변경

4 12월 24일 (차) 투 자 부 동 산   50,000,000   (대) 미지급금(대륙)   50,000,000 ⇒ [매입매출전표입력] [53.면세]

문제 03 일반거래입력

1 12월 7일 (차) 임차보증금(현길) 30,000,000   (대) 보통예금(기업)   30,800,000 ⇒ [일반전표입력] [대체전표]
                임 차 료   800,000

2 12월 5일 (차) 선 급 금 (다 산)   3,000,000   (대) 현   금   3,000,000 ⇒ [수금지급등록] [지급등록]

3 12월 15일 (차) 당좌예금(신한)   34,850,000   (대) 받을어음(그림)   35,000,000 ⇒ [일반전표입력] [대체전표]
                매출채권처분손실   150,000

    ※ [받을어음상태변경]에서 만기일(2024-03-12 ~ 2024-03-12)을 조회하여, 어음 선택하고 처리구분 [할인]으로 변경 후
      [상세내역]을 클릭하여 할인료(150,000), 입금액(34,850,000), 할인처(신한은행), 입금구분(당좌예금)을 입력한다.

4 12월 14일 (차) 세 금 과 공 과   280,000   (대) 보통예금(기업)   1,080,000 ⇒ [일반전표입력] [대체전표]
                기   부   금   800,000

5 12월 17일 (차) 자 기 주 식   2,816,000   (대) 보통예금(기업)   2,816,000 ⇒ [일반전표입력] [대체전표]

문제 04 결산작업

(1) 12월 31일 (차) 소　모　품 720,000 (대) 소　모　품　비 720,000 ⇒ [일반전표입력] [대체전표]
　　※ 비용처리법이므로 소모품비 중 미사용액만큼 소모품 계정에 대체한다.

(2) 12월 31일 (차) 선　급　비　용 600,000 (대) 임　차　료 600,000 ⇒ [일반전표입력] [대체전표]
　　※ 합계잔액시산표의 임차료를 더블클릭하여 11월 1일에 지급한 임차료 1,800,000원(1년분)을 확인한다.
　　　1,800,000 ÷ 3 × 1(선급분) = 600,000원으로 분개한다.

(3) 12월 31일 (차) 잡　손　실 30,000 (대) 현　금 30,000 ⇒ [일반전표입력] [출금전표]

(4) 12월 31일 (차) 당기손익-공정가치측정금융자산 4,000,000 (대) 당기손익-공정가치측정금융자산평가이익 4,000,000 ⇒ [일반전표입력] [대체전표]
　　※ [회계관리]→[결산관리]→[합계잔액시산표]에서 당기손익-공정가치측정금융자산의 장부금액 10,000,000을 확인한다.

(5) [회계관리] → [결산관리] → [결산자료입력] → [조회] → 우측상단 [대손상각]에서 대손율 설정을 확인하고,
　　[외상매출금 : 439,230,000 × 0.01 - 1,700,000 = 2,692,300 받을어음 : 40,000,000 × 0.01 - 250,000 = 150,000]
　　미수수익, 선급금, 장기대여금 금액은 삭제하고 [결산반영]

(6) ① [회계관리] → [재무회계] → [고정자산관리] → [고정(유형/무형)자산등록]에서 모든 비유동자산에 대하여 '감가상각비계산'
　　　이 처리되어 있는지 각 자산명별로 확인하고, 미처리시 하단의 '14.회사계상상각비' 금액이 반영되도록 한 후 [저장]한다.
　　② [회계관리] → [결산관리] → [결산자료입력] → 우측상단 [감가상각] → [결산반영]

(7) ① [영업물류] → [재고/생산관리] → [환경설정] → [재고관리방법설정] → 1.재고평가방법 [선입선출법] → [저장]
　　② [영업물류] → [재고/생산관리] → [재고수불부관리] → [재고수불부]에서, 조회기간(2023-01-01~2023-12-31) 재고금액
　　　(280,900,000)을 확인한다.
　　③ [결산자료입력] → [기말상품재고액 입력]후 반드시 [전표추가]버튼을 클릭하여 결산전표를 생성한다.

문제 05 단답형 답안

1 영업물류 → 영업관리 → 구매보고서 → 구매명세서(공급가액 합계)　　　　　　　　　　　　답 176,000,000
　　[조회기간(2023-01-01~2023-07-31), 품목(철재캐비넷)]

2 회계관리 → 재무회계 → 장부관리 → 계정별거래처잔액명세서 → 대변　　　　　　　　　　답 26,400,000
　　[조회기간(2023-04-01~2023-06-11), 거래처코드((주)다산가구), 계정코드(외상매입금)]

3 회계관리 → 재무회계 → 장부관리 → 총계정원장 → 월별 탭　　　　　　　　　　　　　　답 10
　　[조회기간(2023-07~2023-11), 계정과목(상품매출)]

4 영업물류 → 재고/생산관리 → 재고수불부관리 → 재고수불부　　　　　　　　　　　　　　답 620
　　[조회기간(2023-01-01~2023-11-16), 검색(중역용의자)]

5 회계관리 → 재무회계 → 결산관리 → 재무상태표(IFRS)　　　　　　　　　　　　　　　　　답 225,000,000
　　[조회기간(2023-01-01~2023-12-31)]

6 회계관리 → 재무회계 → 결산관리 → 포괄손익계산서(IFRS)　　　　　　　　　　　　　　　답 1,066,400,000
　　[조회기간(2023-01-01~2023-12-31)]

03회 모의고사_원가회계 정답

■ ① [영업물류] → [재고/생산관리] → [환경설정] → [재고관리방법설정] → 1.재고평가방법에서 [선입선출법]을 확인한다.
② [영업물류] → [재고/생산관리] → [재고수불부관리] → [재고수불부]에서 A원재료 : @₩18,000 원재료C : @₩22,000을 확인한다.

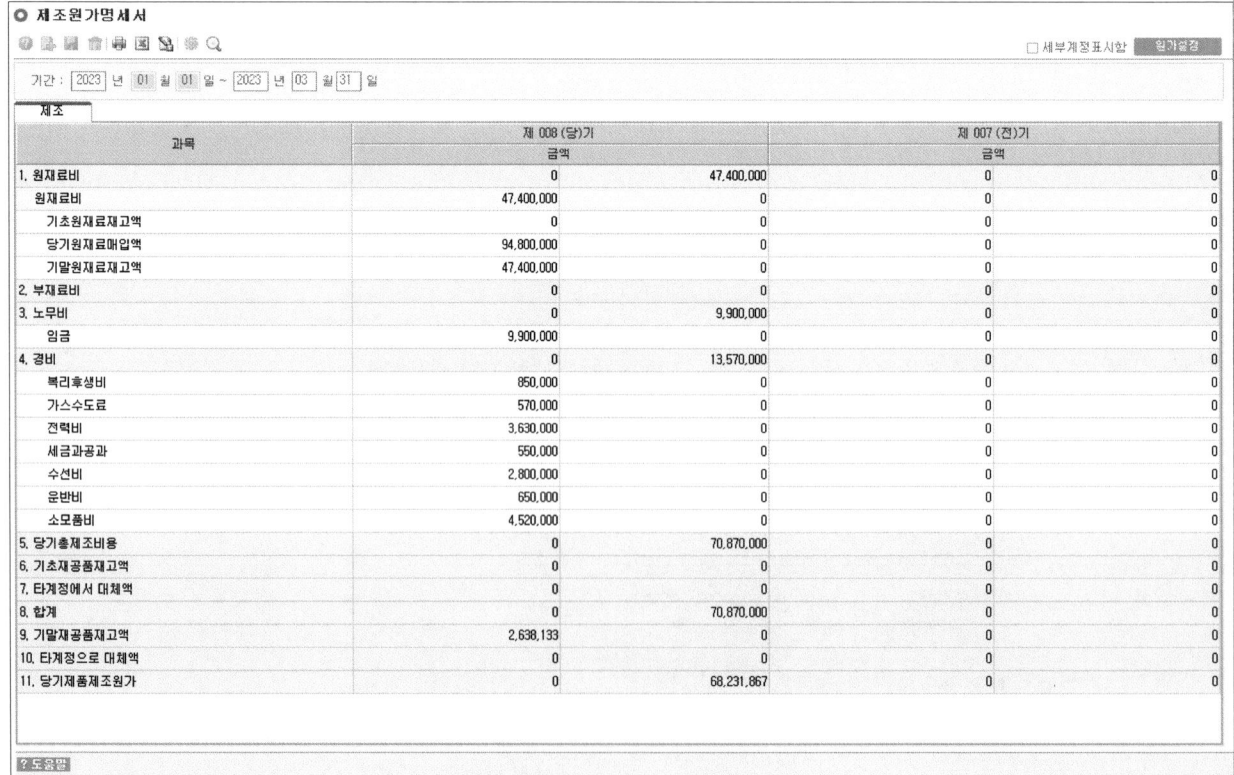

04회 모의고사_ 대명화장품(주)

기초정보 → 회사(사업장)정보관리 에서 대명화장품(주)을 확인한다.

문제 01 기준정보

1 [기초정보] → [거래처정보관리(일반 탭)]
2 [기초정보] → [품목정보관리]

문제 02 매입매출전표입력

1 12월 5일 (차) 상   품   350,000,000   (대) 보통예금(산업) 300,000,000 ⇒ [구매등록]
           부가가치세대급금   35,000,000   외상매입금(도연)   85,000,000

2 12월 13일 (차) 당좌예금(우리) 256,250,000   (대) 상 품 매 출   687,500,000 ⇒ [판매등록]
            받을어음(한국)   500,000,000   부가가치세예수금   68,750,000

3 12월 19일 (차) 외상매출금(하나카드)   440,000   (대) 상 품 매 출   1,250,000 ⇒ [판매등록] [2.신용카드]
                                          부가가치세예수금   125,000

※ [회계관리]→[전표입력]→[매입매출전표입력]에서 카드미수금을 외상매출금으로 변경

4 12월 26일 (차) 복 리 후 생 비   1,500,000   (대) 미지급금(삼성카드)   1,650,000 ⇒[매입매출전표입력] [57.카과]
            부가가치세대급금   150,000

문제 03 일반거래입력

1 12월 9일 (차) 건 설 중 인 자 산   500,000,000   (대) 당좌예금(우리)   500,000,000 ⇒[일반전표입력] [대체전표]

2 12월 19일 (차) 현   금   120,000,000   (대) 보 통 주 자 본 금   100,000,000 ⇒[일반전표입력] [대체전표]
                                             주식발행초과금   20,000,000

3 12월 26일 (차) 보통예금(산업) 1,500,000,000   (대) 기타포괄-공정가치측정금융자산(비유동) 1,200,000,000 ⇒[일반전표입력] [대체전표]
                                             기타포괄-공정가치측정금융자산평가손실 300,000,000

※ [회계관리]→[결산관리]→[합계잔액시산표]에서 기타포괄-공정가치측정금융자산(비유동) (1,200,000,000원)을 확인한다.
※ 기타포괄-공정가치측정금융자산처분시 기타포괄-공정가치측정금융자산평가손익을 상계처리하고 잔액이 있는 경우 기타포괄-공정가치측정금융자산처분손익으로 한다.

4 12월 27일 (차) 수   선   비   7,300,000   (대) 미지급금(삼성)   7,300,000 ⇒[일반전표입력] [대체전표]

5 12월 30일 (차) 보통예금(산업)   512,500,000   (대) 장기대여금(스타)   500,000,000 ⇒[일반전표입력] [대체전표]
                                             이 자 수 익   12,500,000

※ (500,000,000 × 0.03) × 10/12(경과분) = 12,500,000원을 이자수익으로 분개한다.

문제 04 결산작업

1 12월 31일 (차) 부가가치세예수금 175,000,000   (대) 부가가치세대급금 175,000,000 ⇒ [일반전표입력] [대체전표]
※ 합계잔액시산표의 부가가치세대급금과 부가가치세예수금 잔액을 확인한다.

2 12월 31일 (차) 선 급 비 용 30,000,000   (대) 보 험 료 30,000,000 ⇒ [일반전표입력] [대체전표]
※ 합계잔액시산표의 보험료를 더블클릭하여 6월 1일에 지급된 보험료 72,000,000원(1년분)을 확인한다.
  72,000,000 ÷ 12 × 5(선급분) = 30,000,000원으로 분개한다.

3 12월 31일 (차) 장기차입금(하나) 1,200,000,000   (대) 유동성장기부채(하나) 1,200,000,000 ⇒ [일반전표입력] [대체전표]
※ [회계관리] → [재무회계] → [장부관리] → [거래처원장]에서 하나은행 장기차입금(1,200,000,000원)을 확인한다.

4 [회계관리] → [재무회계] → [결산관리] → [결산자료입력] → [조회] → [선납법인세 1,600,000,000] [추가계상액 3,400,000,000]을 입력한다.

5 [회계관리] → [결산관리] → [결산자료입력] → [조회] → 우측상단 [대손상각]에서 대손율 설정을 확인하고,
[외상매출금 : 6,595,125,000 × 0.01 − 55,000,000 = 10,951,500 받을어음 : 1,562,500,000 × 0.01 − 9,000,000 = 6,625,000]
단기대여금, 장기대여금 금액은 삭제하고 [결산반영]

6 ① [회계관리] → [재무회계] → [고정자산관리] → [고정(유형/무형)자산등록]에서 모든 비유동자산에 대하여 '감가상각비계산'이 처리되어 있는지 각 자산명별로 확인하고, 미처리시 하단의 '14.회사계상상각비' 금액이 반영되도록 한 후 [저장]한다.
② [회계관리] → [결산관리] → [결산자료입력] → 우측상단 [감가상각] → [결산반영]

7 ① [영업물류] → [재고/생산관리] → [환경설정] → [재고관리방법설정] → 1.재고평가방법 [선입선출법] → [저장]
② [영업물류] → [재고/생산관리] → [재고수불부관리] → [재고수불부]에서, 조회기간(2023−01−01~2023−12−31 재고금액(1,674,500,000)을 확인한다.
③ [결산자료입력] → [기말상품재고액 입력]후 반드시 [전표추가]버튼을 클릭하여 결산전표를 생성한다.

문제 05 단답형 답안

1 회계관리 → 재무회계 → 결산관리 → 합계잔액시산표 → 차변 합계(또는 월계표 기간합계 탭)   답 6,050,000,000
[조회기간(2023−03−01~2023−06−30)]

2 회계관리 → 부가세관리 → 부가가치세1 → 부가세신고서작성(일반) → 납부(환급)세액   답 1,192,150,000
[신고기간(2023−01−01~2023−03−31) 조회]

3 회계관리 → 재무회계 → 장부관리 → 거래처원장 → 잔액   답 500,000,000
[조회기간(2023−01−01~2023−06−30), 거래처명((주)기린코스메틱, 계정코드(지급어음)]

4 영업물류 → 재고/생산관리 → 재고관리 → 품목별재고현황 → 조회   답 2,000
[일자(2023−09−30), 검색(기초화장품C) 조회]

5 회계관리 → 재무회계 → 결산관리 → 재무상태표(IFRS)   답 11,815,255,000
[조회기간(2023−01−01~2023−12−31)]

6 회계관리 → 결산관리 → 포괄손익계산서(IFRS)   답 37,407,658,500
[조회기간(2023−01−01~2023−12−31)]

04회 모의고사_원가회계 정답

① [영업물류] → [재고/생산관리] → [환경설정] → [재고관리방법설정] → 1.재고평가방법에서 [선입선출법]을 확인한다.

② [영업물류] → [재고/생산관리] → [재고수불부관리] → [재고수불부]에서 부속A : @₩50,000 부속B : @₩80,000 부속C : @100,000을 확인한다.

05회 모의고사_반짝거울(주)

기초정보 → 회사(사업장)정보관리 에서 반짝거울(주)를 확인한다.

문제 01 기준정보

1 [기초정보] → [거래처정보관리(일반 탭)]
2 [기초정보] → [품목정보관리]

문제 02 매입매출전표입력

1 12월 13일 (차) 상   품   10,900,000   (대) 지급어음(동서)   5,000,000 ⇒ [구매등록]
              부가가치세대급금   1,090,000   외상매입금(동서)   6,990,000

2 12월 11일 (차) 현   금   10,000,000   (대) 상 품 매 출   24,600,000 ⇒ [판매등록]
              외상매출금(고려)   17,060,000   부가가치세예수금   2,460,000

3 12월 23일 (차) 광 고 선 전 비   500,000   (대) 미지급금(비씨카드)   550,000   ⇒[매입매출전표입력][57.카과]
              부가가치세대급금   50,000

4 12월 27일 (차) 복 리 후 생 비   400,000   (대) 미지급금(한국)   1,000,000 ⇒[매입매출전표입력][53.면세]
              접   대   비   600,000

문제 03 일반거래입력

1 12월 3일   (차) 현   금   350,000   (대) 배 당 금 수 익   350,000 ⇒[일반전표입력] [입금전표]

2 12월 6일   (차) 여 비 교 통 비   3,700,000   (대) 가 지 급 금   4,000,000 ⇒[일반전표입력] [대체전표]
              현   금   30,000   주식발행초과금   20,000,000

  ※ [회계관리]→[결산관리]→[합계잔액시산표]에서 가지급금(4,000,000원)을 확인한다.

3 12월 17일 (차) 외상매입금(정밀)   7,700,000   (대) 받을어음(고려)   7,700,000 ⇒[일반전표입력] [대체전표]

  ※ [받을어음상태변경]에서 만기일(2024-02-20~2024-02-20)을 조회하여, 어음 선택하고 처리구분 [양도]로 변경 후
    양도처((주)정밀거울)을 입력한다.

4 12월 26일 (차) 건   물   9,000,000   (대) 보통예금(기업)   7,000,000 ⇒[일반전표입력] [대체전표]
                                                    건 설 중 인 자 산   2,000,000

  ※ [회계관리]→[장부관리]→[분개장]→[9월20일 건설중인자산(2,000,000)]을 조회한다.
  ※ [회계관리] → [재무회계] → [고정자산관리] → [고정(유형/무형)자산등록]에 건물 등록

5 12월 28일 (차) 당기손익-공정가치
              측 정 금 융 자 산   4,000,000   (대) 보통예금(기업)   4,120,000 ⇒[일반전표입력] [대체전표]
              수 수 료 비 용   120,000

  ※ 일반적인 수수료비용(83100)은 판매관리비이고, 당기손익-공정가치측정금융자산에 대한 수수료비용(94600)은
    기타비용(영업외비용)이다.

문제 04 결산작업

1 12월 31일 (차) 선 급 비 용 600,000 (대) 임 차 료 600,000 ⇒ [일반전표입력] [대체전표]
※ 합계잔액시산표의 임차료를 더블클릭하여 10월 1일에 지급된 임차료 1,200,000원(6개월분)을 확인한다.
1,200,000 ÷ 6 × 3(선급분) = 600,000원으로 분개한다.

2 12월 31일 (차) 토 지 5,000,000 (대) 재 평 가 잉 여 금 5,000,000 ⇒ [일반전표입력] [대체전표]
※ 합계잔액시산표의 토지(40,000,000원)을 확인한다.

3 12월 31일 (차) 여 비 교 통 비 80,000 (대) 현 금 50,000 ⇒ [일반전표입력] [대체전표]
잡 이 익 30,000

4 12월 31일 (차) 미 수 수 익 300,000 (대) 이 자 수 익 300,000 ⇒ [일반전표입력] [대체전표]
※ (10,000,000 × 0.06) × 6/12(미수분) = 300,000

5 [회계관리] → [결산관리] → [결산자료입력] → [조회] → 우측상단 [대손상각]에서 대손율 설정을 확인하고,
[외상매출금 : 103,230,000 × 0.01 − 200,000 = 832,300 받을어음은 잔액이 없으므로 계상하지 않는다.]
단기대여금, 미수수익, 장기대여금 금액은 삭제하고 [결산반영]

6 ① [회계관리] → [재무회계] → [고정자산관리] → [고정(유형/무형)자산등록]에서 모든 비유동자산에 대하여 '감가상각비계산'이 처리되어 있는지 각 자산명별로 확인하고, 미처리시 하단의 '14.회사계상상각비' 금액이 반영되도록 한 후 [저장]한다.
② [회계관리] → [결산관리] → [결산자료입력] → 우측상단 [감가상각] → [결산반영]

7 ① [영업물류] → [재고/생산관리] → [환경설정] → [재고관리방법설정] → 1.재고평가방법 [선입선출법] → [저장]
② [영업물류] → [재고/생산관리] → [재고수불부관리] → [재고수불부]에서, 조회기간(2023−01−01~2023−12−31) 재고금액 (17,200,000)을 확인한다.
③ [결산자료입력] → [기말상품재고액 입력]후 반드시 [전표추가]버튼을 클릭하여 결산전표를 생성한다.

문제 05 단답형 답안

1 영업물류 → 영업관리 → 구매보고서 → 품목별 월 구매현황　　　　　　　　　답 500
[조회기간(2023), 품목(전신거울)]

2 회계관리 → 재무회계 → 장부관리 → 계정별거래처잔액명세서　　　　　　　답 50,000,000
[조회기간(2023−01−01~2023−07−31, 거래처(공란), 계정과목(외상매입금)]

3 회계관리 → 재무회계 → 장부관리 → 월계표 → 기간합계 탭 → 차변 합계　　답 346,950,000
[조회기간(2023−06~2023−09)]

4 영업물류 → 영업관리 → 재고/생산관리 → 재고관리 → 품목별재고현황　　　답 1,200
[기준일자(2023−05−31)]

5 회계관리 → 재무회계 → 결산관리 → 재무상태표(IFRS)　　　　　　　　　　답 330,783,700
[조회기간(2023−01−01~2023−12−31)]

6 회계관리 → 재무회계 → 결산관리 → 포괄손익계산서(IFRS)　　　　　　　　답 2,530,000
[조회기간(2023−01−01~2023−12−31)]

05회 모의고사_원가회계 정답

■ ① [영업물류] → [재고/생산관리] → [환경설정] → [재고관리방법설정] → 1.재고평가방법에서 [선입선출법]을 확인한다.
② [영업물류] → [재고/생산관리] → [재고수불부관리] → [재고수불부]에서 자재X : @₩20,000 자재Y : @₩25,000 을 확인한다.

06회 모의고사_사랑가구(주)

기초정보 → 회사(사업장)정보관리 에서 사랑가구(주)를 확인한다.

문제 01 기준정보

1. [기초정보] → [거래처정보관리(일반 탭)]
2. [기초정보] → [품목정보관리]

문제 02 매입매출전표입력

1. 12월 2일 (차) 상 품 46,000,000 (대) 받을어음(고운) 40,000,000 ⇒ [구매등록]
   부가가치세대급금 4,600,000 보통예금(기업) 10,600,000

2. 12월 13일 (차) 당좌예금(신한) 50,000,000 (대) 상 품 매 출 115,000,000 ⇒ [판매등록]
   외상매출금(그림) 77,050,000 부가가치세예수금 11,550,000

3. 12월 20일 (차) 외상매출금(하나카드) 4,950,000 (대) 상 품 매 출 4,500,000 ⇒ [판매등록] [2.신용카드]
   부가가치세대급금 20,000 부가가치세예수금 100,000

   ※ [회계관리]→[전표입력]→[매입매출전표입력]에서 카드미수금을 외상매출금으로 변경

4. 12월 24일 (차) 접 대 비 70,000 (대) 현 금 70,000 ⇒ [매입매출전표입력] [62.현면]

문제 03 일반거래입력

1. 12월 1일 (차) 보통예금(기업) 40,000,000 (대) 보통주자본금 50,000,000 ⇒ [일반전표입력] [대체전표]
   주식발행초과금 4,000,000 주식발행초과금 19,800,000
   주식할인발행차금 6,000,000

   ※ 주식할인발행차금은 발생할 당시에 장부상 주식발행초과금계정 잔액이 있는 경우 그 범위 내에서 주식발행초과금과 상계처리하고 잔액은 자본조정으로 분류한다.

2. 12월 6일 (차) 당기손익-공정가치 20,000,000 (대) 보통예금(기업) 20,010,000 ⇒ [일반전표입력] [대체전표]
   측정금융자산
   수수료비용(94600) 10,000

   ※ 일반적인 수수료비용(83100)은 판매관리비이고, 당기손익-공정가치측정금융자산에 대한 수수료비용(94600)은 기타비용(영업외비용)이다.

3. 12월 16일 (차) 건설중인자산(대륙) 30,000,000 (대) 보통예금(기업) 30,000,000 ⇒ [일반전표입력] [대체전표]

4. 12월 26일 (차) 교 육 훈 련 비 3,000,000 (대) 예 수 금 264,000 ⇒ [일반전표입력] [대체전표]
   현 금 2,736,000

5. 12월 30일 (차) 비 품 1,500,000 (대) 미지급금(KB) 1,500,000 ⇒ [일반전표입력] [출금전표]

   ※ [회계관리] → [재무회계] → [고정자산관리] → [고정(유형/무형)자산등록]에 비품 등록

문제 04 결산작업

1 12월 31일 (차) 기타포괄-공정가치측정금융자산평가이익 4,000,000 (대) 기타포괄-공정가치측정금융자산(비유동) 8,000,000 ⇒ [일반전표입력] [대체전표]
　　　　　　　　(차) 기타포괄-공정가치측정금융자산평가손실 4,000,000

※ 합계잔액시산표에서 기타포괄-공정가치측정금융자산의 장부금액(48,000,000원),
　기타포괄-공정가치측정금융자산평가이익(4,000,000원)을 확인한다.

2 12월 31일 (차) 소　모　품　　200,000　(대) 소 모 품 비　　200,000 ⇒ [일반전표입력] [대체전표]
※ 비용처리법이므로 소모품비 중 미사용액만큼 소모품계정에 대체한다.

3 12월 31일 (차) 선 급 비 용　9,090,000　(대) 보　　험　　료　9,090,000 ⇒ [일반전표입력] [대체전표]
※ 합계잔액시산표의 보험료를 더블클릭하여 10월 1일에 지급된 보험료 12,120,000원(1년분)을 확인한다.
　12,120,000 ÷ 12 × 9(선급분) = 9,090,000원으로 분개한다.

4 [회계관리] → [재무회계] → [결산관리] → [결산자료입력] → [조회] → [추가계상액 8,500,000]을 입력한다

5 [회계관리] → [결산관리] → [결산자료입력] → [조회] → 우측상단 [대손상각]에서 대손율 설정을 확인하고,
　[외상매출금: 483,150,000 × 0.01 - 1,700,000 = 3,131,500　받을어음: 35,000,000 × 0.01 - 250,000 = 100,000]
　미수수익, 장기대여금 금액은 삭제하고 [결산반영]

6 ① [회계관리] → [재무회계] → [고정자산관리] → [고정(유형/무형)자산등록]에서 모든 비유동자산에 대하여 '감가상각비계산'
　이 처리되어 있는지 각 자산명별로 확인하고, 미처리시 하단의 '14.회사계상상각비' 금액이 반영되도록 한 후 [저장]한다.
　② [회계관리] → [결산관리] → [결산자료입력] → 우측상단 [감가상각] → [결산반영]

7 ① [영업물류] → [재고/생산관리] → [재고수불부관리] → [재고수불부]에서, 조회기간(2023-01-01~2023-12-31) 재고금액
　(239,500,000)을 확인한다.
　② [결산자료입력] → [기말상품재고액 입력]후 반드시 [전표추가]버튼을 클릭하여 결산전표를 생성한다.

문제 05 단답형 답안

1 회계관리 → 재무회계 → 장부관리 → 월계표 → 기간 합계 → 차변　　　　　　　　　　답 1,555,950,000
　[조회기간(2023-01~2023-06)]

2 영업물류 → 영업관리 → 구매보고서 → 구매명세서　　　　　　　　　　　　　　　　　답 1,750
　[조회기간(2023-01-01~2023-06-30)]

3 회계관리 → 재무회계 → 장부관리 → 월계표　　　　　　　　　　　　　　　　　　　　답 7
　[조회기간(2023-05~2023-09)]

4 회계관리 → 부가세관리 → 부가가치세1 → 부가세신고서작성(일반) → 납부(환급)세액　　답 38,050,000
　[신고기간(2023-10-01~2023-12-31) 조회]

5 회계관리 → 결산관리 → 포괄손익계산서(IFRS)　　　　　　　　　　　　　　　　　　　답 1,098,000,000
　[조회기간(2023-01-01~2023-12-31)]

6 회계관리 → 재무회계 → 결산관리 → 재무상태표(IFRS)　　　　　　　　　　　　　　　답 641,890,000
　[조회기간(2023-01-01~2023-12-31)]

06회 모의고사_원가회계 정답

■ ① [영업물류] → [재고/생산관리] → [환경설정] → [재고관리방법설정] → 1.재고평가방법에서 [선입선출법]을 확인한다.
② [영업물류] → [재고/생산관리] → [재고수불부관리] → [재고수불부]에서 폴리에스터 : @₩2,000 미카도실크 : @₩6,000 을 확인한다.

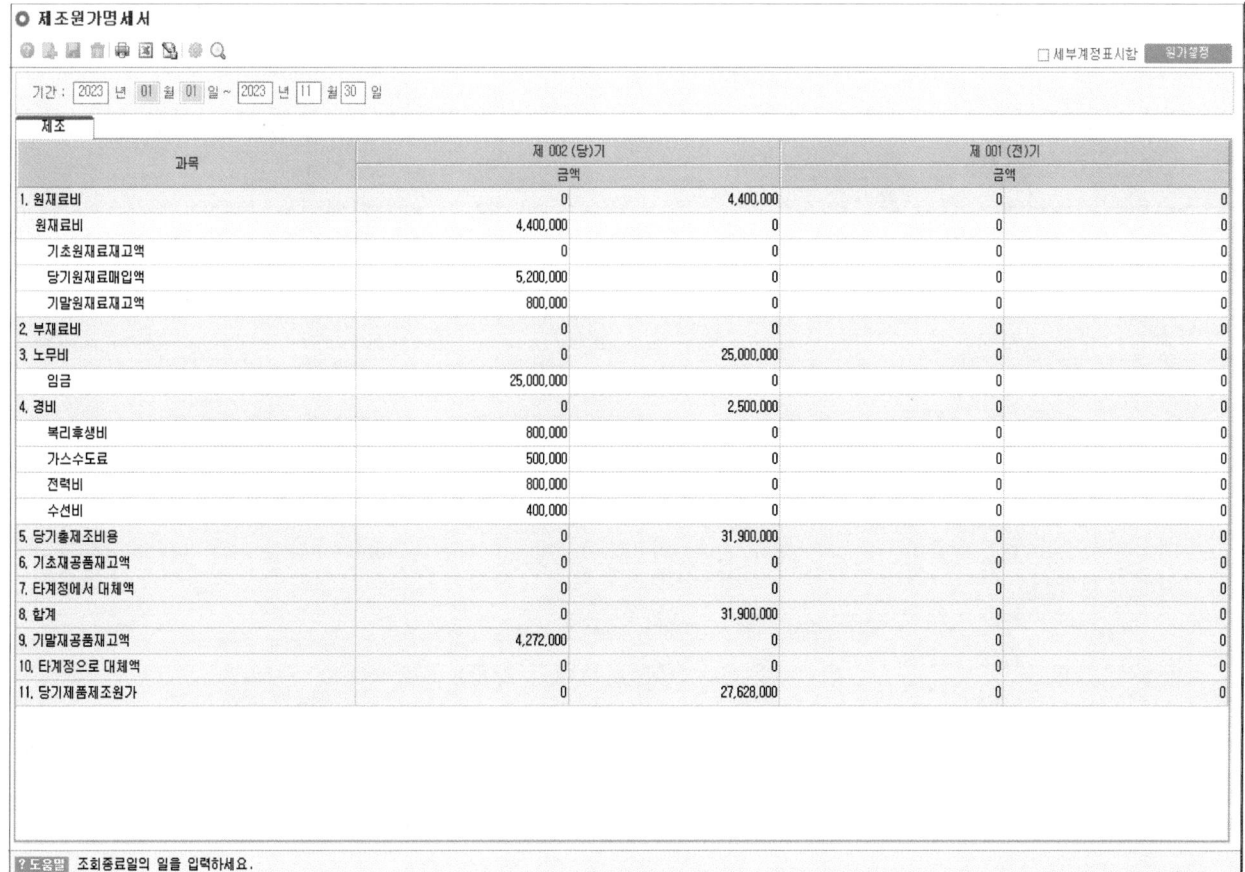

07회 모의고사_스타가방(주)

기초정보 → 회사(사업장)정보관리 에서 스타가방(주)을 확인한다.

문제 01 기준정보

1 [기초정보] → [거래처정보관리(일반 탭)]
2 [기초정보] → [품목정보관리]

문제 02 매입매출전표입력

1 12월 3일 (차) 상　　　　　품　61,000,000　　(대) 지급어음(수원)　40,000,000 ⇒ [구매등록]
　　　　　　　　부가가치세대급금　6,100,000　　　　현　　　　　금　27,100,000

2 12월 10일 (차) 현　　　　　금　30,000,000　　(대) 상　품　매　출　50,400,000 ⇒ [판매등록]
　　　　　　　　외상매출금(동대문)　25,440,000　　　　부가가치세예수금　5,040,000

3 12월 20일 (차) 보통예금(기업)　5,280,000　　(대) 상　품　매　출　4,800,000 ⇒ [판매등록] [3.현금영수증]
　　　　　　　　부가가치세대급금　20,000　　　　　부가가치세예수금　480,000

　　※ [회계관리]→[전표입력]→[매입매출전표입력]에서 현금을 보통예금(기업)으로 변경

4 12월 20일 (차) 투 자 부 동 산　70,000,000　　(대) 보통예금(기업)　70,000,000 ⇒[매입매출전표입력][53.면세]

문제 03 일반거래입력

1 12월 3일 (차) 보통주자본금　50,000,000　　(대) 보통예금(기업)　60,000,000 ⇒ [일반전표입력] [대체전표]
　　　　　　　감 자 차 익　10,000,000

　　※ [회계관리]→[결산관리]→[합계잔액시산표]에서 감자차익(10,000,000원)을 확인한다.

2 12월 13일 (차) 접　대　비　1,500,000　　(대) 미지급금(KB카드)　1,500,000 ⇒ [일반전표입력] [대체전표]

3 12월 14일 (차) 기타의대손상각비　2,500,000　　(대) 단기대여금(중원)　7,500,000 ⇒ [일반전표입력] [대체전표]
　　　　　　　장기대여금(중원)　5,000,000

　　※ [회계관리] → [재무회계] → [장부관리] → [거래처원장]에서 중원가죽 단기대여금(7,500,000원)을 확인한다.
　　※ 매출채권(외상매출금, 받을어음)은 대손상각비(판매비와관리비)이고, 기타채권(대여금, 미수금)은 기타의대손상각비(기타비용)으로 처리한다.

4 12월 17일 (차) 기타포괄-공정가치측정금융자산(비유동)　72,400,000　　(대) 보통예금(기업)　72,400,000 ⇒ [일반전표입력] [대체전표]

5 12월 17일 (차) 교 육 훈 련 비　5,000,000　　(대) 예　　수　　금　330,000 ⇒ [일반전표입력] [대체전표]
　　　　　　　　　　　　　　　　　　　　　　　　　현　　　　　금　4,670,000

문제 04 결산작업

1 12월 31일 (차) 선 급 비 용 12,000,000   (대) 보 험 료 12,000,000 ⇒ [일반전표입력] [대체전표]
  ※ 합계잔액시산표의 보험료를 더블클릭하여 9월 1일에 지급된 보험료 18,000,000원(1년분)을 확인한다.
    18,000,000 ÷ 12 × 8(선급분) = 12,000,000원으로 분개한다.

2 12월 31일 (차) 당기손익-공정가치측정금융자산평가손실 2,000,000   (대) 당기손익-공정가치측정금융자산 2,000,000 ⇒ [일반전표입력] [대체전표]
  ※ [회계관리]→[결산관리]→[합계잔액시산표]에서 당기손익-공정가치측정금융자산의 장부금액 20,000,000을 확인한다.

3 12월 31일 (차) 소 모 품 2,500,000   (대) 소 모 품 비 2,500,000 ⇒ [일반전표입력] [대체전표]
  ※ 비용처리법이므로 소모품비 중 미사용액 만큼 소모품계정에 대체한다.
    48,000,000(소모품비) − 45,500,000(사용액) = 2,500,000(미사용액)

4 12월 31일 (차) 장기차입금(국민) 50,000,000   (대) 유동성장기부채(국민) 50,000,000 ⇒ [일반전표입력] [대체전표]

5 [회계관리] → [결산관리] → [결산자료입력] → [조회] → 우측상단 [대손상각]에서 대손율 설정을 확인하고,
  [외상매출금 : 423,440,000 × 0.01 − 2,200,000 = 2,034,400 받을어음 : 90,000,000 × 0.01 − 0 = 900,000]
  미수수익, 선급금, 장기대여금 금액은 삭제하고 [결산반영]

6 ① [회계관리] → [재무회계] → [고정자산관리] → [고정(유형/무형)자산등록]에서 모든 비유동자산에 대하여 '감가상각비계산'
    이 처리되어 있는지 각 자산명별로 확인하고, 미처리시 하단의 '14.회사계상상각비' 금액이 반영되도록 한 후 [저장]한다.
  ② [회계관리] → [결산관리] → [결산자료입력] → 우측상단 [감가상각] → [결산반영]

7 ① [영업물류] → [재고/생산관리] → [환경설정] → [재고관리방법설정] → 1.재고평가방법 [선입선출법] → [저장]
  ② [영업물류] → [재고/생산관리] → [재고수불부관리] → [재고수불부]에서, 조회기간(2023-01-01~2023-12-31) 재고금액
    (211,400,000)을 확인한다.
  ③ [결산자료입력] → [기말상품재고액 입력]후 반드시 [전표추가]버튼을 클릭하여 결산전표를 생성한다.

문제 04 단답형 답안

1 영업물류 → 영업관리 → 구매보고서 → 구매명세서 → 업체별 구매명세서   답 293,000,000
  [조회기간(2023-01-01~2023-05-31), 출력형태(집계)]

2 회계관리 → 재무회계 → 장부관리 → 월계표   답 4
  [조회기간(2023-03~2023-06)]

3 회계관리 → 재무회계 → 결산관리 → 합계잔액시산표 → 차변 합계(또는 월계표)   답 510,000,000
  [조회기간(2023-03-01~2023-07-31)]

4 회계관리 → 재무회계 → 결산관리 → 합계잔액시산표 → 차변 합계(또는 월계표)   답 1,001,750,000
  [조회기간(2023-04-01~2023-08-31)]

5 회계관리 → 재무회계 → 결산관리 → 재무상태표(IFRS)   답 1,236,915,600
  [조회기간(2023-01-01~2023-12-31)]

6 회계관리 → 재무회계 → 결산관리 → 포괄손익계산서(IFRS)   답 4,500,000
  [조회기간(2023-01-01~2023-12-31)]

07회 모의고사_원가회계 정답

- ① [영업물류] → [재고/생산관리] → [환경설정] → [재고관리방법설정] → 1.재고평가방법에서 [선입선출법]을 확인한다.
- ② [영업물류] → [재고/생산관리] → [재고수불부관리] → [재고수불부]에서 자재X : @₩20,000 자재Y : @₩25,000을 확인한다.

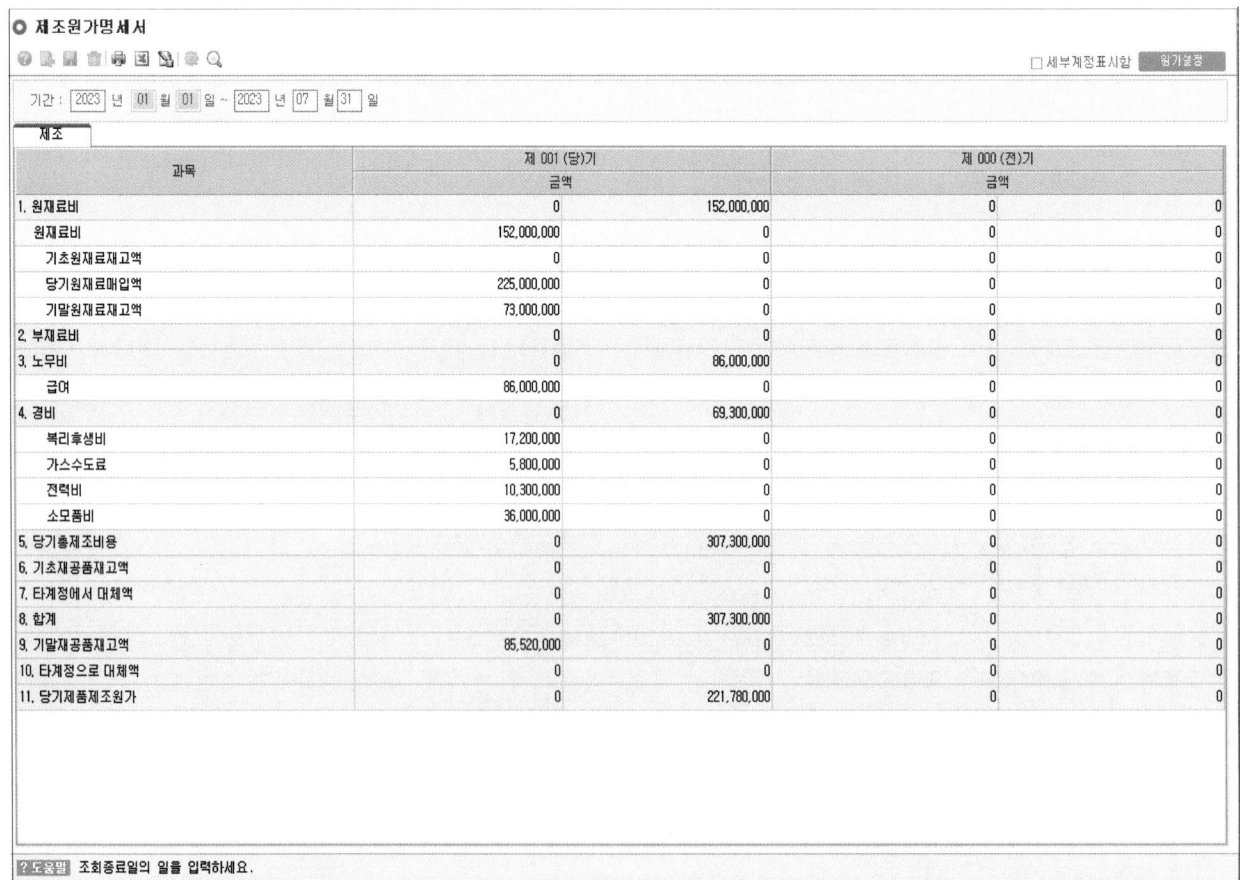

08회 모의고사_공주거울(주)

기초정보 → 회사(사업장)정보관리 에서 공주거울(주)를 확인한다.

문제 01 기준정보

1. [기초정보] → [거래처정보관리(일반 탭)]
2. [기초정보] → [품목정보관리]

문제 02 매입매출전표입력

1. 12월 13일 (차) 상 품 10,500,000 (대) 당좌예금(신한) 10,000,000 ⇒ [구매등록]
   부가가치세대급금 1,050,000 현 금 1,550,000

2. 12월 21일 (차) 보통예금(기업) 10,000,000 (대) 상 품 매 출 27,000,000 ⇒ [판매등록]
   외상매출금(고려) 19,700,000 부가가치세예수금 2,700,000

3. 12월 26일 (차) 차 량 운 반 구 15,560,000 (대) 보통예금(기업) 17,060,000 ⇒ [매입매출전표입력] [51.과세]
   부가가치세예수금 1,500,000

   ※ [회계관리] → [재무회계] → [고정자산관리] → [고정(유형/무형)자산등록]에 차량운반구 등록

4. 12월 27일 (차) 복 리 후 생 비 350,000 (대) 미지급금(한국) 350,000 ⇒ [매입매출전표입력] [53.면세]

문제 03 일반거래입력

1. 12월 5일 (차) 상각후원가측정 4,865,000 (대) 보통예금(우리) 4,865,000 ⇒ [일반전표입력] [대체전표]
   금융자산(비유동)

2. 12월 6일 (차) 건설중인자산(강동) 4,000,000 (대) 가 지 급 금 4,000,000 ⇒ [일반전표입력] [대체전표]

   ※ [회계관리]→[결산관리]→[합계잔액시산표]에서 가지급금(4,000,000원)을 확인한다.

3. 12월 10일 (차) 미지급금(구로) 2,000,000 (대) 외상매출금(구로) 4,000,000 ⇒ [일반전표입력] [대체전표]
   대손충당금(109) 200,000
   대 손 상 각 비 1,800,000

   ※ [회계관리]→[결산관리]→[합계잔액시산표]에서 대손충당금 대변 잔액(200,000원)을 확인한다.

4. 12월 17일 (차) 선 납 법 인 세 30,800 (대) 이 자 수 익 200,000 ⇒ [일반전표입력] [대체전표]
   보 통 예 금(기업) 169,200

5. 12월 19일 (차) 당좌예금(신한) 7,650,000 (대) 받을어음(고려) 7,700,000 ⇒ [일반전표입력] [대체전표]
   매출채권처분손실 50,000

   ※ [받을어음상태변경]에서 만기일(2024-02-20~2024-02-20)을 조회하여, 어음 선택하고 처리구분 [할인]으로 변경 후
   [상세내역]을 클릭하여 할인료(50,000), 입금액(7,650,000), 할인처(신한은행), 입금구분(당좌예금)을 입력한다.

문제 04 결산작업

1. 12월 31일 (차) 선 급 비 용　　300,000　　(대) 보 험 료　　300,000 ⇒ [일반전표입력] [대체전표]
   ※ 합계잔액시산표의 보험료를 더블클릭하여 11월 1일에 지급된 보험료 360,000원(1년분)을 확인한다.
   　　360,000 ÷ 12 × 10(선급분) = 300,000원으로 분개한다.

2. 12월 31일 (차) 가　 수　 금　 20,000,000　　(대) 단기차입금(백설희)　 20,000,000 ⇒ [일반전표입력] [대체전표]
   ※ 합계잔액시산표의 가수금(20,000,000원)을 확인한다.

3. 12월 31일 (차) 소　 모　 품　 1,600,000　　(대) 소 모 품 비　 1,600,000 ⇒ [일반전표입력] [대체전표]
   ※ 비용처리법이므로 소모품비 중 미사용액 만큼 소모품계정에 대체한다.
   　　9,600,000(소모품비) - 8,000,000(사용액) = 1,600,000(미사용액)

4. 12월 31일 (차) 기타포괄-공정가치측정금융자산평가이익　 500,000　　(대) 기타포괄-공정가치측정금융자산(비유동)　 500,000 ⇒ [일반전표입력] [대체전표]
   ※ 합계잔액시산표에서 기타포괄-공정가치측정금융자산의 장부금액(7,000,000원),
   　　기타포괄-공정가치측정금융자산평가이익(800,000원)을 확인한다.

5. [회계관리] → [결산관리] → [결산자료입력] → [조회] → 우측상단 [대손상각]에서 대손율 설정을 확인하고,
   [외상매출금 : 101,870,000 × 0.01 - 0 = 1,018,700 받을어음은 잔액이 없으므로 계상하지 않는다.]
   단기대여금, 미수수익, 장기대여금 금액은 삭제하고 [결산반영]

6. ① [회계관리] → [재무회계] → [고정자산관리] → [고정(유형/무형)자산등록]에서 모든 비유동자산에 대하여 '감가상각비계산'
   　이 처리되어 있는지 각 자산명별로 확인하고, 미처리시 하단의 '14.회사계상상각비' 금액이 반영되도록 한 후 [저장]한다.
   ② [회계관리] → [결산관리] → [결산자료입력] → 우측상단 [감가상각] → [결산반영]

7. ① [영업물류] → [재고/생산관리] → [환경설정] → [재고관리방법설정] → 1.재고평가방법 [선입선출법] → [저장]
   ② [영업물류] → [재고/생산관리] → [재고수불부관리] → [재고수불부]에서, 조회기간(2023-01-01~2023-12-31) 재고금액
   　(16,500,000)을 확인한다.
   ③ [결산자료입력] → [기말상품재고액 입력]후 반드시 [전표추가]버튼을 클릭하여 결산전표를 생성한다.

문제 05 단답형 답안

1. 영업물류 → 영업관리 → 판매보고서 → 판매명세서 → 상품별 판매명세서　　　　답 12,000,000
   [조회기간(2023-01-01~2023-04-30), 4월 공급가액(4,000,000 + 4,000,000 + 4,000,000 = 12,000,000)]

2. 회계관리 → 재무회계 → 결산관리 → 합계잔액시산표 → 대변 합계　　　　답 5,114,000
   [조회기간(2023-03-01~2023-07-31)]

3. 회계관리 → 재무회계 → 장부관리 → 총계정원장 → 월별 탭 → 대변　　　　답 6
   [조회기간(2023-04~2023-08), 계정과목(외상매출금)]

4. 회계관리 → 부가세관리 → 부가가치세1 → 부가세신고서작성(일반) → 매입세액　　　　답 4,000,000
   [신고기간(2023-07-01~2023-09-30) 조회]

5. 회계관리 → 재무회계 → 결산관리 → 재무상태표(IFRS)　　　　답 53,000,000
   [조회기간(2023-01-01~2023-12-31)]

6. 회계관리 → 재무회계 → 결산관리 → 포괄손익계산서(IFRS)　　　　답 50,000
   [조회기간(2023-01-01~2023-12-31)]

08회 모의고사_원가회계 정답

■ ① [영업물류] → [재고/생산관리] → [환경설정] → [재고관리방법설정] → 1.재고평가방법에서 [선입선출법]을 확인한다.
② [영업물류] → [재고/생산관리] → [재고수불부관리] → [재고수불부]에서 자재X : @₩20,000 자재Y : @₩25,000을 확인한다.

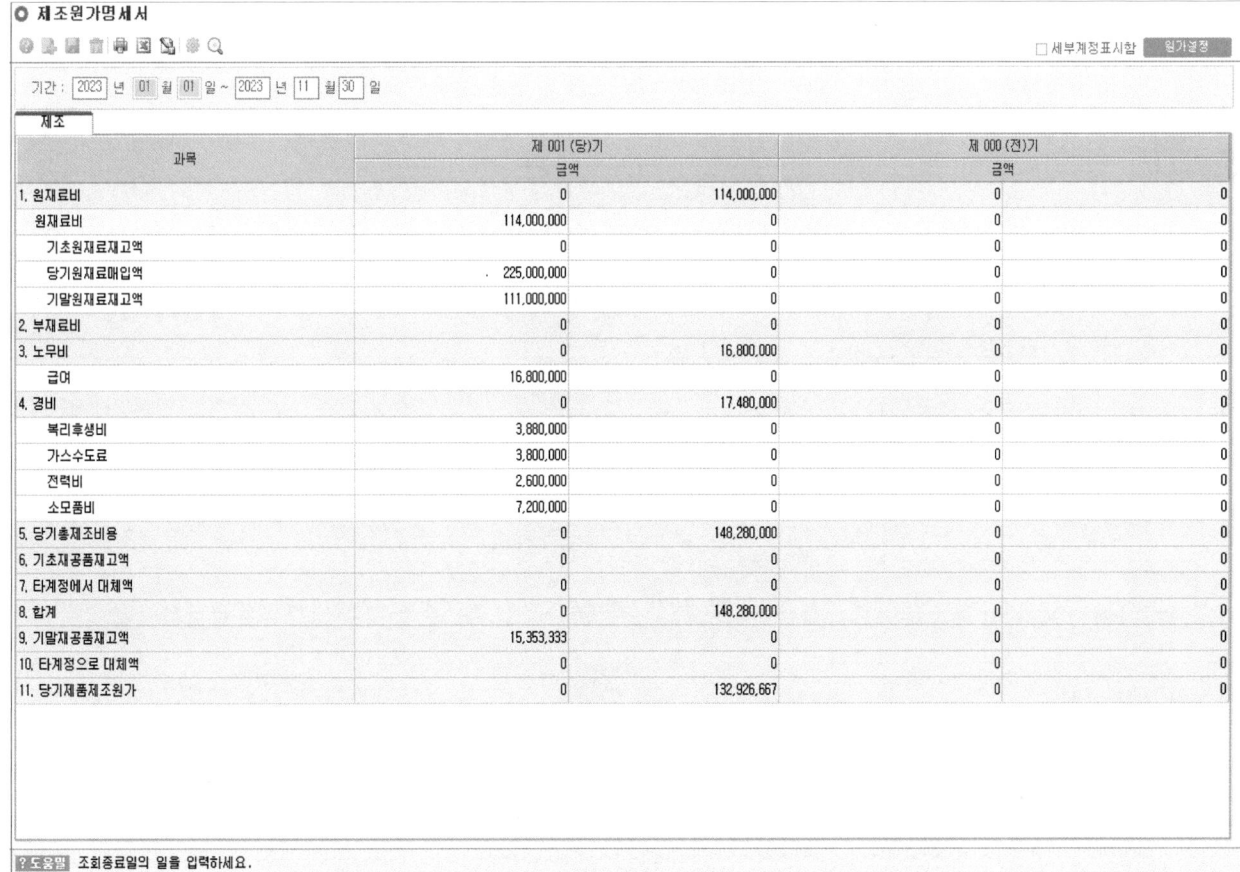

09회 모의고사_코참스포츠(주)

기초정보 → 회사(사업장)정보관리 에서 코참스포츠(주)을 확인한다.

문제 01 기준정보

1 [기초정보] → [거래처정보관리(일반 탭)]
2 [기초정보] → [품목정보관리]

문제 02 매입매출전표입력

1 12월 5일 (차) 받을어음(강남)   30,000,000   (대) 상 품 매 출   35,000,000 ⇒ [판매등록]
              선 수 금(강남)   2,000,000   부가가치세예수금 3,500,000
              외상매출금(비씨)   6,500,000

※ [회계관리]→[전표입력]→[매입매출전표입력]에서 외상매출금 거래처 [비씨카드사]로 변경

2 12월 13일 (차) 상   품   30,200,000   (대) 현   금   220,000 ⇒ [구매등록]
               부가가치세대급금   3,020,000   지급어음(헬스)   30,000,000

※ 매입 운임(200,000원)을 상품 원가에 가산하여 상품의 단가를 @151,000으로 입력한다.
※ [회계관리]→[전표입력]→[매입매출전표입력]에서 외상매입금 거래처 [국민카드]로 변경

3 12월 20일 (차) 외상매출금(비씨)   2,200,000   (대) 상 품 매 출   2,000,000 ⇒ [판매등록] [2.신용카드]
                                                부가가치세예수금   125,000

※ [회계관리]→[전표입력]→[매입매출전표입력]에서 카드미수금을 외상매출금으로 변경

4 12월 23일 (차) 복 리 후 생 비   500,000   (대) 현   금   550,000 ⇒[매입매출전표입력][61.현과]
               부가가치세대급금   50,000

문제 03 일반거래입력

1 12월 1일 (차) 보 통 예 금(국민)   50,000,000   (대) 보 통 주 자 본 금 50,000,000 [일반전표입력] [대체전표]
              주식발행초과금   300,000   현   금   300,000

※ 주식할인발행차금은 발생할 당시에 장부상 주식발행초과금계정 잔액이 있는 경우 그 범위 내에서 주식발행초과금과 상계처리하고 잔액은 자본조정으로 분류한다.

2 12월 6일 (차) 보 통 예 금(국민)   20,800,000   (대) 상각후원가측정
                                                금융자산(비유동)   20,000,000 ⇒ [일반전표입력] [대체전표]
                                                이 자 수 익   80,000

3 12월 20일 (차) 예 수 금   500,000   (대) 현   금   700,000 ⇒ [일반전표입력] [출금전표]
               복 리 후 생 비   200,000

※ 실무에서 국민연금의 회사부담분은 "세금과공과" 계정으로 처리하기도 하므로 복리후생비 80,000원 세금과공과 120,000원으로 회계처리해도 된다.

4 12월 19일 (차) 외화장기차입금   10,000,000   (대) 현   금   9,800,000 ⇒ [일반전표입력] [대체전표]
              (도 이 치)   외 환 차 익   200,000

5 12월 21일 (차) 보 통 예 금(국민)   3,180,000   (대) 자 기 주 식   4,000,000 ⇒ [일반전표입력] [대체전표]
               자기주식처분손실   820,000

※ [회계관리]→[결산관리]→[합계잔액시산표]에서 자기주식을 더블클릭하여 취득시 @₩10,000을 확인한다.

문제 04 결산작업

1. 12월 31일 (차) 소 모 품 500,000 (대) 소 모 품 비 500,000 ⇒ [일반전표입력] [대체전표]
   ※ 비용처리법이므로 소모품비 중 미사용액만큼 소모품 계정에 대체한다.

2. 12월 31일 (차) 선 급 비 용 120,000 (대) 보 험 료 120,000 ⇒ [일반전표입력] [대체전표]
   ※ 합계잔액시산표의 보험료를 더블클릭하여 5월 1일에 지급한 보험료 360,000원(1년분)을 확인한다.
   360,000 ÷ 12 × 4(선급분) = 120,000원으로 분개한다.

3. 12월 31일 (차) 외화장기차입금(도이치) 30,000,000 (대) 유동성장기부채(도이치) 30,000,000 ⇒ [일반전표입력] [대체전표]
   ※ 합계잔액시산표의 외화장기차입금 잔액 30,000,000원을 확인한다.

4. 12월 31일 (차) 당기손익-공정가치측 1,000,000 (대) 당기손익-공정가 1,000,000 ⇒ [일반전표입력] [대체전표]
        정금융자산평가손실   치측정금융자산
   ※ [회계관리] → [결산관리] → [합계잔액시산표]에서 당기손익-공정가치측정금융자산의 취득가액 @₩20,000을 확인한다.
   ※ 500주 × @₩20,000 = 10,000,000(장부금액)
      500주 × @₩18,000 = 9,000,000(평가된 금액)

5. [회계관리] → [결산관리] → [결산자료입력] → [조회] → 우측상단 [대손상각]에서 대손율 설정을 확인하고,
   [외상매출금 : 74,320,000 × 0.01 - 250,000 = 493,200   받을어음 : 87,000,000 × 0.01 - 0 = 870,000]
   단기대여금 금액은 삭제하고 [결산반영]

6. ① [회계관리] → [재무회계] → [고정자산관리] → [고정(유형/무형)자산등록]에서 모든 비유동자산에 대하여 '감가상각비계산'이 처리되어 있는지 각 자산명별로 확인하고, 미처리시 하단의 '14.회사계상상각비' 금액이 반영되도록 한 후 [저장]한다.
   ② [회계관리] → [결산관리] → [결산자료입력] → 우측상단 [감가상각] → [결산반영]

7. ① [영업물류] → [재고/생산관리] → [환경설정] → [재고관리방법설정] → 1.재고평가방법 [선입선출법] → [저장]
   ② [영업물류] → [재고/생산관리] → [재고수불부관리] → [재고수불부]에서, 조회기간(2023-01-01~2023-12-31) 재고금액(163,200,000)을 확인한다.
   ③ [결산자료입력] → [기말상품재고액 입력]후 반드시 [전표추가]버튼을 클릭하여 결산전표를 생성한다.

문제 05 단답형 답안

1. 회계관리 → 재무회계 → 장부관리 → 거래처원장 → 잔액 답 24,000,000
   [신고기간(2023-01-01~2023-03-31), 거래처명(경기블루웨어(주)), 계정코드(지급어음)]

2. 영업물류 → 영업관리 → 구매보고서 → 구매명세서 → 기간별 구매명세서 답 112,500,000
   [조회기간(2023-01-01~2023-06-30), 거래처명(공란), 품목명(A상품)]

3. 회계관리 → 재무회계 → 장부관리 → 계정별거래처잔액명세서 → 차변 답 99,900,000
   [신고기간(2023-04-01~2023-09-30), 거래처명(강남스포츠(주)), 계정코드(외상매출금)]

4. 회계관리 → 부가세관리 → 부가가치세1 → 부가세신고서작성(일반) → 매출세액 답 6,700,000
   [신고기간(2023-10-01~2023-12-31) 조회]

5. 회계관리 → 재무회계 → 결산관리 → 포괄손익계산서(IFRS) 답 3,250,000
   [조회기간(2023-01-01~2023-12-31)]

6. 회계관리 → 재무회계 → 결산관리 → 재무상태표(IFRS) 답 225,400,000
   [조회기간(2023-01-01~2023-12-31)]

09회 모의고사_원가회계 정답

■ ① [영업물류] → [재고/생산관리] → [환경설정] → [재고관리방법설정] → 1.재고평가방법에서 [선입선출법]을 확인한다.
② [영업물류] → [재고/생산관리] → [재고수불부관리] → [재고수불부]에서 자재X : @₩30,000 자재Y : @₩20,000을 확인한다.

10회 모의고사_쌍용가구(주)

기초정보 → 회사(사업장)정보관리 에서 쌍용가구(주)을 확인한다.

문제 01 기준정보

1 [기초정보] → [거래처정보관리(일반 탭)]
2 [기초정보] → [품목정보관리]

문제 02 매입매출전표입력

1 12월 11일 (차) 상   품   16,000,000   (대) 지급어음(다산)   10,000,000   ⇒ [구매등록]
              부가가치세대급금   1,600,000   외상매입금(다산)   7,600,000

2 12월 11일 (차) 외상매출금(고운)   39,600,000   (대) 상 품 매 출   36,000,000   ⇒ [판매등록]
                                                  부가가치세예수금   3,600,000

3 12월 20일 (차) 복 리 후 생 비   70,000   (대) 현   금   70,000   ⇒[매입매출전표입력][62.현면]

4 12월 21일 (차) 도 서 인 쇄 비   40,000   (대) 현   금   40,000   ⇒[매입매출전표입력][62.현면]

문제 03 일반거래입력

1 12월 4일 (차) 보 통 예 금 (기 업)   5,000,000   (대) 선 수 금 (공 주)   5,000,000   ⇒[수금지급등록][수납등록]

2 12월 6일 (차) 건   물   16,500,000   (대) 미지급금(대륙)   15,000,000   ⇒[일반전표입력][대체전표]
                                                  현   금   1,500,000

   ※ [회계관리] → [재무회계] → [고정자산관리] → [고정(유형/무형)자산등록]에 건물 등록

3 12월 15일 (차) 보 통 예 금 (기 업)   5,960,000   (대) 당기손익-공정가   5,000,000   ⇒[일반전표입력][대체전표]
                                                     치측정금융자산
                                                  당기손익-공정가측
                                                  정금융자산처분이익   960,000

   ※ [회계관리]→[결산관리]→[합계잔액시산표]에서 당기손익-공정가치측정금융자산의 취득가액 @₩5,000을 확인한다.
   ※ 1,000주 × @₩5,000 = 5,000,000(처분한 장부금액)
     1,000주 × @₩6,000 = 6,000,000 − 40,000 = 5,960,000(판매된 금액)

4 12월 22일 (차) 당 좌 예 금 (신 한)   39,800,000   (대) 받을어음(고운)   40,000,000   ⇒[일반전표입력][대체전표]
              매출채권처분손실   200,000

   ※ [받을어음상태변경]에서 만기일(2024-03-15~2024-03-15)을 조회하여, 어음 선택하고 처리구분 [할인]으로 변경 후
     [상세내역]을 클릭하여 할인료(200,000), 입금액(39,800,000), 할인처(신한은행), 입금구분(당좌예금)을 입력한다.

5 12월 27일 (차) 자 기 주 식   5,050,000   (대) 보 통 예 금 (기 업)   5,050,000   ⇒[일반전표입력][대체전표]

문제 04 결산작업

1 12월 31일 (차) 소 모 품 510,000 (대) 소 모 품 비 510,000 ⇒ [일반전표입력] [대체전표]
   ※ 비용처리법이므로 소모품비 중 미사용액 만큼 소모품계정에 대체한다.
      41,510,000(소모품비) - 41,000,000(사용액) = 510,000(미사용액)

2 12월 31일 (차) 미 수 수 익 300,000 (대) 이 자 수 익 300,000 ⇒ [일반전표입력] [대체전표]

3 12월 31일 (차) 선 급 비 용 600,000 (대) 임 차 료 600,000 ⇒ [일반전표입력] [대체전표]
   ※ 합계잔액시산표의 임차료을 더블클릭하여 11월 1일에 지급한 임차료 1,800,000원(3개월분)을 확인한다.
      1,800,000 ÷ 3 × 1(선급분) = 600,000원으로 분개한다.

4 12월 31일 (차) 당기손익-공정가 3,000,000 (대) 당기손익-공정가치측 3,000,000 ⇒ [일반전표입력] [대체전표]
              치측정금융자산   정금융자산평가이익

   ※ [회계관리]→[결산관리]→[합계잔액시산표]에서 당기손익-공정가치측정금융자산의 장부금액 5,000,000원을 확인한다.

5 [회계관리] → [결산관리] → [결산자료입력] → [조회] → 우측상단 [대손상각]에서 대손율 설정을 확인하고,
   [외상매출금 : 440,750,000 × 0.01 - 1,700,000 = 2,707,500 받을어음 : 35,000,000 × 0.01 - 250,000 = 100,000]
   미수수익, 장기대여금 금액은 삭제하고 [결산반영]

6 ① [회계관리] → [재무회계] → [고정자산관리] →[고정(유형/무형)자산등록]에서 모든 비유동자산에 대하여 '감가상각비계산'
      이 처리되어 있는지 각 자산명별로 확인하고, 미처리시 하단의 '14.회사계상상각비' 금액이 반영되도록 한 후 [저장]한다.
   ② [회계관리] → [결산관리] → [결산자료입력] → 우측상단 [감가상각] → [결산반영]

7 ① [영업물류] → [재고/생산관리] → [환경설정] → [재고관리방법설정] → 1.재고평가방법 [선입선출법] → [저장]
   ② [영업물류] → [재고/생산관리] → [재고수불부관리] → [재고수불부]에서, 조회기간(2023-01-01~2023-12-31) 재고금액
      (255,500,000)을 확인한다.
   ③ [결산자료입력] → [기말상품재고액 입력]후 반드시 [전표추가]버튼을 클릭하여 결산전표를 생성한다.

문제 05 단답형 답안

1 영업물류 → 재고/생산관리 → 재고관리 → 품목별재고현황 → 조회   답 545
   [일자(2023-04-30), 검색(철재캐비넷) 조회]

2 회계관리 → 재무회계 → 장부관리 → 거래처원장 → 잔액   답 50,050,000
   [신고기간(2023-01-01~2023-08-31), 거래처명(행운가구(주)), 계정코드(외상매입금)]

3 회계관리 → 재무회계 → 결산관리 → 합계잔액시산표 → 차변잔액   답 160,757,100
   [조회기간(2023-01-01~2023-10-31)]

4 회계관리 → 부가세관리 → 부가가치세1 → 부가세신고서작성(일반) → 과세표준   답 536,000,000
   [신고기간(2023-10-01~2023-12-31) 조회]

5 회계관리 → 재무회계 → 결산관리 → 재무상태표(IFRS)   답 1,280,710,200
   [조회기간(2023-01-01~2023-12-31)]

6 회계관리 → 재무회계 → 결산관리 → 포괄손익계산서(IFRS)   답 1,192,500,000
   [조회기간(2023-01-01~2023-12-31)]

10회 모의고사_원가회계 정답

■ ① [영업물류] → [재고/생산관리] → [환경설정] → [재고관리방법설정] → 1.재고평가방법에서 [선입선출법]을 확인한다.
② [영업물류] → [재고/생산관리] → [재고수불부관리] → [재고수불부]에서 자재A : @₩40,000 자재B : @₩60,000을 확인한다.

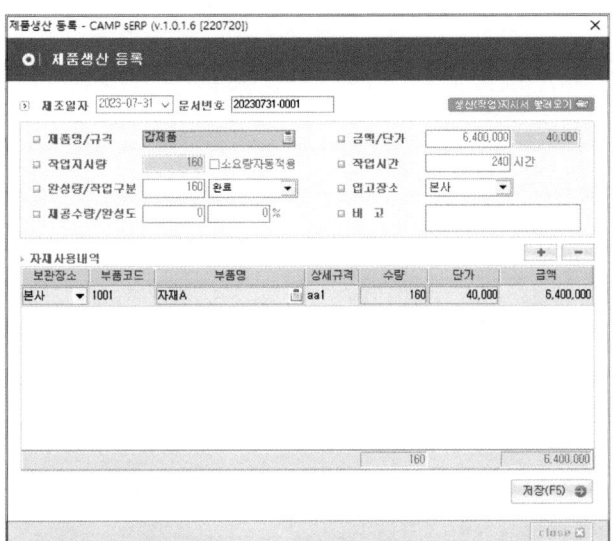

11회 모의고사_튼튼가방(주)

기초정보 → 회사(사업장)정보관리 에서 튼튼가방(주)를 확인한다.

문제 01 기준정보

1 [기초정보] → [거래처정보관리(일반 탭)]
2 [기초정보] → [품목정보관리]

문제 02 매입매출전표입력

1 12월 19일 (차) 상   품   60,000,000   (대) 지급어음(수원)   50,000,000 ⇒ [구매등록]
                부가가치세대급금 6,000,000   현   금   16,000,000

2 12월 21일 (차) 외상매출금(동대문) 86,680,000   (대) 상 품 매 출   78,800,000 ⇒ [판매등록]
                                                  부가가치세예수금   7,880,000

3 12월 22일 (차) 외상매출금(우리카드) 6,600,000   (대) 상 품 매 출   6,000,000 ⇒ [판매등록] [2.신용카드]
                                                  부가가치세예수금   600,000

   ※ [회계관리]→[전표입력]→[매입매출전표입력]에서 카드미수금을 외상매출금으로 변경

4 12월 26일 (차) 복 리 후 생 비   300,000   (대) 현   금   330,000 ⇒ [매입매출전표입력] [61.현과]
                부가가치세대급금   30,000

문제 03 일반거래입력

1 12월 6일 (차) 보통예금(기업)   4,000,000   (대) 선 수 금 (고 운) 4,000,000 ⇒ [수금지급등록] [수금등록]

2 12월 13일 (차) 보통예금(기업) 20,077,000   (대) 가 지 급 금   20,000,000 ⇒ [일반전표입력] [대체전표]
                                                  이 자 수 익   77,000

   ※ [회계관리]→[결산관리]→[합계잔액시산표]에서 가지급금 잔액(20,000,000원)을 확인한다.

3 12월 10일 (차) 현   금   1,000,000   (대) 대손충당금(109)   1,000,000 ⇒ [일반전표입력] [입금전표]

4 12월 17일 (차) 당기손익-공정가   14,000,000   (대) 보통예금(기업)   14,180,000 ⇒ [일반전표입력] [대체전표]
                치측정금융자산
                수수료비용(94600)   180,000

   ※ 일반적인 수수료비용(83100)은 판매관리비이고, 당기손익-공정가치측정금융자산에 대한 수수료비용(94600)은
      기타비용(영업외비용)이다.

5 12월 28일 (차) 당좌예금(신한)   49,760,000   (대) 받을어음(아동)   50,000,000 ⇒ [일반전표입력] [대체전표]

   ※ [받을어음상태변경]에서 만기일(2024-02-15~2024-02-15)을 조회하여, 어음 선택하고 처리구분 [할인]으로 변경 후
      [상세내역]을 클릭하여 할인료(240,000), 입금액(49,760,000), 할인처(신한은행), 입금구분(당좌예금)을 입력한다.

문제 04 결산작업

1 12월 31일 (차) 소 모 품   6,000,000   (대) 소 모 품 비   6,000,000 ⇒ [일반전표입력] [대체전표]
   ※ 비용처리법이므로 소모품비 중 미사용액 만큼 소모품계정에 대체한다.
   48,000,000(소모품비) - 42,000,000(사용액) = 6,000,000(미사용액)

2 12월 31일 (차) 선 급 비 용   12,000,000   (대) 보 험 료   12,000,000 ⇒ [일반전표입력] [대체전표]
   ※ 합계잔액시산표의 보험료를 더블클릭하여 9월 1일에 지급된 보험료 18,000,000원(1년분)을 확인한다.
   18,000,000 ÷ 12 × 8(선급분) = 12,000,000원으로 분개한다.

3 [회계관리] → [재무회계] → [결산관리] → [결산자료입력] → [조회] → 우측상단 [퇴직충당]에서 [퇴직급여추계액 78,000,000]
   을 입력하고 [결산반영] 기타포괄-공정가치측정금융자산(비유동) 기타포괄-공정가치측정금융자산평가이익

4 12월 31일 (차) 기타포괄-공정가치   3,500,000   (대) 기타포괄-공정가치측   3,500,000 ⇒ [일반전표입력] [대체전표]
          측정금융자산(비유동)   정금융자산평가이익
   ※ 합계잔액시산표에서 기타포괄-공정가치측정금융자산(비유동)의 장부금액(35,000,000원),
   기타포괄-공정가치측정금융자산평가이익(4,000,000원)을 확인한다.

5 [회계관리] → [결산관리] → [결산자료입력] → [조회] → 우측상단 [대손상각]에서 대손율 설정을 확인하고,
   [외상매출금 : 491,280,000 × 0.01 - 3,200,000 = 1,712,800 받을어음 : 40,000,000 × 0.01 - 0 = 400,000]
   단기대여금, 미수수익, 장기대여금 금액은 삭제하고 [결산반영]

6 ① [회계관리] → [재무회계] → [고정자산관리] → [고정(유형/무형)자산등록]에서 모든 비유동자산에 대하여 '감가상각비계산'
   이 처리되어 있는지 각 자산명별로 확인하고, 미처리시 하단의 '14.회사계상상각비' 금액이 반영되도록 한 후 [저장]한다.
   ② [회계관리] → [결산관리] → [결산자료입력] → 우측상단 [감가상각] → [결산반영]

7 ① [영업물류] → [재고/생산관리] → [환경설정] → [재고관리방법설정] → 1.재고평가방법 [선입선출법] → [저장]
   ② [영업물류] → [재고/생산관리] → [재고수불부관리] → [재고수불부]에서, 조회기간(2023-01-01~2023-12-31) 재고
   금액(195,600,000)을 확인한다.
   ③ [결산자료입력] → [기말상품재고액 입력]후 반드시 [전표추가]버튼을 클릭하여 결산전표를 생성한다.

문제 05 단답형 답안

1 영업물류 → 영업관리 → 판매보고서 → 판매명세서 → 업체별 판매명세서   🔲 720,000,000
   [조회기간(2023-01-01~2023-05-31), 출력형태(집계)]

2 영업물류 → 영업관리 → 재고/생산관리 → 재고관리 → 품목별재고현황   🔲 676
   [[조회기간(2023-05-25, 검색(공란))]

3 회계관리 → 재무회계 → 장부관리 → 월계표 → 기간합계 탭 → 대변 합계   🔲 785,140,000
   [조회기간(2023-06-01~2023-09-30)]

4 회계관리 → 부가세관리 → 부가가치세1 → 부가세신고서작성(일반) → 매입세액   🔲 38,700,000
   [신고기간(2023-04-01~2023-06-30]

5 회계관리 → 재무회계 → 결산관리 → 재무상태표(IFRS)   🔲 1,282,400,000
   [조회기간(2023-01-01~2023-12-31)]

6 회계관리 → 재무회계 → 결산관리 → 포괄손익계산서(IFRS)   🔲 2,626,100,000
   [조회기간(2023-01-01~2023-12-31)]

11회 모의고사_원가회계 정답

■ ① [영업물류] → [재고/생산관리] → [환경설정] → [재고관리방법설정] → 1.재고평가방법에서 [선입선출법]을 확인한다.
② [영업물류] → [재고/생산관리] → [재고수불부관리] → [재고수불부]에서 자재X : @₩20,000 자재B : @₩25,000을 확인한다.

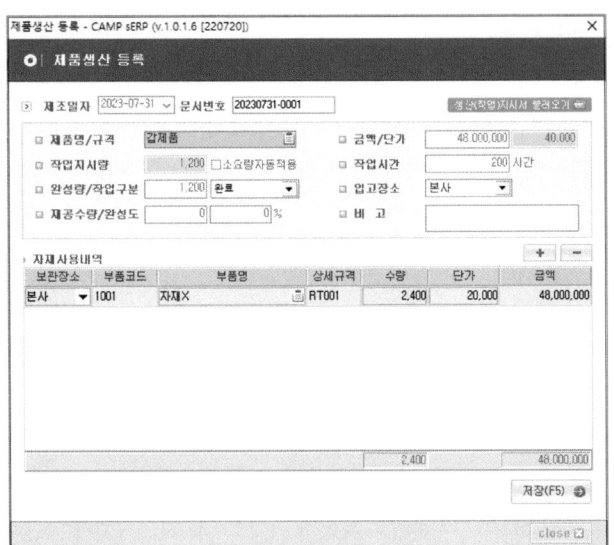
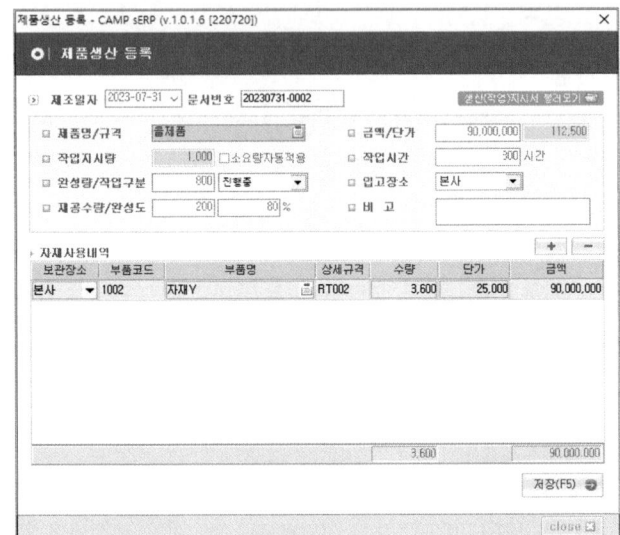

PART 04 최신기출문제

01회 최신기출문제_화홍판넬(주)

기초정보 → 회사(사업장)정보관리 에서 화홍판넬(주)을 확인한다.

문제 01 기준정보

1 [기초정보] → [거래처정보관리(일반 탭)]
2 [기초정보] → [품목정보관리]

문제 02 매입매출전표입력

1 12월 6일 (차) 상 품 6,400,000 (대) 지급어음(동우) 4,000,000 ⇒ [구매등록]
부가가치세대급금 640,000 현 금 3,040,000

2 12월 10일 (차) 외상매출금(진영) 25,850,000 (대) 상 품 매 출 2,350,000 ⇒ [판매등록]
부가가치세예수금 2,350,000

3 12월 20일 (차) 보통예금(우리) 1,650,000 (대) 상 품 매 출 1,500,000 ⇒ [판매등록] [3.현금영수증]
부가가치세예수금 150,000

※ [회계관리]→[전표입력]→[매입매출전표입력]에서 현금을 보통예금(우리)으로 변경

4 12월 26일 (차) 도 서 인 쇄 비 35,000 (대) 현 금 35,000 ⇒[매입매출전표입력] [62.현면]

문제 03 일반거래입력

1 12월 5일 (차) 건설중인자산(민영) 2,000,000 (대) 미지급금(민영) 2,000,000 ⇒ [일반전표입력] [대체전표]

2 12월 6일 (차) 기타의대손상각비 12,000,000 (대) 단기대여금(통일) 12,000,000 ⇒ [일반전표입력] [대체전표]

※ [회계관리] → [재무회계] → [장부관리] → [거래처원장]에서 (주)통일산업 단기대여금(12,000,000원)을 확인한다.
※ 매출채권(외상매출금, 받을어음)은 대손상각비(판매비와관리비)이고, 기타채권(대여금, 미수금)은 기타의대손상각비(기타비용)으로 처리한다.

3 12월 5일 (차) 당기손익-공정가치측정 2,400,000 (대) 보통예금(우리) 2,434,000 ⇒ [일반전표입력] [대체전표]
금 융 자 산
수수료비용(94600) 34,000

※ 일반적인 수수료비용(83100)은 판매관리비이고, 당기손익-공정가치측정금융자산에 대한 수수료비용(94600)은 기타비용(영업외비용)이다.

4 12월 11일 (차) 보통예금(우리) 10,875,000 (대) 보 통 주 자 본 금 10,000,000 ⇒ [일반전표입력] [대체전표]
주식발행초과금 875,000

5 12월 14일 (차) 차 량 운 반 구 35,000,000 (대) 보통예금(우리) 35,000,000 ⇒ [일반전표입력] [대체전표]

※ [회계관리] → [재무회계] → [고정자산관리] → [고정(유형/무형)자산등록]에 건물 등록

문제 04 결산작업

1 12월 31일   (차) 장기차입금(신한) 50,000,000   (대) 유동성장기부채(신한) 50,000,000 ⇒ [일반전표입력] [대체전표]
　※ [회계관리] → [재무회계] → [장부관리] → [거래처원장]에서 50,000,000원을 확인한다.

2 12월 31일   (차) 선 급 비 용   900,000   (대) 보 험 료   900,000 ⇒ [일반전표입력] [대체전표]
　※ 합계잔액시산표의 보험료를 더블클릭하여 4월 1일에 지급된 보험료 3,600,000원(1년분)을 확인한다.
　　3,600,000 ÷ 12 × 3(선급분) = 900,000원으로 분개한다.

3 12월 31일   (차) 소 모 품   750,000   (대) 소 모 품 비   750,000 ⇒ [일반전표입력] [대체전표]
　※ 비용처리법이므로 소모품비 중 미사용액만큼 소모품 계정에 대체한다.

4 12월 31일   (차) 기타포괄-공정가치측정금   2,000,000   (대) 기타포괄-공정가치측정금   750,000 ⇒ [일반전표입력] [대체전표]
　　　　　　　　　융 자 산 (비 유 동)　　　　　　　　　융 자 산 평 가 손 실
　　　　　　　　　　　　　　　　　　　　　　　　기타포괄-공정가치측정금   1,250,000
　　　　　　　　　　　　　　　　　　　　　　　　융 자 산 평 가 이 익
　※ 합계잔액시산표에서 기타포괄-공정가치측정금융자산의 장부금액(5,500,000원),
　　기타포괄-공정가치측정금융자산평가손실(750,000원)을 확인한다.

5 [회계관리] → [결산관리] → [결산자료입력] → [조회] → 우측상단 [대손상각]에서 대손율 설정을 확인하고,
　[외상매출금 : 1,175,700,000 × 0.01 − 350,000 = 11,407,000 받을어음 : 359,000,000 × 0.01 − 0 = 3,590,000]
　단기대여금, 장기대여금 금액은 삭제하고 [결산반영]

6 ① [회계관리] → [재무회계] → [고정자산관리] → [고정(유형/무형)자산등록]에서 모든 비유동자산에 대하여 '감가상각비계
　　산'이 처리되어 있는지 각 자산명별로 확인하고, 미처리시 하단의 '14.회사계상상각비' 금액이 반영되도록 한 후 [저장]
　　한다.
　② [회계관리] → [결산관리] → [결산자료입력] → 우측상단 [감가상각] → [결산반영]

7 ① [영업물류] → [재고/생산관리] → [환경설정] → [재고관리방법설정] → 1.재고평가방법 [선입선출법] → [저장]
　② [영업물류] → [재고/생산관리] → [재고수불부관리] → [재고수불부]에서, 조회기간(2023-01-01~2023-12-31) 재고금액
　　(248,750,000)을 확인한다.
　③ [결산자료입력] → [기말상품재고액 입력]후 반드시 [전표추가]버튼을 클릭하여 결산전표를 생성한다.

문제 05 단답형 답안

1 회계관리 → 재무회계 → 장부관리 → 결산관리 → 합계잔액시산표　　　　　　　　　　　🅰 6,182,920
　[조회기간(2023-01-20~2023-05-15)]

2 영업물류 → 재고/생산관리 → 재고관리 → 품목별재고현황　　　　　　　　　　　　　　🅰 2,750
　[일자(2023-04-20), 검색(그라스울판넬) 조회]

3 회계관리 → 재무회계 → 장부관리 → 월계표 → 기간합계 탭 → 차변(또는 합계잔액시산표)　🅰 574,750,000
　[조회기간(2023-07~2023-10)]

4 회계관리 → 부가세관리 → 부가가치세1 → 부가세신고서작성(일반) → 납부(환급)세액　　🅰 9,070,000
　[신고기간(2023-07-01~2023-09-30)]

5 회계관리 → 재무회계 → 결산관리 → 재무상태표(IFRS)　　　　　　　　　　　　　　　🅰 323,067,115
　[조회기간(2023-01-01~2023-12-31)]

6 회계관리 → 재무회계 → 결산관리 → 포괄손익계산서(IFRS)　　　　　　　　　　　　　🅰 586,400,000
　[조회기간(2023-01-01~2023-12-31)]

01회 최신기출문제_원가회계 정답

① [영업물류] → [재고/생산관리] → [환경설정] → [재고관리방법설정] → 1.재고평가방법에서 [선입선출법]을 확인한다.
② [영업물류] → [재고/생산관리] → [재고수불부관리] → [재고수불부]에서 원재료A : @₩80,000 원재료B : @₩120,000 원재료C : @₩40,000 을 확인한다.

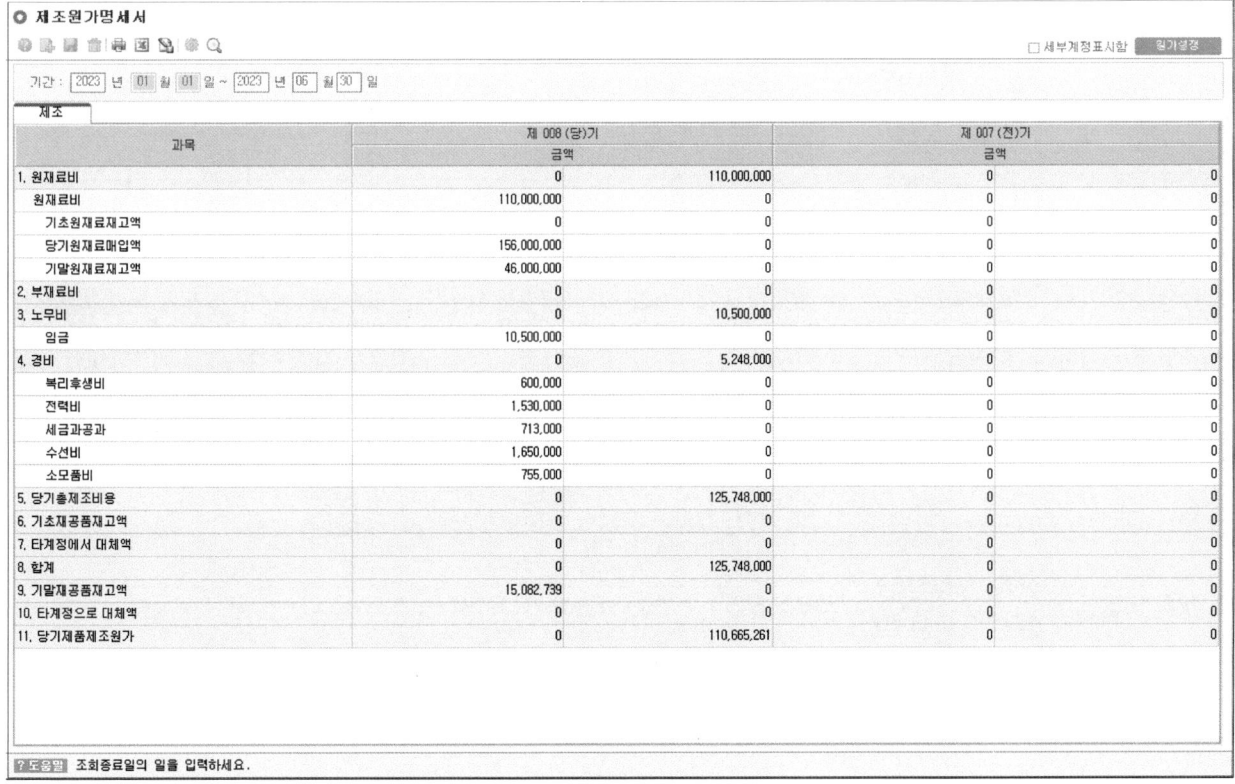

02회 최신기출문제_송무산업(주)

기초정보 → 회사(사업장)정보관리 에서 송무산업(주)을 확인한다.

문제 01 기준정보

1 [기초정보] → [거래처정보관리(일반 탭)]
2 [기초정보] → [품목정보관리]

문제 02 매입매출전표입력

1 12월 7일 (차) 상   품   10,500,000   (대) 지급어음(명성)   11,550,000 ⇒ [구매등록]
              부가가치세대급금   1,050,000

2 12월 8일 (차) 현   금   500,000   (대) 상 품 매 출   5,000,000 ⇒ [판매등록]
              받을어음(한성)   5,000,000   부가가치세예수금   500,000

3 12월 15일 (차) 외상매출금(비씨카드) 4,950,000   (대) 상 품 매 출   4,500,000 ⇒ [판매등록] [2.신용카드]
                                                 부가가치세예수금   450,000

  ※ [회계관리]→[전표입력]→[매입매출전표입력]에서 카드미수금을 외상매출금으로 변경

4 12월 23일 (차) 복 리 후 생 비   1,000,000   (대) 미지급금(비씨카드)   ⇒ [매입매출전표입력] [57.카과]
              부가가치세대급금

문제 03 일반거래입력

1 12월 3일 (차) 보통예금(우리)   500,000   (대) 선 수 금 (삼 보)   500,000 ⇒ [수금지급등록] [수금등록]

2 12월 10일 (차) 보통예금(우리)   19,313,800   (대) 사   채   20,000,000 ⇒ [일반전표입력] [대체전표]
              사채할인발행차금   686,200

3 12월 11일 (차) 보통예금(우리)   75,000,000   (대) 보 통 주 자 본 금   50,000,000 ⇒ [일반전표입력] [대체전표]
                                                 주식발행초과금   24,872,000
                                                 현   금   128,000

4 12월 16일 (차) 상각후원가측정금   9,678,540   (대) 보통예금(우리)   9,678,540 ⇒ [일반전표입력] [대체전표]
              융자산(비유동)

5 12월 21일 (차) 교 육 훈 련 비   1,200,000   (대) 예 수 금   105,600 ⇒ [일반전표입력] [대체전표]
                                                 보통예금(우리)   1,094,400

문제 04 결산작업

1 12월 31일   (차) 이 자 수 익 1,250,000   (대) 선 수 수 익 1,250,000 ⇒ [일반전표입력] [대체전표]
※ 합계잔액시산표의 이자수익을 더블클릭하여 5월 31일에 받은 이자수익 3,000,000원(1년분)을 확인한다.
3,000,000 ÷ 12 × 5(선수분) = 1,250,000원으로 분개한다.

2 12월 31일   (차) 선 급 비 용 900,000   (대) 보 험 료 900,000 ⇒ [일반전표입력] [대체전표]
※ 합계잔액시산표의 보험료를 더블클릭하여 4월 1일에 지급된 보험료 3,600,000원(1년분)을 확인한다.
3,600,000 ÷ 12 × 3(선급분) = 900,000원으로 분개한다.

3 12월 31일   (차) 기타포괄-공정가치 2,500,000   (대) 기타포괄-공정가치측 750,000 ⇒ [일반전표입력] [대체전표]
측정금융자산(비유동)   정금융자산평가손실
                                      기타포괄-공정가치측 1,750,000
                                      정금융자산평가이익
※ 합계잔액시산표에서 기타포괄-공정가치측정금융자산의 장부금액(5,500,000원),
  기타포괄-공정가치측정금융자산평가손실(750,000원)을 확인한다.

4 12월 31일   (차) 잡 손 실 18,000   (대) 현 금 18,000 ⇒ [일반전표입력] [출금전표]

5 [회계관리] → [결산관리] → [결산자료입력] → [조회] → 우측상단 [대손상각]에서 대손율 설정을 확인하고,
[외상매출금 : 1,154,800,000 × 0.01 - 350,000 = 11,198,000 받을어음 : 364,000,000 × 0.01 - 0 = 3,640,000]
단기대여금, 장기대여금 금액은 삭제하고 [결산반영]

6 ① [회계관리] → [재무회계] → [고정자산관리] → [고정(유형/무형)자산등록]에서 모든 비유동자산에 대하여 '감가상각비계산'
   이 처리되어 있는지 각 자산명별로 확인하고, 미처리시 하단의 '14.회사계상상각비' 금액이 반영되도록 한 후 [저장]한다.
② [회계관리] → [결산관리] → [결산자료입력] → 우측상단 [감가상각] → [결산반영]

7 ① [영업물류] → [재고/생산관리] → [환경설정] → [재고관리방법설정] → 1.재고평가방법 [선입선출법] → [저장]
② [영업물류] → [재고/생산관리] → [재고수불부관리] → [재고수불부]에서, 조회기간(2023-01-01~2023-12-31) 재고금액
(264,100,000)을 확인한다.
③ [결산자료입력] → [기말상품재고액 입력]후 반드시 [전표추가]버튼을 클릭하여 결산전표를 생성한다.

문제 04 단답형 답안

1 회계관리 → 부가세관리 → 부가가치세1 → 부가세신고서작성(일반) → 납부(환급)세액   답 -3,850,000
   [신고기간(2020-01-01~2023-03-31)]

2 회계관리 → 재무회계 → 장부관리 → 총계정원장 → 월별 탭   답 6
   [조회기간(2023-04~2023-07), 계정과목(상품매출)]

3 회계관리 → 재무회계 → 장부관리 → 거래처원장 → 잔액   답 462,450,000
   [조회기간(2023-01-01~2023-09-10), 거래처명(삼일판넬(주)), 계정코드(외상매입금)]

4 영업물류 → 재고/생산관리 → 재고관리 → 품목별재고현황   답 2,800
   [일자(2020-10-15), 검색(메탈판넬) 조회]

5 회계관리 → 재무회계 → 결산관리 → 재무상태표(IFRS)   답 1,752,068,870
   [조회기간(2023-01-01~2023-12-31)]

6 회계관리 → 재무회계 → 결산관리 → 포괄손익계산서(IFRS)   답 10,000
   [조회기간(2023-01-01~2023-12-31)]

02회 최신기출문제_원가회계 정답

① [영업물류] → [재고/생산관리] → [환경설정] → [재고관리방법설정] → 1.재고평가방법에서 [선입선출법]을 확인한다.
② [영업물류] → [재고/생산관리] → [재고수불부관리] → [재고수불부]에서 원재료A : @₩80,000 원재료B : @₩120,000 원재료C : @₩40,000 을 확인한다.

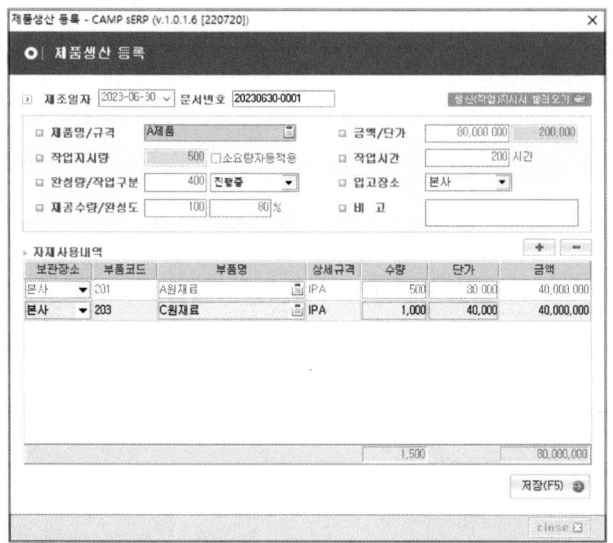

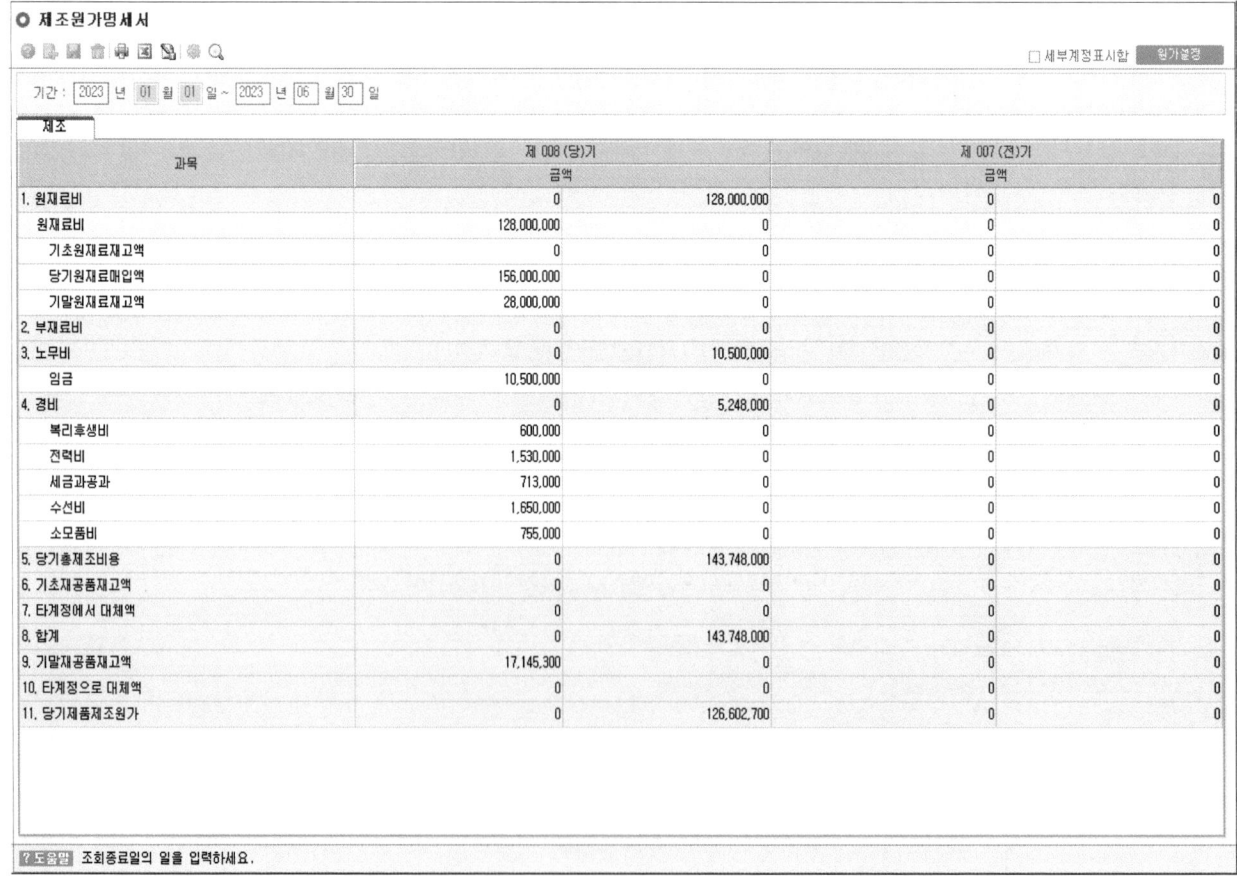

03회 최신기출문제_라인가구(주)

기초정보 → 회사(사업장)정보관리에서 라인가구(주)을 확인한다.

문제 01 기준정보

1 [기초정보] → [거래처정보관리(일반 탭)]
2 [기초정보] → [품목정보관리]

문제 02 매입매출전표입력

1 12월 12일 (차) 상　　　　　품　　99,000,000　　(대) 지급어음(한국)　　55,000,000　⇒ [구매등록]
　　　　　　　　부가가치세대급금　　9,900,000　　　　　외상매입금(한국)　　53,900,000

2 12월 15일 (차) 보통예금(기업)　　30,000,000　　(대) 상　품　매　출　　78,300,000　⇒ [판매등록]
　　　　　　　　외상매출금(고운)　　56,130,000　　　　　부가가치세예수금　　7,830,000

3 12월 18일 (차) 상　　　　　품　　4,000,000　　(대) 외상매입금(KB카드)　4,400,000　⇒ [구매등록] [2.신용카드]
　　　　　　　　부가가치세대급금　　400,000
　※ [회계관리]→[전표입력]→[매입매출전표입력]에서 카드미지급금을 외상매입금으로 변경

4 12월 20일 (차) 투 자 부 동 산　　30,000,000　　(대) 미지급금(대륙)　　30,000,000　⇒[매입매출전표입력][53.면세]

문제 03 일반거래입력

1 12월 3일 (차) 보통예금(기업)　119,200,000　　(대) 보통주자본금　　75,000,000　⇒[일반전표입력] [대체전표]
　　　　　　　　　　　　　　　　　　　　　　　　　주식발행초과금　　44,200,000

2 12월 5일 (차) 보통예금(기업)　　3,955,000　　(대) 당기손익-공정가　　5,000,000　⇒[일반전표입력] [대체전표]
　　　　　　　　　　　　　　　　　　　　　　　　치측정금융자산
　　　　　　　당기손익-공정가치측
　　　　　　　정금융자산처분손실　　1,045,000
　※ [회계관리]→[결산관리]→[합계잔액시산표]에서 당기손익-공정가치측정금융자산의 취득가액 @₩5,000을 확인한다.
　※ 1,000주 × @₩5,000 = 5,000,000(처분한 장부금액)
　　 1,000주 × @₩4,000 = 4,000,000 - 45,000 = 3,955,000(판매된 금액)

3 12월 14일 (차) 보통예금(기업)　　1,200,000　　(대) 대손충당금(109)　　1,200,000　⇒[일반전표입력] [대체전표]

4 12월 13일 (차) 선 급 금 (다 산)　　5,000,000　　(대) 현　　　　　금　　5,000,000　⇒[수금지급등록] [지급등록]

5 12월 17일 (차) 기　　부　　금　　1,800,000　　(대) 현　　　　　금　　1,800,000　⇒[일반전표입력] [출금전표]

문제 04 결산작업

1 12월 31일 (차) 소 모 품 6,000,000 (대) 소 모 품 비 6,000,000 ⇒ [일반전표입력] [대체전표]
  ※ 비용처리법이므로 소모품비 중 미사용액 만큼 소모품계정에 대체한다.
    41,510,0000(소모품비) - 35,510,000(사용액) = 6,000,000(미사용액)

2 12월 31일 (차) 선 급 비 용 9,090,000 (대) 보 험 료 9,090,000 ⇒ [일반전표입력] [대체전표]
  ※ 합계잔액시산표의 보험료를 더블클릭하여 10월 1일에 지급된 보험료 12,120,000원(1년분)을 확인한다.
    12,120,000 ÷ 12 × 9(선급분) = 9,090,000원으로 분개한다.

3 12월 31일 (차) 당기손익-공정가치측정금융자산 750,000 (대) 당기손익-공정가치측정금융자산평가이익 750,000 ⇒ [일반전표입력] [대체전표]
  ※ 합계잔액시산표에서 당기손익-공정가치측정금융자산의 장부금액(5,000,000원)을 확인한다.

4 12월 31일 (차) 잡 손 실 50,000 (대) 현 금 50,000 ⇒ [일반전표입력] [출금전표]

5 [회계관리] → [결산관리] → [결산자료입력] → [조회] → 우측상단 [대손상각]에서 대손율 설정을 확인하고,
  [외상매출금 : 457,280,000 × 0.01 - 2,900,000 = 1,672,800 받을어음 : 75,000,000 × 0.01 - 250,000 = 500,000]
  미수수익, 선급금, 장기대여금 금액은 삭제하고 [결산반영]

6 ① [회계관리] → [재무회계] → [고정자산관리] → [고정(유형/무형)자산등록]에서 모든 비유동자산에 대하여 '감가상각비계산'
    이 처리되어 있는지 각 자산명별로 확인하고, 미처리시 하단의 '14.회사계상상각비' 금액이 반영되도록 한 후 [저장]한다.
  ② [회계관리] → [결산관리] → [결산자료입력] → 우측상단 [감가상각] → [결산반영]

7 ① [영업물류] → [재고/생산관리] → [환경설정] → [재고관리방법설정] → 1.재고평가방법 [선입선출법] → [저장]
  ② [영업물류] → [재고/생산관리] → [재고수불부관리] → [재고수불부]에서, 조회기간(2023-01-01~2023-12-31) 재고금액
    (318,600,000)을 확인한다.
  ③ [결산자료입력] → [기말상품재고액 입력]후 반드시 [전표추가]버튼을 클릭하여 결산전표를 생성한다.

문제 04 단답형 답안

1 회계관리 → 재무회계 → 장부관리 → 월계표 답 3
  [조회기간(2023-01~2023-04)]

2 영업물류 → 영업관리 → 구매보고서 → 구매명세서 → 상품별 구매명세서(공급가액) 답 136,000,000
  [조회기간(2023-01-01~2023-05-31), 품목(철재캐비넷)]

3 회계관리 → 재무회계 → 결산관리 → 합계잔액시산표 → 대변 합계 답 704,723,500
  [조회기간(2023-04-01~2023-07-31)]

4 영업물류 → 재고/생산관리 → 재고관리 → 품목별재고현황 답 745
  [일자(2023-06-30)]

5 회계관리 → 재무회계 → 결산관리 → 재무상태표(IFRS) 답 625,702,700
  [조회기간(2023-01-01~2023-12-31)]

6 회계관리 → 재무회계 → 결산관리 → 포괄손익계산서(IFRS) 답 4,495,000
  [조회기간(2023-01-01~2023-12-31]

03회 최신기출문제_원가회계 정답

■ ① [영업물류] → [재고/생산관리] → [환경설정] → [재고관리방법설정] → 1.재고평가방법에서 [선입선출법]을 확인한다.
② [영업물류] → [재고/생산관리] → [재고수불부관리] → [재고수불부]에서 재료X : @₩200,000 재료Y : @₩240,000 재료Z : @₩240,000을 확인한다.

04회 최신기출문제_체어몰(주)

기초정보 → 회사(사업장)정보관리 에서 체어몰(주)를 확인한다.

문제 01 기준정보

1 [기초정보] → [거래처정보관리(일반 탭)]
2 [기초정보] → [품목정보관리]

문제 02 매입매출전표입력

1 12월 20일 (차) 상   품   44,000,000   (대) 받을어음(고운)   40,000,000 ⇒ [구매등록]
             부가가치세대급금   4,400,000   보통예금(기업)   8,400,000

2 12월 27일 (차) 당좌예금(신한) 45,000,000   (대) 상 품 매 출   93,000,000 ⇒ [판매등록]
             외상매출금(공주) 57,300,000   부가가치세예수금   9,300,000

3 12월 20일 (차) 수   선   비   85,000   (대) 현   금   93,500 ⇒[매입매출전표입력][61.현과]
             부가가치세대급금   8,500

4 12월 27일 (차) 접   대   비   60,000   (대) 현   금   60,000 ⇒[매입매출전표입력][62.현면]

문제 03 일반거래입력

1 12월 4일 (차) 자 기 주 식   21,000,000   (대) 당좌예금(신한)   21,000,000 ⇒ [일반전표입력] [대체전표]

2 12월 6일 (차) 당기손익-공정가   12,000,000   (대) 보통예금(기업)   12,050,000 ⇒ [일반전표입력] [대체전표]
             치측정금융자산
             수수료비용(94600)   50,000

※ 일반적인 수수료비용(83100)은 판매관리비이고, 당기손익-공정가치측정금융자산에 대한 수수료비용(94600)은 기타비용(영업외비용)이다.

3 12월 10일 (차) 예 수 금   4,420,000   (대) 보통예금(기업)   6,020,000 ⇒[일반전표입력] [대체전표]
              복 리 후 생 비   1,600,000

4 12월 21일 (차) 교 육 훈 련 비   5,000,000   (대) 예   수   금   440,000 ⇒[일반전표입력] [대체전표]
                                              현   금   4,560,000

5 12월 28일 (차) 비   품   1,000,000   (대) 미지급금(KB)   1,000,000 ⇒[일반전표입력] [대체전표]

※ [회계관리] → [재무회계] → [고정자산관리] → [고정(유형/무형)자산등록]에 비품 등록

문제 04 결산작업

1 12월 31일 (차) 소 모 품 950,000 (대) 소 모 품 비 950,000 ⇒ [일반전표입력] [대체전표]
※ 비용처리법이므로 소모품비 중 미사용액 만큼 소모품계정에 대체한다.

2 12월 31일 (차) 선 급 비 용 600,000 (대) 임 차 료 600,000 ⇒ [일반전표입력] [대체전표]
※ 합계잔액시산표의 임차료를 더블클릭하여 11월 1일에 지급된 임차료 1,800,000원(1년분)을 확인한다.
1,800,000 ÷ 3 × 1(선급분) = 600,000원으로 분개한다.

3 12월 31일 (차) 기타포괄-공정가치측 4,000,000 (대) 기타포괄-공정가치 6,000,000 ⇒ [일반전표입력] [대체전표]
정금융자산평가이익 측정금융자산(비유동)
기타포괄-공정가치측 2,000,000
정금융자산평가손실
※ 합계잔액시산표에서 기타포괄-공정가치측정금융자산(비유동)의 장부금액(48,000,000원),
기타포괄-공정가치측정금융자산평가이익(4,000,000원)을 확인한다.

4 [회계관리] → [재무회계] → [결산관리] → [결산자료입력] → [조회] → [추가계상액 8,800,000]을 입력한다.

5 [회계관리] → [결산관리] → [결산자료입력] → [조회] → 우측상단 [대손상각]에서 대손율 설정을 확인하고,
[외상매출금 : 458,450,000 × 0.01 - 1,700,000 = 2,884,500 받을어음 : 35,000,000 × 0.01 - 250,000 = 100,000]
미수수익, 장기대여금 금액은 삭제하고 [결산반영]

6 ① [회계관리] → [재무회계] → [고정자산관리] → [고정(유형/무형)자산등록]에서 모든 비유동자산에 대하여 '감가상각비계산'
이 처리되어 있는지 각 자산명별로 확인하고, 미처리시 하단의 '14.회사계상상각비' 금액이 반영되도록 한 후 [저장]한다.
② [회계관리] → [결산관리] → [결산자료입력] → 우측상단 [감가상각] → [결산반영]

7 ① [영업물류] → [재고/생산관리] → [환경설정] → [재고관리방법설정] → 1.재고평가방법 [선입선출법] → [저장]
② [영업물류] → [재고/생산관리] → [재고수불부관리] → [재고수불부]에서, 조회기간(2023-01-01~2023-12-31) 재고금액
(252,500,000)을 확인한다.
③ [결산자료입력] → [기말상품재고액 입력]후 반드시 [전표추가]버튼을 클릭하여 결산전표를 생성한다.

문제 04 단답형 답안

1 영업물류 → 영업관리 → 판매보고서 → 판매명세서 → 업체별 판매명세서 답 748,000,000
[조회기간(2023-01-01~2023-06-30), 출력형태(집계)]

2 영업물류 → 영업관리 → 구매보고서 → 품목별 월 구매현황 답 5
[조회기간(2023-02-01~2023-05-31), 품목(중역용의자)]

3 회계관리 → 부가세관리 → 부가가치세1 → 부가세신고서작성(일반) → 납부(환급)세액 답 36,650,000
[신고기간(2023-04-01~2023-06-30)]

4 회계관리 → 재무회계 → 장부관리 → 월계표 답 4
[조회기간(2023-04~2023-07)]

5 회계관리 → 재무회계 → 결산관리 → 재무상태표(IFRS) 답 635,946,000
[조회기간(2023-01-01~2023-12-31)]

6 회계관리 → 재무회계 → 결산관리 → 포괄손익계산서(IFRS) 답 1,086,000,000
[조회기간(2023-01-01~2023-12-31)]

04회 최신기출문제_원가회계 정답

■ ① [영업물류] → [재고/생산관리] → [환경설정] → [재고관리방법설정] → 1.재고평가방법에서 [선입선출법]을 확인한다.
② [영업물류] → [재고/생산관리] → [재고수불부관리] → [재고수불부]에서 재료X : @₩200,000 재료Y : @₩240,000 재료Z : @₩240,000 을 확인한다.

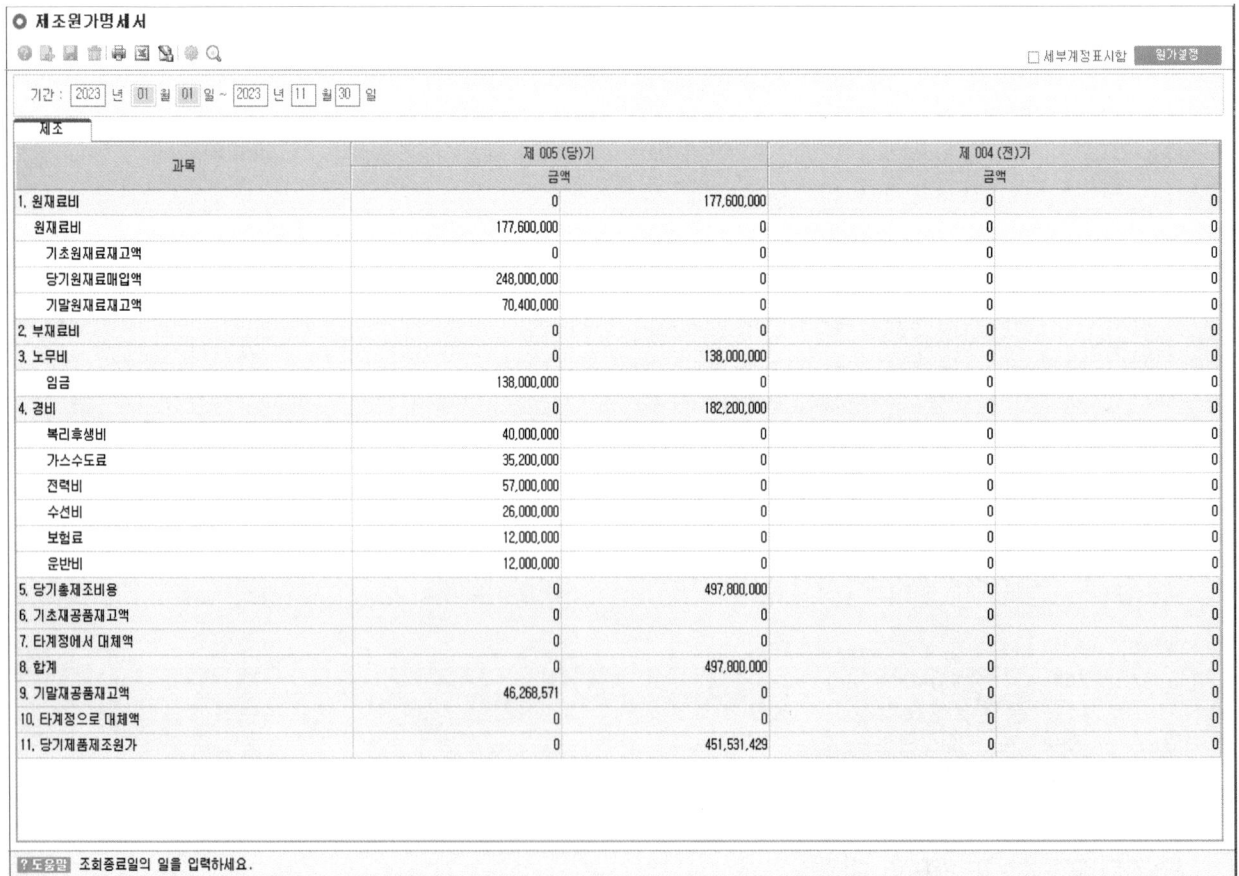

05회 최신기출문제_홈센터(주)

기초정보 → 회사(사업장)정보관리 에서 홈센터(주)을 확인한다.

문제 01 기준정보

1 [기초정보] → [거래처정보관리(일반 탭)]
2 [기초정보] → [품목정보관리]

문제 02 매입매출전표입력

1 12월 13일 (차) 상 품   54,500,000   (대) 지급어음(행운)   45,000,000 ⇒ [구매등록]
                 부가가치세대급금   5,450,000   외상매입금(행운)   14,950,000

2 12월 22일 (차) 외상매출금(용산)   41,360,000   (대) 상 품 매 출   37,600,000 ⇒ [판매등록]
                                                     부가가치세예수금   3,760,000

3 12월 24일 (차) 보통예금(기업)   1,320,000   (대) 상 품 매 출   1,200,000 ⇒ [판매등록] [3.현금영수증]
                                                     부가가치세예수금   120,000

4 12월 27일 (차) 도 서 인 쇄 비   50,000   (대) 미지급금(고양)   50,000 ⇒ [매입매출전표입력] [53.면세]

문제 03 일반거래입력

1 12월 5일 (차) 보 통 주 자 본 금   25,000,000   (대) 보통예금(기업)   35,000,000 ⇒ [일반전표입력] [대체전표]
                감 자 차 익   10,000,000

※ [회계관리]→[결산관리]→[합계잔액시산표]에서 감자차익(14,000,000원)을 확인한다.

2 12월 6일 (차) 기타포괄 공정가치
                측정금융자산(비유동) 32,200,000   (대) 보통예금(기업)   32,200,000 ⇒ [일반전표입력] [대체전표]

3 12월 14일 (차) 당좌예금(신한)   34,850,000   (대) 받을어음(그림)   35,000,000 ⇒ [일반전표입력] [대체전표]
                 매출채권처분손실   150,000

※ [받을어음상태변경]에서 만기일(2024-03-12 ~ 2024-03-12)을 조회하여, 어음 선택하고 처리구분 [할인]으로 변경 후 [상세내역]을 클릭하여 할인료(150,000), 입금액(34,850,000), 할인처(신한은행), 입금구분(당좌예금)을 입력한다.

4 12월 19일 (차) 보통예금(기업)   6,000,000   (대) 선 수 금 (기쁨)   6,000,000 ⇒ [수금지급등록] [수납등록]

5 12월 26일 (차) 건   물   12,500,000   (대) 미지급금(대륙)   12,000,000 ⇒ [일반전표입력] [대체전표]
                                                     현 금   500,000

※ [회계관리] → [재무회계] → [고정자산관리] → [고정(유형/무형)자산등록]에 건물 등록

문제 04 결산작업

1. 12월 31일 (차) 선 급 비 용 9,090,000 (대) 보 험 료 9,090,000 ⇒ [일반전표입력] [대체전표]
   ※ 합계잔액시산표의 보험료를 더블클릭하여 10월 1일에 지급된 보험료 12,120,000원(1년분)을 확인한다.
   12,120,000 ÷ 12 × 9(선급분) = 9,090,000원으로 분개한다.

2. 12월 31일 (차) 미 수 수 익 250,000 (대) 이 자 수 익 250,000 ⇒ [일반전표입력] [대체전표]

3. 12월 31일 (차) 당기손익-공정가치측정금융자산 2,500,000 (대) 당기손익-공정가치측정금융자산평가이익 2,500,000 ⇒ [일반전표입력] [대체전표]
   ※ 합계잔액시산표에서 당기손익-공정가치측정금융자산의 장부금액(10,000,000원)을 확인한다.

4. [회계관리] → [재무회계] → [결산관리] → [결산자료입력] → [조회] → 우측상단 [퇴직충당]에서 [퇴직급여추계액 53,000,000]을 입력하고 [결산반영]

5. [회계관리] → [결산관리] → [결산자료입력] → [조회] → 우측상단 [대손상각]에서 대손율 설정을 확인하고,
   [외상매출금 : 442,510,000 × 0.01 - 1,700,000 = 2,725,100 받을어음 : 40,000,000 × 0.01 - 250,000 = 150,000]
   미수수익, 장기대여금 금액은 삭제하고 [결산반영]

6. ① [회계관리] → [재무회계] → [고정자산관리] → [고정(유형/무형)자산등록]에서 모든 비유동자산에 대하여 '감가상각비계산'이 처리되어 있는지 각 자산명별로 확인하고, 미처리시 하단의 '14.회사계상상각비' 금액이 반영되도록 한 후 [저장]한다.
   ② [회계관리] → [결산관리] → [결산자료입력] → 우측상단 [감가상각] → [결산반영]

7. ① [영업물류] → [재고/생산관리] → [환경설정] → [재고관리방법설정] → 1.재고평가방법 [선입선출법] → [저장]
   ② [영업물류] → [재고/생산관리] → [재고수불부관리] → [재고수불부]에서, 조회기간(2023-01-01~2023-12-31) 재고금액(292,600,000)을 확인한다.
   ③ [결산자료입력] → [기말상품재고액 입력]후 반드시 [전표추가]버튼을 클릭하여 결산전표를 생성한다.

문제 05 단답형 답안

1. 회계관리 → 재무회계 → 결산관리 → 합계잔액시산표 → 차변 합계   답 500,000,000
   [조회기간(2023-01-01~2023-04-30)]

2. 영업물류 → 재고/생산관리 → 재고수불부관리 → 재고수불부 → 출고수량   답 1,950
   [조회기간(2023-01-01~2023-06-30), 출력형태(요약), (1,200 + 400 + 350 = 1,950)]

3. 회계관리 → 재무회계 → 장부관리 → 월계표   답 7
   [조회기간(2023-04~2023-07)]

4. 영업물류 → 재고/생산관리 → 재고관리 → 품목별재고현황   답 2,195
   [일자(2023-05-31)]

5. 회계관리 → 재무회계 → 결산관리 → 재무상태표(IFRS)   답 675,921,375
   [조회기간(2023-01-01~2023-12-31)]

6. 회계관리 → 재무회계 → 결산관리 → 포괄손익계산서(IFRS)   답 1,750,000
   [조회기간(2023-01-01~2023-12-31)]

05회 최신기출문제_원가회계 정답

① [영업물류] → [재고/생산관리] → [환경설정] → [재고관리방법설정] → 1.재고평가방법에서 [선입선출법]을 확인한다.
② [영업물류] → [재고/생산관리] → [재고수불부관리] → [재고수불부]에서 재료X : @₩200,000 재료Y : @₩240,000 재료Z : @₩240,000 을 확인한다.

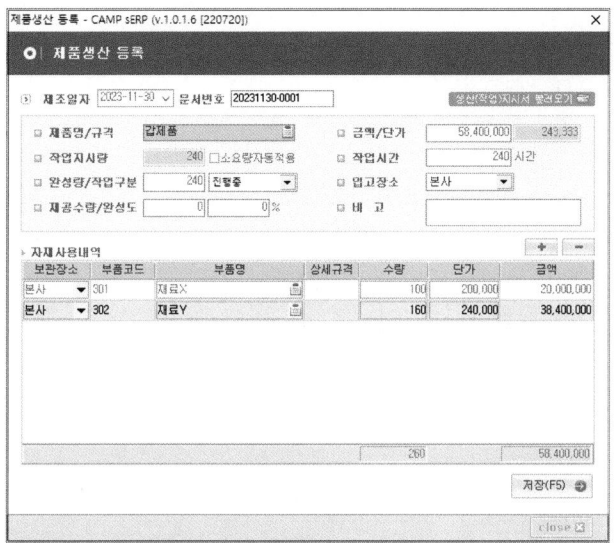

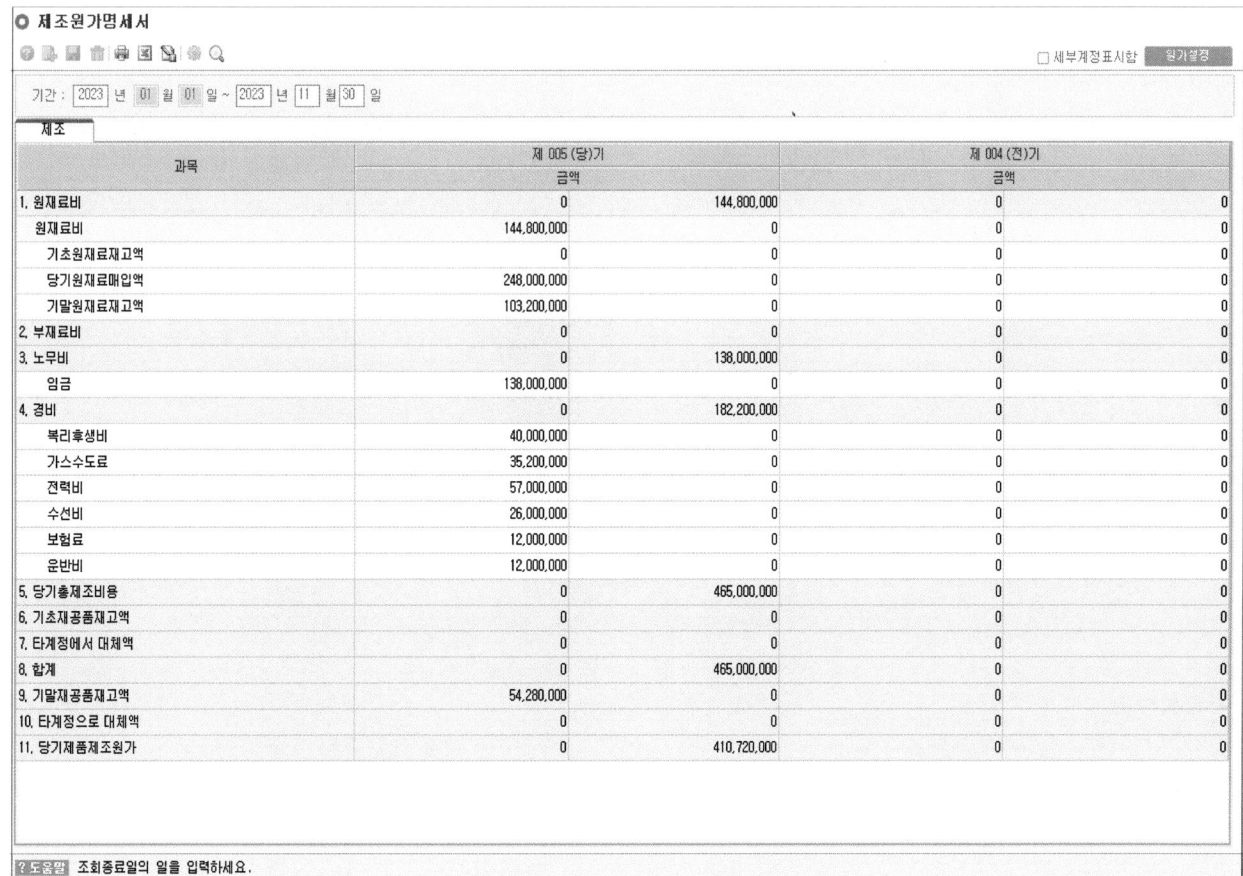

06회 최신기출문제_리빙퍼니처(주)

기초정보 → 회사(사업장)정보관리 에서 리빙퍼니처(주)를 확인한다.

문제 01 기준정보

1 [기초정보] → [거래처정보관리(일반 탭)]
2 [기초정보] → [품목정보관리]

문제 02 매입매출전표입력

1 12월 4일 (차) 상 품   22,000,000   (대) 보통예금(산업)   20,000,000 ⇒ [구매등록]
              부가가치세대급금   2,200,000   외상매입금(한성)   4,200,000

2 12월 18일 (차) 보통예금(산업) 20,000,000   (대) 상 품 매 출   44,000,000 ⇒ [판매등록]
               외상매출금(모던) 28,400,000   부가가치세예수금   4,400,000

3 12월 24일 (차) 복 리 후 생 비   200,000   (대) 현   금   220,000 ⇒ [매입매출전표입력] [61.현과]
               부가가치세대급금   20,000

4 12월 30일 (차) 보통예금(산업)   418,000   (대) 상 품 매 출   380,000 ⇒ [판매등록] [3.현금영수증]
                                              부가가치세예수금   38,000

문제 03 일반거래입력

1 12월 5일 (차) 예   수   금   24,400,000   (대) 당좌예금(우리)   30,200,000 ⇒ [일반전표입력] [대체전표]
              복 리 후 생 비   5,800,000

2 12월 6일 (차) 받 을 어 음   30,000,000   (대) 외상매출금(제일) 30,000,000 ⇒ [수금지급등록] [수납등록]

3 12월 10일 (차) 보통예금(산업) 15,000,000   (대) 당기순익-공정가   12,000,000 ⇒ [일반전표입력] [대체전표]
                                              치측정금융자산
                                              당기순익-공정가치측   3,000,000
                                              정금융자산처분이익

4 12월 13일 (차) 수 수 료 비 용   400,000   (대) 현   금   400,000 ⇒ [일반전표입력] [대체전표]

5 12월 17일 (차) 도 서 인 쇄 비   200,000   (대) 현   금   400,000 ⇒ [일반전표입력] [대체전표]
               복 리 후 생 비   50,000
               접   대   비   150,000

문제 04 결산작업

1 12월 31일 (차) 소 모 품 350,000 (대) 소 모 품 비 350,000 ⇒ [일반전표입력] [대체전표]
   ※ 비용처리법이므로 소모품비 중 미사용액 만큼 소모품계정에 대체한다.

2 12월 31일 (차) 선 급 비 용 400,000 (대) 보 험 료 400,000 ⇒ [일반전표입력] [대체전표]
   ※ 합계잔액시산표의 보험료를 더블클릭하여 3월 1일에 지급된 보험료 2,400,000원(1년분)을 확인한다.
      2,400,000 ÷ 12 × 2(선급분) = 400,000원으로 분개한다.

3 12월 31일 (차) 정기차입금(하나) 400,000,000 (대) 유동성장기부채(하나) 400,000,000 ⇒ [일반전표입력] [대체전표]
   ※ [회계관리] → [재무회계] → [장부관리] → [거래처원장]에서 하나은행 장기차입금(400,000,000원)을 확인한다.

4 12월 31일 (차) 당기손익–공정가치 측정금융자산(비유동) 2,000,000 (대) 당기손익–공정가치측정금융자산평가손실 1,000,000 ⇒ [일반전표입력] [대체전표]
                                                                당기손익–공정가치측정금융자산평가이익 1,000,000
   ※ 합계잔액시산표에서 기타포괄–공정가치측정금융자산의 장부금액(13,000,000원),
      기타포괄–공정가치측정금융자산평가손실(1,000,000원)을 확인한다.

5 [회계관리] → [결산관리] → [결산자료입력] → [조회] → 우측상단 [대손상각]에서 대손율 설정을 확인하고, [결산반영]
   [외상매출금 : 42,376,260,000 × 0.01 − 39,000,000 = 384,762,600 받을어음 : 60,000,000 × 0.01 − 0 = 600,000]
   단기대여금, 장기대여금 금액은 삭제하고 [결산반영]

6 ① [회계관리] → [재무회계] → [고정자산관리] → [고정(유형/무형)자산등록]에서 모든 비유동자산에 대하여 '감가상각비계산'
      이 처리되어 있는지 각 자산명별로 확인하고, 미처리시 하단의 '14.회사계상상각비' 금액이 반영되도록 한 후 [저장]한다.
   ② [회계관리] → [결산관리] → [결산자료입력] → 우측상단 [감가상각] → [결산반영]

7 ① [영업물류] → [재고/생산관리] → [환경설정] → [재고관리방법설정] → 1.재고평가방법 [선입선출법] → [저장]
   ② [영업물류] → [재고/생산관리] → [재고수불부관리] → [재고수불부]에서, 조회기간(2023−01−01~2023−12−31) 재고
      금액 (73,250,000)을 확인한다.
   ③ [결산자료입력] → [기말상품재고액 입력]후 반드시 [전표추가]버튼을 클릭하여 결산전표를 생성한다.

문제 05 단답형 답안

1 회계관리 → 재무회계 → 장부관리 → 총계정원장 → 월별 탭 답 6
   [조회기간(2023−01~2023−06), 계정과목(현금)]

2 영업물류 → 재고/생산관리 → 재고수불부관리 → 재고수불부 → 재고수량(또는 품목별재고현황) 답 100
   [조회기간(2023−01−01~2023−06−30), 품목(책상)]

3 회계관리 → 재무회계 → 장부관리 → 거래처원장 → 잔액 답 7,568,440,000
   [조회기간(2023−01−01~2023−07−15), 거래처코드((주)모던하우스), 계정코드(외상매출금)]

4 회계관리 → 재무회계 → 장부관리 → 거래처원장 → 잔액 답 7,826,500,000
   [조회기간(2023−01−01~2023−09−30), 거래처코드((주)청주목재), 계정코드(외상매입금)]

5 회계관리 → 재무회계 → 결산관리 → 재무상태표(IFRS) 답 1,020,000,000
   [조회기간(2023−01−01~2023−12−31)]

6 회계관리 → 재무회계 → 결산관리 → 포괄손익계산서(IFRS) 답 11,183,562,400
   [조회기간(2023−01−01~2023−12−31)]

06회 최신기출문제_원가회계 정답

■ ① [영업물류] → [재고/생산관리] → [환경설정] → [재고관리방법설정] → 1.재고평가방법에서 [선입선출법]을 확인한다.
② [영업물류] → [재고/생산관리] → [재고수불부관리] → [재고수불부]에서 자재A : @₩50,000 자재B : @₩60,000 을 확인한다.

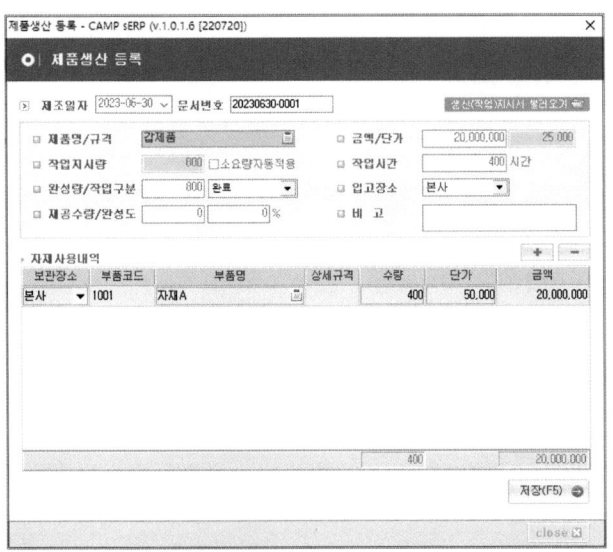

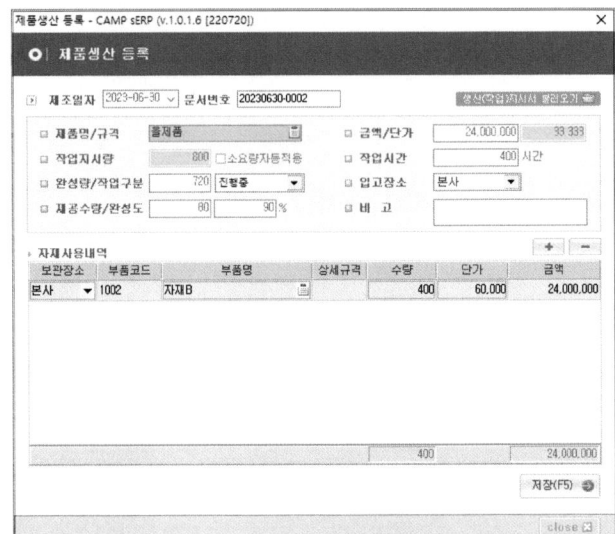

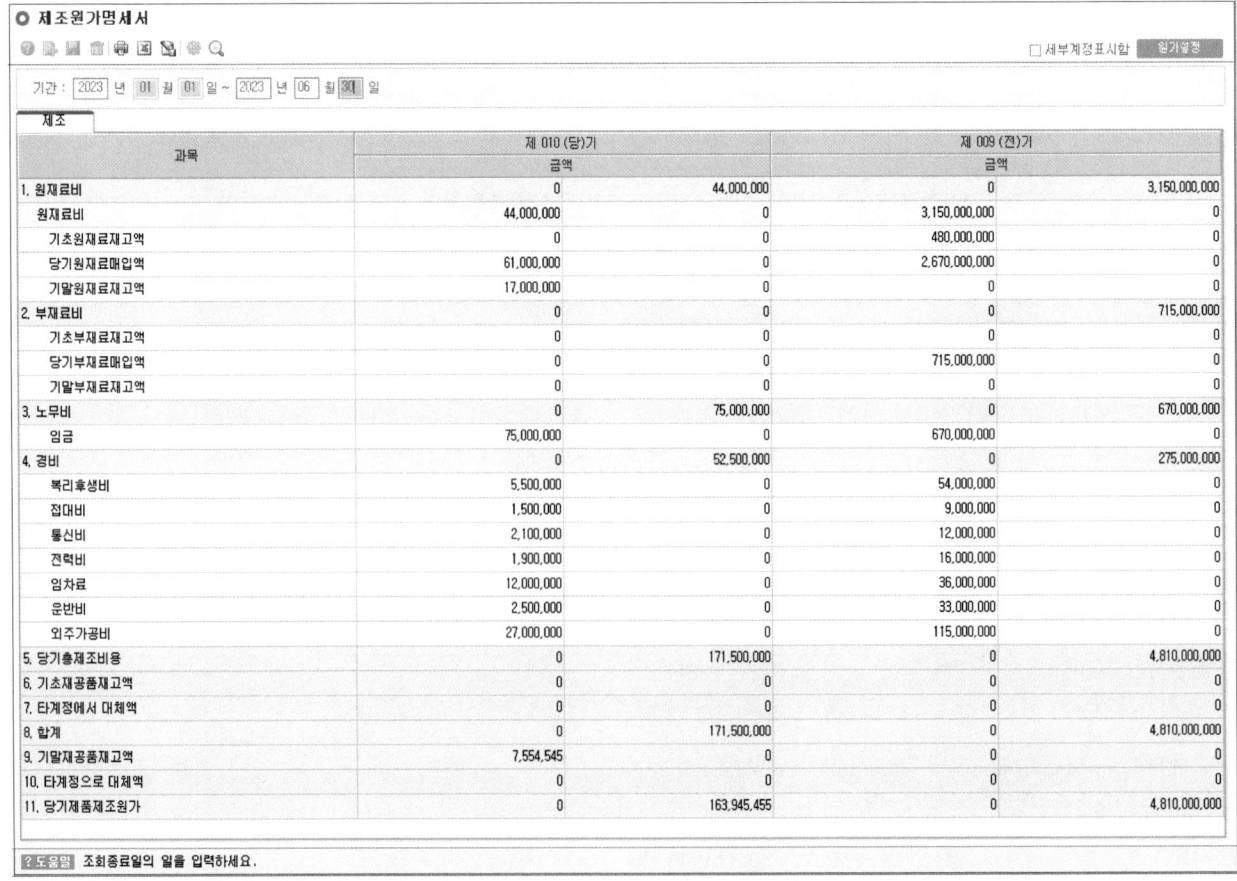

07회 최신기출문제_데코디자인(주)

기초정보 → 회사(사업장)정보관리 에서 반짝거울(주)를 확인한다.

문제 01 기준정보

1 [기초정보] → [거래처정보관리(일반 탭)]
2 [기초정보] → [품목정보관리]

문제 02 매입매출전표입력

1 12월 4일 (차) 상　　　　　품　　44,750,000　　(대) 보통예금(산업)　14,225,000 ⇒ [구매등록]
　　　　　　　　　부가가치세대급금　4,475,000　　　　　지급어음(대성)　35,000,000

2 12월 18일 (차) 당좌예금(우리)　15,300,000　　(대) 상　품　매　출　53,000,000 ⇒ [판매등록]
　　　　　　　　　현　　　　　금　　43,000,000　　　　　부가가치세예수금　5,300,000

3 12월 20일 (차) 도 서 인 쇄 비　　　150,000　　(대) 미지급금(삼성카드)　150,000 ⇒ [매입매출전표입력] [56.카면]

4 12월 30일 (차) 외상매출금(현대카드)　660,000　　(대) 상　품　매　출　　600,000 ⇒ [판매등록] [2.신용카드]
　　　　　　　　　　　　　　　　　　　　　　　　　부가가치세예수금　　60,000

※ [회계관리]→[전표입력]→[매입매출전표입력]에서 카드미수금을 외상매출금으로 변경

문제 03 일반거래입력

1 12월 2일 (차) 당좌예금(우리)　29,700,000　　(대) 당좌예금(우리)　30,000,000 ⇒ [일반전표입력] [대체전표]
　　　　　　　　매출채권처분손실　　300,000

※ [받을어음상태변경]에서 만기일(2024-02-15 ~ 2024-02-15)을 조회하여, 어음 선택하고 처리구분 [할인]으로 변경 후 [상세내역]을 클릭하여 할인료(300,000), 입금액(29,700,000), 할인처(우리은행), 입금구분(당좌예금)을 입력한다.

2 12월 9일 (차) 당좌예금(우리)　　　10,000　　(대) 자 기 주 식　8,000,000 ⇒ [일반전표입력] [대체전표]
　　　　　　　　　　　　　　　　　　　　　　　　　자기주식처분이익　2,000,000

3 12월 15일 (차) 보통예금(산업)　103,000,000　　(대) 정기예금(산업)　100,000,000 ⇒ [일반전표입력] [대체전표]
　　　　　　　　　　　　　　　　　　　　　　　　　이 자 수 익　3,000,000

4 12월 24일 (차) 기타포괄-공정가치　14,075,000　　(대) 보통예금(산업)　14,075,000 ⇒ [일반전표입력] [대체전표]
　　　　　　　　측정금융자산(비유동)

5 12월 28일 (차) 보통예금(산업)　200,000,000　　(대) 선수금(엘마트)　200,000,000 ⇒ [일반전표입력] [대체전표]

※ 임대가 개시되지 않았기 때문에 임대보증금계정이 아닌 선수금계정으로 처리한다.

문제 04 결산작업

1. 12월 31일 (차) 외 화 환 산 손 실 2,000,000 (대) 외화장기차입금(엘마트) 2,000,000 ⇒ [일반전표입력] [대체전표]
   ※ [회계관리] → [재무회계] → [장부관리] → [거래처원장]에서 엘마트(주)의 외화장기차입금(112,000,000원)을 확인한다.

2. 12월 31일 (차) 임   대   료 11,250,000 (대) 선 수 수 익 11,250,000 ⇒ [일반전표입력] [대체전표]
   ※ 합계잔액시산표의 임대료를 더블클릭하여 10월 1일에 받은 임대료 15,000,000원(12개월분)을 확인한다.
       15,000,000 ÷ 12 × 9(선수분) = 11,250,000원으로 분개한다.

3. 12월 31일 (차) 당기손익-공정가측 3,000,000 (대) 당기손익-공정가 3,000,000 ⇒ [일반전표입력] [대체전표]
                  정금융자산평가손실   치측정금융자산
   ※ 합계잔액시산표에서 당기손익-공정가치측정금융자산의 장부금액(12,000,000원)을 확인한다.

4. 12월 31일 (차) 소   모   품 440,000 (대) 소 모 품 비 440,000 ⇒ [일반전표입력] [대체전표]

   ※ 비용처리법이므로 소모품비 중 미사용액 만큼 소모품계정에 대체한다.

5. [회계관리] → [결산관리] → [결산자료입력] → [조회] → 우측상단 [대손상각]에서 대손율 설정을 확인하고, [결산반영]
   [외상매출금 : 42,378,520,000 × 0.01 − 39,000,000 = 384,785,200 받을어음은 잔액이 없으므로 계상하지 않는다.]
   단기대여금, 장기대여금 금액은 삭제하고 [결산반영]

6. ① [회계관리] → [재무회계] → [고정자산관리] → [고정(유형/무형)자산등록]에서 모든 비유동자산에 대하여 '감가상각비계산'
      이 처리되어 있는지 각 자산명별로 확인하고, 미처리시 하단의 '14.회사계상상각비' 금액이 반영되도록 한 후 [저장]한다.
   ② [회계관리] → [결산관리] → [결산자료입력] → 우측상단 [감가상각] → [결산반영]

7. ① [영업물류] → [재고/생산관리] → [환경설정] → [재고관리방법설정] → 1.재고평가방법 [선입선출법] → [저장]
   ② [영업물류] → [재고/생산관리] → [재고수불부관리] → [재고수불부]에서, 조회기간(2023−01−01~2023−12−31) 재고
      금액 (89,850,000)을 확인한다.
   ③ [결산자료입력] → [기말상품재고액 입력]후 반드시 [전표추가]버튼을 클릭하여 결산전표를 생성한다.

문제 05 단답형 답안

1. 영업물류 → 재고/생산관리 → 재고수불부관리 → 재고수불부 → 출고수량 답 27,800
   [조회기간(2023−01−01~2023−06−30)]

2. 회계관리 → 재무회계 → 결산관리 → 합계잔액시산표 → 대변 잔액 답 12,490,500,000
   [조회기간(2023−01−01~2023−05−31)]

3. 회계관리 → 재무회계 → 장부관리 → 월계표 → 기간합계 탭 → 대변 합계 답 890,915,000
   [조회기간(2023−07−01~2023−09−90)]

4. 회계관리 → 부가세관리 → 부가가치세1 → 부가세신고서작성(일반) → 납부(환급)세액 답 378,180,000
   신고기간(2023−07−01~2023−09−30)]

5. 회계관리 → 재무회계 → 결산관리 → 재무상태표(IFRS) 답 28,721,810,000
   [조회기간(2023−01−01~2023−12−31)]

6. 회계관리 → 재무회계 → 결산관리 → 포괄손익계산서(IFRS) 답 2,216,260,200
   [조회기간(2023−01−01~2023−12−31)]

07회 최신기출문제_원가회계 정답

■ ① [영업물류] → [재고/생산관리] → [환경설정] → [재고관리방법설정] → 1.재고평가방법에서 [선입선출법]을 확인한다.
② [영업물류] → [재고/생산관리] → [재고수불부관리] → [재고수불부]에서 자재A : @₩50,000 자재B : @₩60,000 을 확인한다.

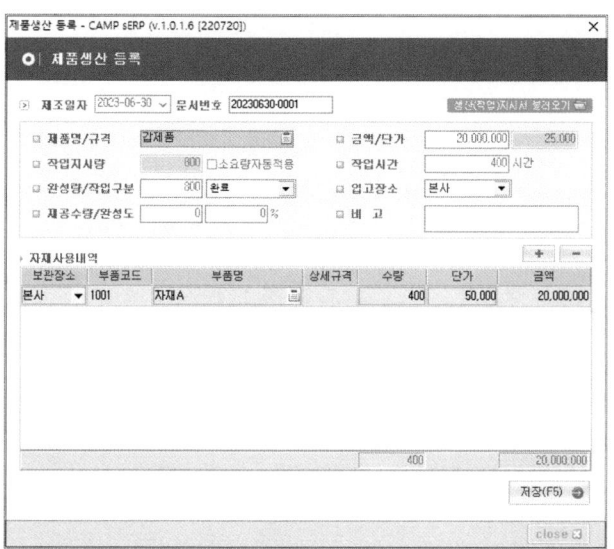

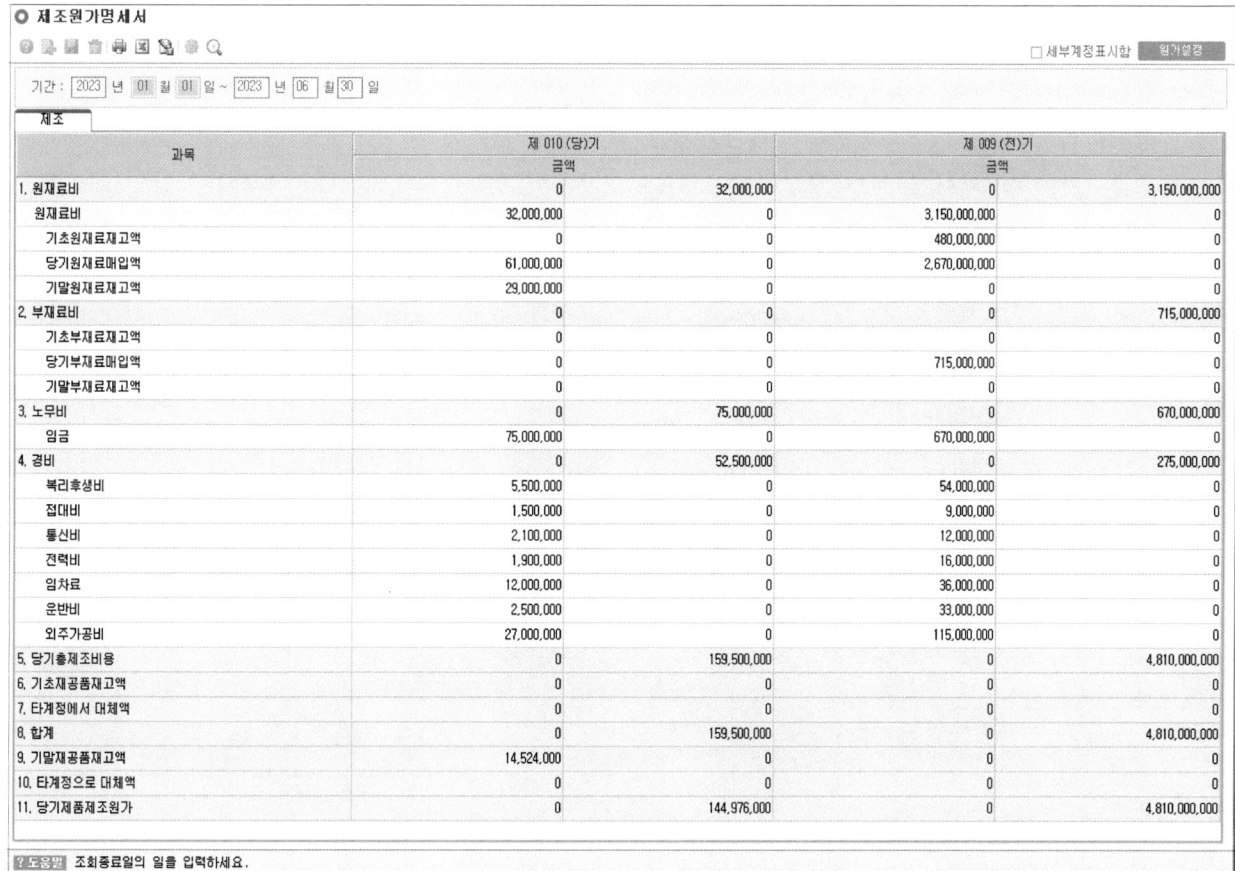

08회 최신기출문제_천일공방(주)

기초정보 → 회사(사업장)정보관리 에서 천일공방(주)를 확인한다.

문제 01 기준정보

1 [기초정보] → [거래처정보관리(일반 탭)]
2 [기초정보] → [품목정보관리]

문제 02 매입매출전표입력

1 12월 4일 (차) 상   품   50,000,000   (대) 현   금   10,000,000 ⇒ [구매등록]
              부가가치세대급금   5,000,000   지급어음(청주)   45,000,000

2 12월 17일 (차) 당좌예금(우리)   30,000,000   (대) 상 품 매 출   72,000,000 ⇒ [판매등록]
              받을어음(화이트)   49,200,000   부가가치세예수금   7,200,000

3 12월 19일 (차) 토   지   400,000,000   (대) 보통예금(산업)   400,000,000 ⇒ [매입매출전표입력] [53.면세]

4 12월 22일 (차) 도 서 인 쇄 비   50,000   (대) 현   금   50,000 ⇒ [매입매출전표입력] [62.현면]

문제 03 일반거래입력

1 12월 2일 (차) 당좌예금(우리)   300,000,000   (대) 선 수 금 (인성)   300,000,000 ⇒ [일반전표입력] [대체전표]

2 12월 7일 (차) 당좌예금(우리)   498,500,000   (대) 보통주자본금   50,000,000 ⇒ [일반전표입력] [대체전표]
                                                    주식발행초과금   448,500,000

3 12월 8일 (차) 기타의대손상각비 300,000,000   (대) 장기대여금(형제)   300,000,000 ⇒ [일반전표입력] [대체전표]
   ※ [회계관리] → [재무회계] → [장부관리] → [거래처원장]에서 형제상사(주)의 장기대여금(300,000,000원)을 확인한다.

4 12월 23일 (차) 기타포괄 공정가치 12,200,000   (대) 당좌예금(우리)   12,200,000 ⇒ [일반전표입력] [대체전표]
              측정금융자산(비유동)

5 12월 30일 (차) 기   부   금   500,000   (대) 현   금   880,000 ⇒ [일반전표입력] [대체전표]
              차 량 유 지 비   150,000
              통   신   비   180,000

문제 04 결산작업

1 12월 31일 (차) 소 모 품 2,500,000 (대) 소 모 품 비 2,500,000 ⇒ [일반전표입력] [대체전표]
※ 비용처리법이므로 소모품비 중 미사용액 만큼 소모품계정에 대체한다.

2 12월 31일 (차) 선 급 비 용 400,000 (대) 보 험 료 400,000 ⇒ [일반전표입력] [대체전표]
※ 합계잔액시산표의 보험료를 더블클릭하여 3월 1일에 지급된 보험료 2,400,000원(1년분)을 확인한다.
  2,400,000 ÷ 12 × 2(선급분) = 400,000원으로 분개한다.

3 12월 31일 (차) 당기손익-공정가치측 3,000,000 (대) 당기손익-공정가 3,000,000 ⇒ [일반전표입력] [대체전표]
      정금융자산평가손실   치측정금융자산
※ 합계잔액시산표에서 당기손익-공정가치측정금융자산의 장부금액(12,000,000원)을 확인한다.

4 12월 31일 (차) 잡 손 실 30,000 (대) 현 금 과 부 족 30,000 ⇒ [일반전표입력] [대체전표]
※ 합계잔액시산표에서 현금과부족 차변 잔액(30,000원)을 확인한다.

5 [회계관리] → [결산관리] → [결산자료입력] → [조회] → 우측상단 [대손상각]에서 대손율 설정을 확인하고,
[외상매출금 : 42,377,860,000 × 0.01 - 39,000,000 = 384,778,600 받을어음 : 79,200,000 × 0.01 - 0 = 792,000]

6 ① [회계관리] → [재무회계] → [고정자산관리] → [고정(유형/무형)자산등록]에서 모든 비유동자산에 대하여 '감가상각비계산'
   이 처리되어 있는지 각 자산명별로 확인하고, 미처리시 하단의 '14.회사계상상각비' 금액이 반영되도록 한 후 [저장]한다.
② [회계관리] → [결산관리] → [결산자료입력] → 우측상단 [감가상각] → [결산반영]

7 ① [영업물류] → [재고/생산관리] → [환경설정] → [재고관리방법설정] → 1.재고평가방법 [선입선출법] → [저장]
② [영업물류] → [재고/생산관리] → [재고수불부관리] → [재고수불부]에서, 조회기간(2023-01-01~2023-12-31) 재고
   금액 (83,000,000)을 확인한다.
③ [결산자료입력] → [기말상품재고액 입력]후 반드시 [전표추가]버튼을 클릭하여 결산전표를 생성한다.

문제 05 단답형 답안

1 영업물류 → 재고/생산관리 → 재고관리 → 품목별재고현황(또는 재고수불부) 답 10
[일자(2023-03-31), 품목(의자)]

2 회계관리 → 재무회계 → 장부관리 → 계정별거래처잔액명세서 → 차변 답 2,145,000,000
[조회기간(2023-02-01~2023-06-30), 거래처코드((주)대성목재), 계정코드(상품)]

3 회계관리 → 부가세관리 → 부가가치세1 → 부가세신고서작성(일반) → 납부(환급)세액 답 390,780,000
[신고기간(2023-04-01~2023-06-30)]

4 회계관리 → 재무회계 → 장부관리 → 거래처원장 → 차변 답 100,000,000
[조회기간(2023-01-01~2023-10-31), 거래처명((주)한성목재), 계정코드(외상매입금)]

5 회계관리 → 재무회계 → 결산관리 → 재무상태표(IFRS) 답 3,441,200,000
[조회기간(2023-01-01~2023-12-31)]

6 회계관리 → 재무회계 → 결산관리 → 포괄손익계산서(IFRS) 답 303,530,000
[조회기간(2023-01-01~2023-12-31)]

08회 최신기출문제_원가회계 정답

■ ① [영업물류] → [재고/생산관리] → [환경설정] → [재고관리방법설정] → 1.재고평가방법에서 [선입선출법]을 확인한다.
② [영업물류] → [재고/생산관리] → [재고수불부관리] → [재고수불부]에서 재료X : @₩200,000 재료Y : @₩240,000 재료Z : @₩240,000 을 확인한다.

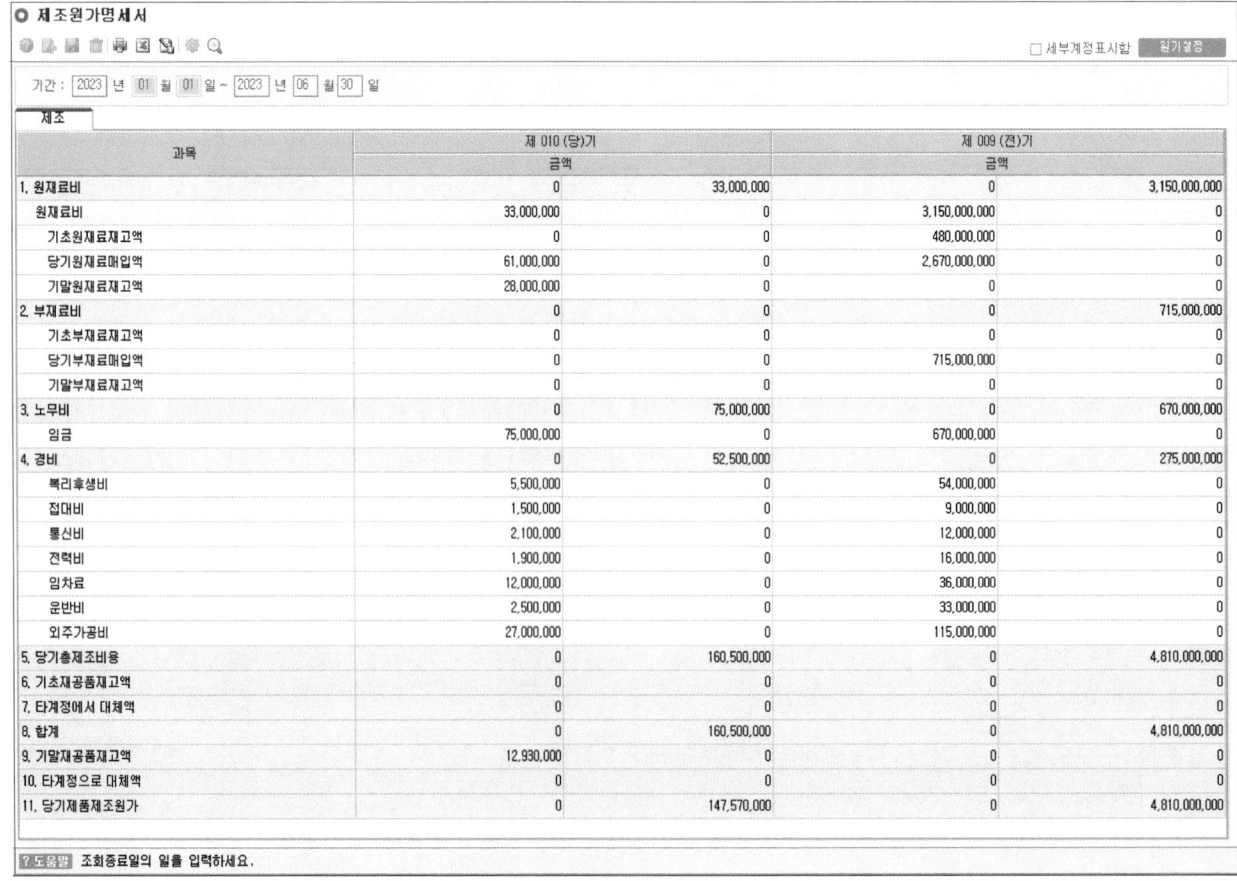

MEMO

MEMO